职业院校市场营销专业教学用书

现代营销策划实务

（第2版）

主　编　冯开红

副主编　王　青　陈耀东

電子工業出版社

Publishing House of Electronics Industry

北京·BEIJING

内容简介

本书根据营销策划岗位的技能要求，以企业的营销活动为主线，以策划的知识点、技能方法为基础，以创新为核心，结合策划方案的基本格式与大量的案例，引入企业模拟 BEST 训练（营销策划者的一天），从企业的市场营销策划概述、如何撰写策划方案、市场营销策划分析、市场营销战略策划、产品策划、价格策划、分销渠道策划、促销策划、创新思维与自主策划等不同方面帮助读者编制出和岗位相符的营销策划案，通过对学生创造性思维和策划力的培养，最终使学生拥有创新策划力。为了便于学员更好地掌握与运用营销策划技能，本书编制了贯穿全书的一个学营销策划的学生（小明），从对营销策划不懂的一名实习生，成长为一个营销策划人员的“模拟仿真训练”案例，将学员（小明）应该具备、掌握的营销策划知识、技能、方法等与企业营销活动中遇到的种种困惑与问题结合起来，采用情景设计的方法，在“真实”的背景下，逐步地加以解决，并对每个学员进行考核。使教材具有较强的操作性和指导性。通过有趣的故事、活动和练习，寓教于乐，使学习、培训变得轻松。

本书既可作为各类职业院校市场营销、企业管理等专业的教材，也可作为在职营销人员的培训教材和自学用书。

图书在版编目（CIP）数据

现代营销策划实务/冯开红主编．—2 版．—北京：电子工业出版社，2014.3
职业院校市场营销专业教学用书
ISBN 978-7-121-22577-2

Ⅰ．①现…　Ⅱ．①冯…　Ⅲ．①营销策划－中等专业学校－教材　Ⅳ．①F713.50

中国版本图书馆 CIP 数据核字（2014）第 040296 号

策划编辑：陈　虹
责任编辑：陈　虹　　特约编辑：余凌娣
印　　刷：北京建筑工业印刷厂
装　　订：北京建筑工业印刷厂
出版发行：电子工业出版社
　　　　　北京市海淀区万寿路 173 信箱　邮编　100036
开　　本：787×1 092　1/16　印张：12.5　字数：320 千字
印　　次：2014 年 3 月第 1 次印刷
印　　数：3 000 册　　定价：27.00 元

凡所购买电子工业出版社图书有缺损问题，请向购买书店调换。若书店售缺，请与本社发行部联系，联系及邮购电话：（010）88254888。

质量投诉请发邮件至 zlts@phei.com.cn，盗版侵权举报请发邮件至 dbqq@phei.com.cn。

服务热线：（010）88258888。

前　言

随着我国经济的蓬勃发展，培养掌握市场营销知识并具有丰富实践经验的专业营销队伍，特别是提高一线营销人员的营销管理水平和素质刻不容缓。知识经济（智能经济）时代是处处渗透着市场营销理念的时代，知识经济以策划为核心，而市场营销活动中，营（策略、策划）的成分占70%以上的比重，销（实施）的成分只占30%左右。现代企业的各种市场营销活动能否成功，主要取决于能否有一个切实可行的营销策划方案。现代营销策划实务，旨在解决营销策略和营销活动实施的实际问题，它是一切营销活动能否成功的关键。

本书从营销活动一线人员的岗位需求出发，将营销策划活动与实施过程有机地结合起来，形成比较实用的营销策划教材，其作用旨在使营销人员将好的创意、策略变为切实可行的执行方案，指导营销活动取得成功，同时培养营销人员的策划能力，使之能持续性地提高，针对职业院校市场营销专业学生的能力培养的特点，本书以“必需、够用、实用”为标准，以创新为核心，以策划力培养为目标，侧重于实际策划方案的编写与实施。力求实现营销战略与营销活动实施的可操作性。

再版后的教材，在吸收了第一版教材优点的基础上，内容以现代企事业单位的营销策划岗位的技能需求为主线，按照营销策划认知、如何撰写策划方案、营销战略策划、市场调研策划、目标市场及市场定位策划、产品策划、价格策划、渠道策划、促销策划、市场竞争策划、企业CIS导入策划及创新思维等营销活动内容，将为什么策划、策划什么、怎样策划、如何撰写、如何创新等技能方法介绍给学生。运用了大量的案例和策划方案的基本格式，采用学习任务与目标——案例导入——具体任务——模拟仿真训练——测试与评价”的结构，将各营销策划活动有机结合起来，使学员掌握策划的要素、程序、方法和营销策划的知识点，从而能编制出各种营销策划方案。将营销策划理论、方法的应用与操作融会贯通，逐步形成和提高营销策划与创新能力，胜任岗位工作。再版后的教材在编写过程中注重以下特色。

第一，教学过程的仿真性。

本书按照营销岗位对营销人员的要求，以营销策划岗位的技能需求为主线，结合不同营销活动的特点，编制了贯穿全书的一个学营销策划的学生（小明）从不懂营销策划的一名实习生，成长为一个营销策划人员的背景案例，在每一章里，都引入模拟BEST（BUSINESS EVENTS SIMULATION TEST）训练（策划者的一天），将学员在本章应该具备、掌握的营销策划知识、技能、方法等与企业营销活动中遇到的种种困惑与问题结合起来，采用情景设计的方法，在“真实”的背景下，逐步地加以解决，并对每个学员进行考核。使教材具有较强的操作性和指导性。通过有趣的故事、活动和练习，寓教于乐，使学习、培训变得轻松。

第二，侧重学习过程的组织与技能考核。

以岗位技能标准作为学生所学内容的考核标准，以学生自主学习为中心，教师只起到督促和指导的作用，使学生想学、会学、学会，在全书的每个单元、章节都能体现创新思维的训练，逐步形成学生的创新力和策划力。通过每章模拟BEST训练的组织与训练结果的考核、测试，使学生由“要我学”变为“我要学”，从而提高学习的效果和能力。

再版后的教材由新疆农业职业技术学院冯开红任主编，新疆农业职业技术学院王青和乌鲁木齐智略营销有限责任公司陈耀东任副主编，参加编写的还有张武。具体编写分工如下：新疆农业职业技术学院冯开红编写第1、3、12章、各章实训及全书统稿；新疆农业职业技术学院王青编写第 7、8、9、10、11 章；乌鲁木齐智略营销有限责任公司高级营销师陈耀东编写第 4、5、6 章；张武编写第 2 章。

本书在编写过程中参阅了大量的文献，并得到了专家学者及编者所在单位领导、同事的大力支持，在此一并致谢。

本书配有电子教学参考资料包，内容包括电子教案、习题答案等。请有需要的教师登录华信教育资源网（www.hxedu.com.cn）免费注册后再进行下载。

由于编者水平有限，书中难免存在不少的疏漏与不足，敬请读者批评指正。

编　者

目　　录

第 1 章　市场营销策划认知……（1）

1.1　市场营销策划及其特点……（1）

1.1.1　策划的含义与作用……（2）

1.1.2　策划与计划、策略、战术的区别……（3）

1.1.3　市场营销策划的含义……（4）

1.1.4　市场营销策划的特点……（4）

1.2　市场营销策划的基本要素……（6）

1.2.1　目标……（6）

1.2.2　信息……（7）

1.2.3　创意……（7）

1.3　市场营销策划的内容……（8）

1.3.1　市场营销基础策划……（8）

1.3.2　市场营销运行策划……（9）

1.4　市场营销策划的基本原则……（10）

1.5　市场营销策划的方法……（12）

1.5.1　浪漫型策划法……（12）

1.5.2　问题策划法……（12）

1.5.3　3P 法……（13）

1.5.4　PDS 法……（13）

1.6　市场营销策划的程序……（14）

1.6.1　界定问题……（14）

1.6.2　搜集信息……（15）

1.6.3　寻找线索……（15）

1.6.4　产生创意……（15）

1.6.5　确定策划方案……（16）

1.6.6　实施与改进……（17）

1.7　模拟“仿真训练”……（17）

1.8　测试与评价……（19）

第 2 章　如何撰写策划方案……（20）

2.1　撰写策划方案的一般原则……（22）

2.2　策划方案的撰写方法……（25）

2.2.1　策划方案的写作顺序……（26）

2.2.2　策划方案的结构与内容……（26）

2.2.3　策划方案的写作技巧……（27）

2.2.4　撰写策划方案的注意事项……（27）

2.3　策划方案的格式……（28）

2.3.1　一般的策划方案格式……………………………………………………………（28）
2.3.2　企业营销策划方案的格式……………………………………………………（29）
2.4　模拟“仿真训练”……………………………………………………………（32）
2.5　测试与评价……………………………………………………………………（36）
第 3 章　市场营销战略策划………………………………………………………（37）
3.1　市场营销战略概要………………………………………………………………（38）
3.1.1　市场营销战略的含义、主要内容与策划流程…………………………（38）
3.1.2　市场营销战略策划的主要构成要素………………………………………（42）
3.2　市场营销战略总体构架…………………………………………………………（43）
3.2.1　以赢利为目的的战略……………………………………………………（43）
3.2.2　以竞争为目的的战略……………………………………………………（44）
3.2.3　以占地（拓展市场）为目的的战略……………………………………（45）
3.3　市场营销战略策划方案…………………………………………………………（45）
3.4　模拟“仿真训练”……………………………………………………………（48）
3.5　测试与评价……………………………………………………………………（50）
第 4 章　市场营销调研策划………………………………………………………（51）
4.1　市场营销调研的目的和方法……………………………………………………（52）
4.1.1　市场营销调研的目的……………………………………………………（52）
4.1.2　市场营销调研的方法……………………………………………………（53）
4.2　市场营销调研策划的步骤与实施要点…………………………………………（58）
4.2.1　市场营销调研策划的步骤………………………………………………（58）
4.2.2　市场营销调研的实施要点………………………………………………（60）
4.3　市场调研策划案例：顾客满意策划……………………………………………（62）
4.3.1　顾客满意指标……………………………………………………………（62）
4.3.2　顾客满意策划的内容与评价……………………………………………（66）
4.4　模拟“仿真训练”……………………………………………………………（69）
4.5　测试与评价……………………………………………………………………（71）
第 5 章　目标市场及市场定位策划………………………………………………（72）
5.1　市场细分策划……………………………………………………………………（73）
5.1.1　市场细分的概念与作用…………………………………………………（73）
5.1.2　市场细分的原则、标准、步骤与方法…………………………………（74）
5.2　目标市场策划……………………………………………………………………（77）
5.2.1　选择目标市场的步骤……………………………………………………（77）
5.2.2　目标市场策略与影响因素………………………………………………（80）
5.3　市场定位策划……………………………………………………………………（82）
5.3.1　市场定位的含义与特点…………………………………………………（82）
5.3.2　市场定位的依据与步骤…………………………………………………（83）
5.4　模拟“仿真训练”……………………………………………………………（87）
5.4.1　BEST 训练规则……………………………………………………………（87）
5.4.2　BEST 训练的背景案例及场景……………………………………………（87）

5.4.3 BEST 训练运行 …… (87)
5.5 测试与评价 …… (88)
第 6 章 产品策划 …… (89)
6.1 产品整体策划 …… (90)
6.1.1 产品整体的概念 …… (90)
6.1.2 产品整体策划的要点 …… (92)
6.2 产品品牌策划 …… (94)
6.2.1 品牌的概念、类型与意义 …… (94)
6.2.2 产品品牌策划的步骤 …… (95)
6.3 产品服务策划 …… (97)
6.4 产品组合策划 …… (98)
6.5 新产品开发策划 …… (99)
6.5.1 新产品开发的任务与原则 …… (100)
6.5.2 新产品开发策划过程 …… (101)
6.6 模拟“仿真训练” …… (103)
6.6.1 BEST 训练规则 …… (103)
6.6.2 BEST 训练的背景案例及场景 …… (104)
6.6.3 BEST 训练运行 …… (104)
6.7 测试与评价 …… (105)
第 7 章 价格策划 …… (106)
7.1 定价的方法和策略 …… (106)
7.1.1 定价的方法 …… (107)
7.1.2 定价的策略 …… (109)
7.2 影响定价的主要因素与分析 …… (111)
7.2.1 影响定价的主要因素 …… (112)
7.2.2 定价分析 …… (112)
7.3 价格策划与调整 …… (114)
7.3.1 价格策划的原则与程序 …… (114)
7.3.2 价格调整策划 …… (116)
7.4 模拟“仿真训练” …… (117)
7.4.1 BEST 训练规则 …… (118)
7.4.2 BEST 训练的背景案例及场景 …… (118)
7.4.3 BEST 训练运行 …… (118)
7.5 测试与评价 …… (119)
第 8 章 销售渠道策划 …… (120)
8.1 销售渠道的构建与管理 …… (120)
8.1.1 销售渠道的结构与面临的问题 …… (121)
8.1.2 销售渠道的运行 …… (123)
8.1.3 销售渠道的管理 …… (124)
8.2 销售政策与渠道策划程序 …… (125)

8.2.1 销售政策的制定…………（125）
8.2.2 销售渠道的策划程序…………（126）
8.3 模拟“仿真训练”…………（127）
8.3.1 BEST 训练规则…………（127）
8.3.2 BEST 训练的背景案例及场景…………（128）
8.3.3 BEST 训练运行…………（128）
8.4 测试与评价…………（129）
第 9 章 促销策划…………（130）
9.1 促销的方式及组合…………（130）
9.1.1 促销的含义与方式…………（130）
9.1.2 促销方式的组合…………（131）
9.2 广告促销策划…………（133）
9.2.1 广告的促销作用…………（133）
9.2.2 广告促销创意…………（134）
9.2.3 不同阶段的广告策划…………（135）
9.3 人员推销策划…………（138）
9.4 营业推广策划…………（141）
9.5 公共关系策划…………（143）
9.6 模拟“仿真训练”…………（147）
9.6.1 BEST 训练规则…………（147）
9.6.2 BEST 训练的背景案例及场景…………（147）
9.6.3 BEST 训练运行…………（147）
9.7 测试与评价…………（148）
第 10 章 市场竞争策划…………（149）
10.1 识别企业的竞争对手…………（149）
10.1.1 确定竞争对手…………（150）
10.1.2 识别竞争对手…………（150）
10.2 一般竞争战略策划…………（152）
10.3 企业竞争战略策划…………（154）
10.4 模拟“仿真训练”…………（160）
10.4.1 BEST 训练规则…………（160）
10.4.2 BEST 训练的背景案例及场景…………（161）
10.4.3 BEST 训练运行…………（161）
10.5 测试与评价…………（162）
第 11 章 企业 CIS 导入策划…………（163）
11.1 企业 CIS 导入程序与原则…………（164）
11.1.1 企业 CIS 导入程序…………（164）
11.1.2 CIS 导入原则…………（167）
11.2 企业 CIS 导入策划方案…………（168）
11.2.1 企业 CIS 导入策划调研…………（168）

11.2.2 企业 CIS 导入策划方案的构成……（169）
11.3 企业 CIS 导入的开发与设计……（170）
11.3.1 企业 CIS 开发与设计的要素与内容……（170）
11.3.2 企业 CIS 导入应注意的问题……（172）
11.4 模拟“仿真训练”……（173）
11.4.1 BEST 训练规则……（174）
11.4.2 BEST 训练的背景案例及场景……（174）
11.4.3 BEST 训练运行……（174）
11.5 测试与评价……（175）
第 12 章 创新思维与自主策划……（176）
12.1 创新思维训练方法……（176）
12.2 创新能力培养……（179）
12.3 创新策划能力测试……（183）
12.4 自我策划……（184）
12.5 模拟“仿真训练”……（185）
12.5.1 BEST 训练规则……（185）
12.5.2 BEST 训练的背景案例及场景……（185）
12.5.3 BEST 训练运行……（186）
12.6 测试与评价……（187）

第1章

市场营销策划认知

学习任务与目标

❖ 正确理解市场营销策划的含义
❖ 掌握市场营销策划的三要素及其关系
❖ 熟练掌握市场营销策划的方法
❖ 能够按照市场营销策划的程序进行策划

案例 1-1

南宋嘉熙年间，江西一带山民叛乱，身为吉州万安县令的黄炳，调集了大批人马，严加守备。一天黎明前，探报来说，叛军即将杀到，黄炳立即派巡尉率兵迎敌。巡尉问道："士兵还没吃饭怎么打仗？"黄炳却胸有成竹地说："你们尽管出发，早饭随后送到。"黄炳并没有开"空头支票"，他立刻带上一些差役，抬着竹箩木桶，沿着街市挨家挨户叫道："知县老爷买饭来啦!"当时城内居民都在做早饭，听说知县亲自带人来买饭，便赶紧将刚烧好的饭端出来。黄炳命手下付足饭钱，将热气腾腾的米饭装进木桶就走。这样，士兵们既吃饱了肚子，又不耽误进军，打了一个大胜仗。这个县令黄炳，没有亲自捋袖做饭，也没有兴师动众劳民伤财，他只是借别人的手，烧自己的饭。县令买饭之举，算不上高明，看来平淡无奇，甚至有些荒唐，但却取得了很好的效果。

为了实现目标，将各种信息资源整合，产生创意并编制好目标程序，再巧妙实施，最终达到预想的目的，这就是策划。而营销策划更注重对顾客现在和将来需求的满足。

1.1 市场营销策划及其特点

大家做任何事情，都是想好了才干。"凡事预则立，不预则废"，这里的"预"就是指构思与策划。在市场竞争日趋激烈的知识经济时代，对市场营销进行策划就显得更为重要了。21 世纪是一个以知识经济（智能经济）为主导的时代，市场营销策划已渗透到社会生活的每个角落，知识经济以智能策划为核心。在市场营销活动中，营（策划、营造）的成分约占 70%，销（实施）的成分只占 30%左右。因此，营销策划技能已成为现代企业的各种市场营销活动能否取得成功的关键。而市场营销策划的含义与特点将是我们首先要掌握的。

1.1.1 策划的含义与作用

策划，在现代社会中是一个使用频率很高的一个词，也被各个领域不同的人们张口、闭口来谈论，那么什么是策划呢？“策”在大家眼里最重要的是指办法、计谋，而“划”主要是指筹划，所以策划一般就是指筹划、计谋或出谋划策，策划也就是我们常说的“谋定而动”、“三思而后行”。在做一件事之前，对目标、对象、方针、政策、战略、途径、步骤、人员安排、时空利用、经费及做事的方式等进行构思和设计，并形成系统完整的可操作性方案，就叫做策划。策划一般是指：为实现特定的目标，搜集目标所需的要素，通过新颖的思想与创意，按照实现该目标事物运行的规则，用科学的方法和程序制订出具体的且能实施的系统计划与方案。

案例 1-2

某地一家生产菜刀的工厂，由于产品滞销，仓库里积压了几万把质量不错的菜刀，连职工的工资都发不下去了。怎样才能扩大本厂的菜刀在市场中的影响呢？登广告吧，一把菜刀才卖十几元钱，连广告费都不够。于是厂长动员全厂员工出谋划策，争取少花钱或不花钱把积压的菜刀推销出去。职工们从每天都要用的火柴盒上找到了灵感。他们同火柴厂合作，改印了一批新的火柴盒，每个火柴盒上印了这样一句话：“这个火柴盒值 5 元钱，用它到某某厂（或有售该厂菜刀的超市）去换把菜刀，可优惠 5 元钱。”这批火柴盒投放市场后，一时间成了街头巷尾议论的话题，很多人争相抢购这种火柴，然后到菜刀厂（或有售该厂菜刀的超市）去换把菜刀。很快，几万把菜刀销售一空。工厂没有花一分钱的广告费，火柴厂也因此多销售了很多火柴。

根据所要达到的目标，将各类资源进行整合来实现最终目的，这个生产菜刀的小厂展示出了策划的内在魅力。

策划是一种为实现目标，进行创意组合并能组织实施的活动。美国人曾说：不发达国家之所以不发达，与其说是缺乏资金，不如说是缺少创新。我们如果能将无用的资源通过信息沟通与重新组合，产生创意，形成策划方案，予以实施，肯定会为社会带来巨大的效益。策划的作用与意义主要有以下四个方面。

（1）策划是行动取得成功的保证。所谓“运筹帷幄之中，决胜于千里之外”，就因为策划是实施行动的指南和纲领。

（2）策划为人们提供了新观念、新思路、新方法。策划的核心是创意，创意使大家有解决问题的新观念、新思路和新方法。同时，策划还可以改善管理水平，提高和增强生产力。

（3）策划是为了充分地利用资源，产生更大的经济效益。

（4）策划是为了使工作与生活有更加美好的前景。

案例 1-3

在北宋时期，有一次皇宫被烧，皇帝要求大臣丁渭尽快修盖好。丁渭想了一个办法，在皇宫前挖出一条河道通到城外的河流，开辟出一条运河，用其挖出的泥土烧制成砖瓦，再通过运河将远方的石头、木料等建筑材料运到皇宫附近，很快将皇宫重新盖好。在皇宫建好以后，再用建筑垃圾等将此运河的河道填平，恢复原有的街道，一举三得，最后丁渭得到了皇帝的奖赏。这个方案可以称得上是策划的典范。

丁渭修盖皇宫的办法在当时的条件下，可以说是利用了一切可以利用的资源，将目标的实现过程与行之有效的创意结合起来，达到了最佳的效果。

1.1.2 策划与计划、策略、战术的区别

策划与计划经常被大家混为一谈，策划与策略、战术也常常被人们混淆。其实它们之间有很大的差异性。

案例 1-4

某出版社的编辑老王主要做下列工作：选择图书的专业方向与主要内容，选择与开发作者，确定图书的版面规格与页码、封面设计风格、图书的装帧与定价等，这些都是策划；他也做下列工作：确定标题与正文字号，安排校对、联系印刷等，这些都是计划。而选择图书的专业方向与主要内容，选择与开发作者，确定图书的版面规格与页码、封面设计风格、图书的装帧与定价等的基本方法与思路，这些就是策略；将策划方案付诸行动的具体方法就是战术。一个策划编辑必须掌握原则，决定出版一些什么样的书（原则和方向）。在图书的专业方向确定以后，至于每本书要怎样完成编辑出版过程（程序与细节），就交给责任编辑去做了。

有关策划与计划，策划与策略、战术之间的关系，用表 1-1 和表 1-2 来做一个对比。

表 1-1 策划与计划之间的差异性

序　号	策　划	计　划
1	必须有创意	不必有创意
2	无中生有，天马行空	范围一定，按部就班
3	掌握原则与方向	处理程序与细节
4	What to do（做些什么）	How to do（怎么去做）
5	活的，动态的	死的，静态的
6	开创性强	时序性强
7	挑战性大	挑战性小
8	需要经过长期专业训练	只需要经过短期训练
9	侧重于策	侧重于划

表 1-2 策划与策略、战术之间的关系

序　号	策　划	策　略	战　术
1	侧重于方法	侧重于思考	侧重于行动
2	系统性，实施性	指导性，观念性	具体实施方法
3	策略的实施，战术的依据	核心，策划的依据	策划的实施

1.1.3 市场营销策划的含义

市场营销策划，顾名思义就是对市场营销活动进行有目的的筹划、谋划，通过对市场进行分析，选择市场需要的产品，确定适当的价格、适当的时间和地点，采用合适的促销方式，让顾客得到某种需求的满足。简单地说，市场营销策划就是指导市场营销人员明白消费者需要什么样的商品，再找到他们，然后将商品卖给他们的方案。

案例 1-5

有一家效益相当好的大公司，为了扩大经营规模，决定高薪招聘营销主管经理。招聘广告一打出来后，报名者云集。面对众多的应聘者，招聘工作的负责人说："相马不如赛马，为了能选拔出高素质的人才，我们出一道实践性的试题：就是想办法把木梳尽量多地卖给和尚。"绝大多数应聘者感到困惑不解，甚至愤怒地说："出家人要木梳何用？这不明摆着拿人开涮吗？"于是纷纷拂袖而去，最后只剩下三个应聘者——甲、乙和丙，由他们三人去销售梳子。负责人交代："以 10 日为限，届时向我汇报销售成果。" 10 日的期限到后，负责人问甲："卖出多少把？"答："一把。""怎么卖的？"甲讲述了历尽的辛苦，游说和尚应当买把梳子，无甚效果，还惨遭和尚的责骂，好在下山途中遇到一个小和尚一边晒太阳，一边使劲挠着头皮。甲灵机一动，递上木梳让他试用，小和尚用后满心欢喜，于是买下一把。负责人问乙："卖出多少把？"答："10 把。""怎么卖的？"乙说他去了一座名山古寺，由于山高风大，进香者的头发都被吹乱了，他找到寺院的住持说："如果进香者蓬头垢面那是对佛的不敬。应在每座庙的香案前放把木梳，供善男信女梳理鬓发后再进香。"住持采纳了他的建议。那山有 10 座庙，于是买下了 10 把木梳。负责人问丙："卖出多少把？"答："1 000 把。"负责人惊奇地问道："你是怎么卖出去的？"丙说他到一个颇具盛名、香火极旺的深山宝刹，朝圣与参观者络绎不绝。丙对住持说："凡来进香参观者，多有一颗虔诚之心，宝刹应有所回赠，以做纪念，保佑其平安吉祥，鼓励其多做善事。我有一批木梳，您的书法超群，可刻上'积善梳'三个字，便可做赠品。"住持大喜，立即买下 1 000 把木梳。得到"积善梳"的朝圣与参观者也是很高兴，一传十、十传百，朝圣者越来越多，香火也越来越旺。这还不算完，好戏跟着在后头。住持希望丙再多卖一些不同档次的木梳，以便分层次地赠给各种类型的朝圣与参观者。就这样，丙在看来没有木梳市场的地方开创出很有潜力的市场。

只要能够发现顾客的需求，并用其愿意接受的方式满足其需求，这样的营销策划方案就是成功的。

根据市场营销理论中的 4P 方法（产品—product、价格—price、渠道—place、促销—promotion），可将营销策划分为产品策划、价格策划、渠道策划、促销策划。通常，营销策划是以产品、价格、渠道、促销等营销组合策划的形式出现的。

1.1.4 市场营销策划的特点

市场营销策划一般有下面五个特点。

1. 主观性

案例 1-6

某公司先后派两个人到同一个小岛上开拓鞋子的市场。甲到岛上后，看到全岛居民无一人穿鞋子，就打道回府。甲向老总汇报说，在岛上无市场，应该放弃。而乙到达岛上后，看到全岛居民无一人穿鞋子，就打电话给老总汇报说，这个岛上市场前景太好了，我计划先让居民认识到穿鞋子的好处，再引导岛上的酋长及属下穿我们的鞋子，再下一步引导全岛居民都来穿鞋子。结果当然是乙赢得了市场。

同样的信息却有相反的结果，这就是市场营销策划的主观性。不同的人从不同的角度，在不同的时间、不同的情景、不同的心情下都会有不同的结果。

2. 动态性

网络上有一句流行语是“这个世界永远不变的就是一切都在变”，因此，市场营销策划就是一个动态地随时能适应变化着的市场的活动。它表现在策划方案的灵活选择性与方案执行时的动态调整性。

案例 1-7

有一个故事中讲述，两头小猪参加赛跑比赛，一头被称为聪明的小猪，干事习惯于做好一切准备后再开始；另一头被称为愚笨的小猪，干事习惯于边干边改。当比赛开始后，聪明的小猪在不断地准备，但总是有新情况出现，使他总是准备不好；而愚笨的小猪准备了一下就开始跑了，在跑的过程中边跑边改，结果愚笨的小猪在比赛中出了许多错误，但率先到达了终点。

3. 系统性

企业是一个系统组织，企业的市场营销活动是企业活动中的一部分，市场营销策划又是市场营销活动中的一部分，它还有实施、检查、评价、改正，我们将其称为 PDCA 循环。而策划又是一个系统工程，需要一系列的市场营销活动来支持才能完成。

案例 1-8

几年前，一家中国鞋厂的绣花鞋与某韩国厂家的绣花鞋同时在美国市场出售。平心而论，从质量上讲，二者相差无几，中国绣花鞋的质量可能还略胜一筹。从价格上来看，中国绣花鞋的价格只有韩国绣花鞋的八分之一。从常识上来推断，中国绣花鞋在这种小小的商战中稳操胜券，韩国绣花鞋是必败无疑了。

事情偏偏超出人们的预料之外——韩国绣花鞋畅销，而中国绣花鞋却滞销，并一直被挤到了地摊上。这难道是美国人故意与中国产品过不去吗？不是，据专家们的分析，美国女性顾客购买东方绣花鞋的目的，并不是为了实际穿着，而是为了好奇心所驱使，或者是作为一种炫耀。一件价格极低的便宜货值得如此炫耀吗？显然不能，它只能降低炫耀者的身份。

一言蔽之，中国绣花鞋在这一商战中“落荒而逃”的最根本的原因，是价格过低而无法满足美国消费者的身份感与自尊感；韩国绣花鞋之所以能取胜，正是由于厂商把握并满足了美国消费者的这种需求，故而引发了美国消费者的购买行为，同时也给自己带来了高额的利润回报。

在市场营销组合中，产品、价格、渠道、促销既要有系统性，还要与企业的战略相匹配，否则就是死路一条。

4. 复杂性

由市场营销策划的系统性就可以看出，市场营销策划不只是一个点子、创意的问题，更是一项复杂的有程序的智力工程。一项大型的、复杂的市场营销策划要涉及管理学、经济学、市场学、商品学、心理学、社会学及策划者的经验等多方面的知识，需要掌握系统论、信息论、控制论的一些方法，还要学会进行创造性思维等，否则，就有可能不完善甚至失败。

5. 前瞻性

市场营销策划是对未来的市场营销活动在未知的环境中进行安排，如果没有前瞻性、超前性，其作为未来市场营销活动的纲领性、指导性方案的作用就会消失，也就没有存在的价值了。

1.2 市场营销策划的基本要素

通常，人们运用多种不同信息和思考方法产生构想，好的构想就成为创意，许多创意按照合理的逻辑思维构成的能够实现预想目标的方案就是策划。因此，策划应包括三个基本因素：目标、信息、创意。以上三个要素共同组成了策划的整体构架，当有了一个明确的目标后，根据各种信息产生出实现目标的最佳创意，形成实施性的策划方案。

1.2.1 目标

目标是策划的起点。就策划而言，目标就是策划所希望达到的预期效果。目标具有明确性和可塑性，因此策划必须是有方向性的创意，即目的是什么，策划就要向着什么。

案例 1-9

美国耶鲁大学曾进行过一个跟踪调查，发现大多数人没有工作目标，10%的人有工作目标，4%的人能写出自己的目标。在过了 20 年后，调查发现这 4%的人拥有的财富，超过其余 96%的人拥有财富的总和。

策划的目标如何确定呢？可以按照 SMART（聪明的）标准来制定，即包括明确性（specific）、可测量性（measurable）、可完成性（achievable）、现实可行性（realistic）、时限性（timebound）。

案例 1-10

美国加利福尼亚大学的学者做了这样一个实验：把六只猴子分别关在三间空房子里，每间两只，房子里分别放着一定数量的食物，但放的位置高度不一样。第一间房子的食物就放在地上，第二间房子的食物分别从低到高悬挂在不同高度的适当位置上，第三间房子的食物悬挂在房顶。数日后，他们发现第一间房子的猴子一死一伤，伤的缺了耳朵、断了腿，奄奄一息。第三间房子的猴子也死了。只有第二间房子的猴子活得好好的。究其原因，第一间房子的两只猴子一进房间就看到了地上的食物，于是为了争夺唾手可得的食物而大动干戈，结果伤的伤，死的死。第三间房子的猴子虽做了努力，但因食物太高，难度过大，够不着，被活活饿死了。只有第二间房子的两只猴子先是各自凭着自己的本能蹦跳起来取食，最后，随着悬挂食物高度的增加，取食难度增大，两只猴子只有协作才能取得食物，于是，一只猴子托起另一只猴子跳起来取食。这样，每天都能取得够吃的食物，很好地活了下来。

目标制定得过低，人人能干，体现不出能力与水平，选拔不出人才，反倒成了内耗式的职位争抢甚至拆台，其结果无异于第一间房子里的两只猴子。目标制定得太高，虽然努力了但不能实现，就会埋没甚至抹杀了人才，犹如第三间房子里那两只猴子的命运。目标制定得要适当，循序渐进，如同在第二间房子悬挂食物。这样，才能真正地体现出能力与水平，发挥人的能动性和智慧。在实践中，目标的制定常常采用（平均+先进）/2 的办法，这种方法简单而有效。

1.2.2 信息

信息是策划的基础、素材。孙子在《地形篇》中曰：“知彼知己，胜乃不殆；知天知地，胜乃可全。”从信息的角度看，知彼——公众信息；知己——主体信息；知天——时机信息；知地——环境信息。一项成功的策划离不开这四类信息，一个好的创意就是怎样将这四类信息在头脑中组合成创意、灵感。

案例 1-11

1875 年，美国罐头大王亚默尔在报纸上看到一条豆腐块大小的新闻，说是在墨西哥畜群中发现了病畜，有些专家怀疑是一种传染性很强的瘟疫。亚默尔立刻想到，毗邻墨西哥的美国加利福尼亚州、德克萨斯州是全美国的肉类供应基地，如果瘟疫传染至此，政府一定会禁止那里的牲畜及肉类进入其他地区，造成全国供应紧张、价格上涨。于是，亚默尔马上派他的家庭医生调查并证实此消息，然后果断决策：倾其所有，从这两个州采购活畜和牛肉，迅速运送至东部地区，结果一下子赚了 900 万美元。所以，时间可以赢得机会，这就需要迅速地获得信息并及时地把握机会。

1.2.3 创意

创意是策划的核心。有了崭新的创意，策划的内容才会新颖、独特，令人拍案叫绝，使人产生新鲜感与新奇感。有时创意可能只是一句话，但却能为整个策划提供一条全新的思路。

案例 1-12

江西省有一位农妇种了几亩西瓜，长势良好，丰收在望。可是在西瓜尚未成熟时，市场早已饱和，瓜价受挫，销路也不畅。丰收了却不能增加收益，这是农民最大的痛苦。这位农妇想，好瓜好吃，那是吃过之后的感觉。好瓜要好卖，还得让买瓜人在买瓜之前先有一个好的印象。百货商店里的商品包装得非常漂亮，目的就是为吸引人。但是，西瓜能包装吗？常规包装显然不好办，那就想办法搞特殊包装。

在苦思冥想之后，农妇有了创意。她让人写了“吉祥如意”、“清凉解暑”、“祝你平安”等字样，用白纸剪下来，然后贴到快成熟的西瓜皮上。当过了几天后，贴字的地方因阳光的照射受到阻隔，光合作用减少，纸一撕下来后绿绿的西瓜上就留下了橙黄色的文字。当西瓜成熟后，农妇采摘西瓜上市，这些与众不同的西瓜格外招人喜爱，结果瓜好卖了，价格也高了，农妇的收入也增多了。

1.3 市场营销策划的内容

市场营销策划的内容从不同的角度有不同的划分方法，按照其策划习惯和程序，可将其分成市场营销基础策划和市场营销运行策划。市场营销基础策划主要指市场调研策划及由此确定的企业战略策划，它们是每项市场营销运行策划所必需的。市场营销运行策划主要指市场营销运行过程中所涉及的目标市场及定位、产品、价格、渠道、促销等策划，它们是企业战略策划得以实现的主要手段。

1.3.1 市场营销基础策划

任何市场营销活动都必须从市场入手，因为只有了解市场，才能找到目标，才能制订方案实施市场营销活动，所以市场调研策划就是首先要做的市场营销基础策划。

案例 1-13

市场信息是企业的生命，在发展迅速、千变万化的市场中，谁能获得及时有用的信息，谁就能够把握市场。漳州香料总厂顺应市场变化，在全国各地建立 520 个信息点，聘请 772 名信息员，建成分布广泛、反应灵活、传递快速的信息网络系统。信息员不定期地向企业发送用户和竞争对手等方面的信息，他们经过加工处理后，不断地调整市场营销方案，实现生产与销售目标。有一次，该厂从各网点提供的信息中得知：消费者喜欢大瓶装的风油精，于是，及时地调整了产品包装，变 3 克为 6 克、9 克包装，按照比例投放，结果销售量大增，一次就赚回来 50 多万元。

企业战略决策依靠市场预测，市场预测依靠市场信息，市场信息的获取就要依靠市场调研，许多企业从中受益匪浅。

根据市场调研，搞清楚了市场的机会与威胁、企业的优势和劣势、市场供求的关系、消费者的行为习惯等，就可以确定企业战略策划。

案例 1-14

某烟草公司通过其市场营销信息系统，分析并了解到影响企业经营的以下动向：有些国家政府颁布了法令，规定所有的香烟包装上都必须印上关于“吸烟危害健康”的严重警告；有些国家的一些地方政府禁止国民在公共场所吸烟；许多发达国家的吸烟人数下降；这家烟草公司的研究实验室很快地发明了用莴苣叶制造无害烟草的方法；发展中国家的吸烟人数迅速增加。据估计，中国目前有 3 亿多人吸烟，占总人口的 1/3 以上，青年人中吸烟者所占比重最多。显然，上述前三个动向给这家公司造成了环境威胁，后两个动向构成了公司的市场机会。

在对机会和威胁进行分析后，按照机会发生的可能性和威胁程度，对企业所处的地位进行分类管理。根据不同类型可做如下的决策分析过程。

机会强度高、威胁程度小的理想型：面临良机，稳操胜券。

机会强度高、威胁程度大的风险型：机会多，威胁大，理智冒险，争取成功。

机会强度低、威胁程度小的成熟型：风平浪静，等待机会。

机会强度低、威胁程度大的困难型：风雨飘摇，危在旦夕。

企业根据面临的市场机会与威胁，评估自身在环境作用下的市场地位，采取不同的对策，利用机会，避开风险，获得稳定发展。

优秀的企业都善于分析市场，避开威胁，利用自身的优势，抓住机会，制定出企业战略。好的企业战略策划对市场营销运行策划起纲领性、指导性的作用。

1.3.2 市场营销运行策划

首先是目标市场及市场定位策划，它主要解决市场营销的运行和方向方面的大问题，属于战略性营销策划。其次，营销人员在战略性营销策划的基础上，对营销的产品、价格、渠道及促销进行个别策划和组合策划，这属于战术性营销策划。

案例 1-15

市场营销方案的设计就是在对市场环境及企业内部情况充分了解的基础上对营销组合的综合运用。宝洁公司“飘柔定型”新产品的成功推出就有赖于其成功的营销方案设计。以下是对其产品宣传阶段的“3W1H”营销方案，从四个方面进行介绍。

（1）时机（when）。在新产品的商业化过程中，进入市场的时机是相当关键的。飘柔新产品的推广期是在 1999 年 11 月至 2000 年 2 月期间，涵盖了中国的两大传统节日及澳门回归日，这无疑是促销的大好时机。

（2）地点（where）。从宝洁公司以前的全球性产品分销来看，都是首先将其产品推向发达国家或地区（如日本），然后推向不发达的市场（如印度尼西亚），而这次宝洁公司把首推市场选在中国。其原因可能有二：首先，中国是一个潜力巨大的大市场，许多世界大公司都将目光瞄准了 21 世纪的中国，以宝洁公司产品目前在中国的市场潜量、当地信誉而言，加大扩展力度，巩固其领导地位，对公司的长远发展是有利的。其次，中国人的品牌意识增强。在人们考虑购买行为时，有名的牌子占第一位的比例为 51.6%，而与此同时，发达国家（如美国）消费者的品牌购买力正在减弱。在这种情况下，以中国为突破口将降低其为消费者品牌偏好而耗用的市场营销费用。

（3）消费对象（who）。在扩展市场的过程中，公司必须将目标对准最有希望的购买群体。他们应具备如下特点：时期采用者；大量使用的用户且为舆论领袖；和他们接触的成本低。基于这一点，飘柔新产品将其目标定位于活泼、好动、时尚的年轻人身上。

（4）用什么方式引入（how）。公司必须为新产品的引入制订详细计划，这里仅就其两个特色来说明。

① 拉开促销序幕的“的士高马拉松大赛”以“飘柔定型跳出激情”为主题，不仅突出产品特质且直接吸引其目标群体加入，极富创意。

② 全部的配货、派货、促销及形象代表都使用大学生。这样做成本低、人员素质高且这些人是目标群体中的佼佼者，将起到引导进入的巨大作用。

可见，详细可行的营销策划对于企业营销活动的成功进行具有重要意义。

好的企业战略策划，需要有好的营销运行方案的支撑，两者是辩证统一的。

1.4 市场营销策划的基本原则

市场营销是一个动态的活动，策划也是一个动态的无定势的活动，那么市场营销策划也就没有固定的模式。但在长期的市场营销策划实践中，有一些共性的原则，可以帮助策划者做好策划活动。

1. 策划的目标性原则

策划的目标必须与内容表现一致，否则，就会失去策划的意义。

案例 1-16

2010 年，世界饮料巨头可口可乐公司决定进军中东某国，这顿时使得该国的本土饮料龙头企业扎姆扎姆可乐如临大敌，为保住市场，扎姆扎姆公司立即召开会议，商讨如何应对可口可乐公司的大举来犯。有人提议进行价格战，实施全面降价；有人提议进一步细化市场，研发新产品；还有人则认为扎姆扎姆可乐不可能是可口可乐的对手，不如主动投怀送抱，让可口可乐来兼并自己……这些方法都无法让扎姆扎姆可乐公司的高管们满意。迫不得已，高管们决定向公司所有员工征集阻击可口可乐公司的好点子。很快，高管们就收到了上千份建议。其中，工厂流水线上的一名灌装工的建议，让他们眼前一亮。

该建议是这样的，甭管可口可乐公司有多强，我们只要让他的可乐无“瓶”可装便可。他解释道，可口可乐在我们国家出售可乐，就必须有大量的可乐瓶，可口可乐公司不可能从美国本土运来可乐瓶过来。因为裸瓶的关税很高，他们只能找本地的制瓶厂。而本国只有两家制瓶厂，只要让他们不帮助可口可乐公司制造裸瓶，就等于掐着了可口可乐公司的咽喉。

此建议让扎姆扎姆可乐公司的高管们兴奋不已，他们立刻出巨资将两家制瓶厂收购了过来。果然，不久后，可口可乐公司便派人来寻找制瓶厂合作，结果无功而返。可口可乐公司不得不放弃该国的市场。

策划目的是为什么，一定要搞清楚，否则，策划就失去了意义。

2. 策划的系统性

世界是一个系统，企业是一个系统，市场营销活动也是一个完整的系统。作为对其的策划活动，更是牵一发而动全局。巨人公司的破产、三株口服液的枯萎、飞龙公司保健品的快速滑坡等无不说明，只有做好系统中的每一个细节，才能使策划项目取得成功。

3. 策划的创新性原则

策划的核心就是创意、点子，否则就不能称为好的策划。

案例 1-17

化妆品市场竞争十分激烈，新品迭出，且宣传力度都很大。江苏一家生产珍珠霜的企业因产品陈旧，使产品严重积压，企业困难重重。虽做了多方的努力，但仍然不见起色。情急之下，来了灵感，他们在每盒珍珠霜里放置一颗精美的珍珠，重新推向市场。谁知这个小小的创意，竟然点石成金，不但使滞销产品成了抢手货，产品还涨了价，使企业也因此一举翻了身。

小小的创意就使滞销产品成了抢手货，这就是大家常讲的卖点。

4. 策划的信息提炼性原则

策划是一个产生创意和形成方案的过程，而创意又来自于对现实中大量信息的提炼。

案例 1-18

我国开发大庆油田是在严格保密的情况下进行的，不仅对国际社会保密，而且对国内的老百姓也保密。可眼尖的日本人却是从公开的报道中找到了蛛丝马迹。从《人民画报》封面刊登“铁人”王进喜身穿大棉袄、背景飘雪花的照片，日本人推断大庆油田在东北地区；而由《人民日报》的报道：王进喜到了马家窑，大喊一声“好大的油田啊”，日本人推断马家窑是大庆油田的中心部位；接着《人民日报》又报道，大庆人发扬“一不怕苦，二不怕死”的精神，肩扛人抬各种设备，日本人由此推断大庆油田附近一定有铁路、公路，否则哪里扛得动；1966 年王进喜参加全国人民代表大会，日本人推断大庆油田产出原油了，否则，王进喜当不了人大代表；而从《人民日报》刊登的一幅石油钻塔的照片，日本人又测算出油井的直径尺寸；从《政府工作报告》关于大庆油田的资料，日本人又测算出生产规模与油产量。依据各种推断，对信息进行提炼，日本人设计生产了石油设备，与大庆油田的需要正好吻合，结果大受欢迎。

生活中的各种信息，只要能巧加提炼，就能发挥巨大的作用。

5. 策划的动态性原则

由于未来的不确定性与变化性，在制订策划方案时就要考虑未来的变化及策划方案在执行过程中的变动性，因此，策划方案要有弹性和灵活性。

6. 策划的可操作性原则

成功的策划，必定是与现实相适应的，具有很强的可操作性。

7. 策划的效用性原则

策划的目的是为了经济效益，所以策划的成本和效果之间就要体现效用性，没有人愿意花 50 万元费用，去获取 10 万元的回报。

8. 策划的超前性原则

策划是对未来环境的判断及对未来做出安排的行为，因此要有其预见性与前瞻性。

9. 策划的公众性原则

市场营销策划是以顾客需求为对象的，所以必须考虑公众的感受，常用新闻、广告、公关、促销等手段。

1.5 市场营销策划的方法

策划的方法即策划的基本工具，如点子、创意、谋略等。从策划的形成过程来看，可以将策划的方法分为浪漫型策划法、问题策划法、3P 法、PDS 法。

1.5.1 浪漫型策划法

浪漫型策划法可以称做梦想、理想策划法，其实现流程为梦想、理想→创意→策划→实施。

案例 1-19

一个温州人在大街上擦皮鞋，每天都在梦想能拥有街对面的那栋楼房。擦鞋一天最多能擦 30 双，除去鞋油和吃饭费用，最多每天能挣 20 元钱。他琢磨，如果要买下对面的那栋楼房，至少要干 500 年。假如组织 500 人擦皮鞋，向他们每人每天收取 4 元钱，在 5 年以后不就可以买下那栋楼房了吗？于是，一个擦鞋公司便诞生了。在过了 5 年以后，他果然买下了那栋楼房。接着他又梦想能将整条街买下来，于是，一个从事皮鞋加工、生产、销售、服务于一体的制鞋公司便诞生了。在过了 5 年以后，他又如愿以偿地拥有了那条街。

一个人把梦想变成目标，产生创意，进行策划，并加以实施来实现自己的梦想，这就是浪漫型策划法。

1.5.2 问题策划法

问题策划法可以称做 HITS 策划法，其实现流程为：遇到问题、困难怎么办（how）→多个创意、策划（idea）→试一试（try）→选择决定一个策划方案（select）。

案例 1-20

天津有一家毛纺厂，生产一种呢子布料，由于原料成分不同，布料上常出现一些小白点。消费者视小白点为疵，认为布料是次品，于是购买热情不高。该厂的产品打不开销路，令企业领导伤透脑筋。他们曾经尝试过多种方法，均无力改变滞销局面。后来该技术人员灵机一动，变消除白点为扩大白点，不仅让它大起来，而且让它多起来，并命名为“雪花呢”。当此产品投放市场后，掀起一股旺售旋风，企业也颇多得利。

一般只有在遇到问题或困难时，才会绞尽脑汁地出主意、想办法，将各种方法试一试，并选择其中效果好的一种方法，就采用它了，这种方式就是 HITS 策划法。

1.5.3 3P 法

3P 法可以称做三段试做策划法或三段必需的可能性策划法。因每段的可能性用英文表示都为 possibility，所以被称为 3P 法。3P 法实质上是将尝试过的错误加以纠正而得到的策划方法，强调策划方案的实践性和实效性，特点是要对需求的可能性、主意的可能性、测试的可能性进行分析和测试。如果测试结果是策划方案可以达到使产品畅销的目的，则此策划方案是成功的，否则就是没有实效性的策划方案。

需求的可能性包括：

① 发现抱怨型的需求；

② 发现渴望型的需求；

③ 发现潜在型的需求。

主意的可能性包括：

① 综合顾客的意见；

② 综合企业内部部门的意见；

③ 意见的综合。

测试的可能性包括：

① 销售测试；

② 问卷调查测试；

③ 测试的综合。

1.5.4 PDS 法

PDS 法是策划（plan）→试做（do）→反省（see）法的简写，也就是先策划，然后试一试，再反省完善。

案例 1-21

某中职学校学生王飞为自己制定了一个目标：在毕业一年后能进入到当地一家上市公司的管理岗位上工作。由于王飞是学企业管理专业的，为此目标他设计了精美的个人简历，并通过学习获得了几个职业资格证书。结果他将简历投出后，公司人力资源部部长在面试时说：

你要想进入管理岗位，必须尽快地提升自己的能力水平、知识水平和学历水平，从基层干起，这样才能在两到三年内，实现自己的目标。王飞在工作中很快就发现了自己的不足，结合现实和自己的优缺点重新制定了就业方案：在公司的销售部做送货员。在一年半以后，由于他的表现突出，公司提拔他为配送中心副主任，实现了他最初的目标。

好的策划，应该是将制定出的策划方案进行试用并不断反省与修订，使其完善。

1.6 市场营销策划的程序

从现代意义上来讲，策划是一个综合性的系统工程。策划在本质上是刻意创新、灵活多变、不受拘束的，所以原则上不应有完全固定的步骤和程序，也没有不变的框架。但对于初学者来说，单纯靠自己经验的积累很难成功，为此，将策划的基本程序定为以下几个步骤：界定问题→明确目标→搜集信息→寻找线索→产生创意→确立策划方案→实施与改进。

1.6.1 界定问题

界定问题就是要明确目标。如果目标不明确，方案就无法开始，而目标是根据所要研究的问题来确定的，这就是界定问题。管理大师杜拉克能很好地说明它。一般情况下，杜拉克在从事咨询顾问时会这样工作：首先，客户总会提一大堆问题，但杜拉克听了这些问题后向客户说道“你最想做的事情是什么？你为什么最想做？你现在正在做什么事？你为什么这样做呢？”这就是杜拉克的问题界定法。他改变顾客的所问，提出一连串的问题反问，目的就是为了帮助顾客理清问题，提出问题，然后让顾客自己动手去处理最先必须处理的问题。杜拉克的问题界定法给我们以启示，我们往往追求结果，而没有耐心花时间去界定问题，其实只要界定问题，把问题简单化、明确化，分清重要性，那么问题就解决了一半。

（1）界定问题的第一个方法是专注于重要的问题。如果你认为每一件事情都很重要，结果会变成没有一件事是重要的，就像我们想同时完成多个目标时，其结果是往往一个目标也达不成。例如，一个人去追逐多只兔子，不如去专门追一只兔子容易捉到它。一个人如果同时有多个目标要实现，那到头来将可能一事无成。如果不能专注于最值得解决的重要问题，很可能只解决了一个不重要的问题或错误的问题，这样的话不但重要问题没有解决，甚至会因为处理错误的问题而制造出新的难题。

（2）界定问题的第二个方法是细分问题。要把问题明确化，最好的办法就是对问题进行细分。任何东西都可以细分，以书为例，可把书按用途、内容、大小、开本、品质、颜色等进行划分。任何问题也可以细分，以问题“如何防盗”为例，可细分为社区的警卫、门锁、警铃、守望、巡警等布置。

（3）界定问题的第三个方法是改变原有的问题。

案例 1-22

有一辆载满行李的平板车停在楼梯口，甲要把行李搬上楼，由于一个人的力气不足，想找一个人帮忙，正好乙路过，甲上前请乙帮忙。乙问甲："你有什么困难？"甲说："我想把这些行李搬上楼，一个人搬不动，所以想请你帮忙。"乙指着不远处的电梯说："你为什么不用电梯？"甲一听，哑然失笑："我怎么没想到电梯？"他只想自己怎样把行李搬上楼，而乙把他的问题改变为用何方法把行李搬上楼，问题就解决了。

（4）界定问题的第四个方法是运用"为什么"的技巧。多问为什么就能使问题明确化、浅显化，分清重要性。例如，有个人想拥有更多的钱，为什么？他说积累的钱多了，就可以提前退休。为什么要提前退休？退休以后就可以到各地旅游。这时你就找到了根本性问题：他不是为了多占用钱，而是为了可以到各地旅游。结果把工作调动到旅游业或外交性强的岗位，也可以实现到许多地方旅游的目标。

好的开始是成功的一半。当你为自己制定好一个目标，并把它界定得明确、清楚之后，你就取得了成功的一半。

1.6.2　搜集信息

信息、材料和能源被誉为现代经济发展的三大支柱。信息开发的水平决定着策划的水平。策划是通过"计算机+人脑"开发信息的过程。依据来源，信息可区分为现成资料与市场调查信息两大类。现成资料包括书籍、报刊、杂志、政府文件等，而市场调查信息主要是通过询问法、观察法等得到的。信息搜集后的加工处理和预测要科学化，根据现有信息资料，透过现象去粗求精，去伪存真，获得有价值的新信息。

1.6.3　寻找线索

制定策划方案中很重要的一步是把搜集来的各类资料经过加工处理与归纳，整理为重要情报（信息）。资料信息在整理之前是死的，是无用的资料，在经过分析整理之后，就会变成活的，形成制定策划方案的重要参考依据，信息是策划的基础素材。对公众信息、主体信息、时机信息、环境信息等进行组合，根据目标就会产生创意。

对个人来说，创意者一般要具有以下条件：① 动作要快，应有立刻反应的能力；② 要具有对图形的感知能力；③ 具有丰富的情报量；④ 具有思路清晰的系统概念；⑤ 具有"战略构造"能力，对未来或各种利益结构有强烈的控制力量；⑥ 具有"概念化"能力，能将所有相关信息归纳成一定的概念；⑦ 具有敏锐的"关联性"反应能力，对人、产品、市场的关系要反应灵敏，并能够综合进行分析；⑧ 具有丰富的想象力；⑨ 具有丰富的实践性经验；⑩ 具有多角度的思考习惯，并能采取系统性方法；⑪ 具有同时进行多种工作的能力。

1.6.4　产生创意

利用信息，结合自己的经验，通过发散的思维及独特的观察习惯，就能产生创意。创意不是天生的，而是可以通过后天培养的。

美国学者的一项研究显示，创意人员一般具备以下特点：① 在智商方面并不是很高；② 在教育方面强调现代逻辑；③ 在专业技能方面，创意如果没有经过长期的努力，灵感不会在突然之间产生，几乎每一位有成就的创意人员都在他从事的行业中苦心钻研多年；④ 在个性方面，创意人员大都独立、执着，对工作有强烈的动机，他们多凭直觉本能地决定事情，他们反对传统，但具有怀疑和冒险精神；⑤ 在童年方面，创意人员通常不会很平淡。逆境常能帮助与刺激人从不同的角度去观察与分析问题，较为放任的管教方式会使其养成自己面对问题并解决问题的习惯；⑥ 在社会性方面，创意人员虽然个性独立，但是并不孤僻，他们很合群，经常与同事或朋友讨论问题、交换意见。

有了信息，有了素质，再用相应的方法就会产生创意。例如，组合法、改良法、逆反法、移植法等。

案例 1-23

松下公司在产品开发策略上采取的一种方法就是，当索尼公司等企业研制出一个新产品上市后，松下公司马上将这类新产品买回一些，组织大量的技术研发人员，对产品的优劣特性进行分析，将其改良成性能更好的新产品。当索尼公司刚刚研制出录像机时，只能录 2 小时，经松下公司改良后，达到 6 小时，很快占领了本应该属于索尼公司的大片市场。

一个好的创意，并不需要太深奥的知识，它就来自于身边的信息与你的思维习惯。

1.6.5 确定策划方案

经过创意，一般可形成多种概要性方案的框架，在此基础上制作方案，并编制策划方案的概要和重点。确定策划方案主要是看此策划方案的可行性，主要包括下列三个方面。

（1）这个方案有足够的资源支持。每个策划方案均受资源本身的限制，资源包括人力、财力、时间等。由于受限于资源，因此该策划方案是否可行就很重要了。许多策划人秉持“无中生有，天马行空”原则，挖空心思、大胆突破，想出了一个很好的创意，然而常因忽略了企业的有限资源，结果方案进行到一半就出现后继乏力的现象，以至于功败垂成。在现实中，可行的创意往往比“最好的”创意还要好。

（2）高级主管的信任和支持。由于策划部门是一个职能单位，影响是间接的，策划方案是否能顺利推行、执行到底与主管的信任和支持程度有很大的关系。通常，一个策划方案需要投入资金几十万甚至高达几百万元，而策划方案在推行之初，很可能看不出任何效果，这时倘若高层主管的意志不够坚定，对策划方案的信心发生动摇，就会影响策划方案的执行。

（3）其他部门的全力配合。要使策划方案顺利地得到推行，除了主管的全力支持外，企业其他部门的全力配合也非常重要。策划者必须留意其他部门的正面反应和排斥意见，所以在制订方案之前，必须与其他有关部门多进行沟通、协调。最好的方法是请各部门的主管共同参与制定策划方案，经过大家讨论后的策划方案，那就不仅仅是策划部门的方案，而是大家共同参与制定的，都会相互配合，收到事半功倍的效果。

策划方案能否被确定还与方案名称、策划人员、策划目标、策划内容、费用分析等直接相关。如果是一个目标明确、创意独特、名称新颖、内容翔实、费用合理，又出自经验丰富的策划家之手的方案，企业能不采用吗？

1.6.6 实施与改进

策划方案制定出来并经过修改后，一方面把各部门（如生产、人事、财务、后勤等）的任务进行详细分配，分头组织落实与实施；另一方面根据修改后的预算和进度表要严密进行控制，通过各部门的分工和相互合作，以达成策划方案的目标。

在策划方案执行结束后，必须做有效的检查与评估，以作为制定新策划方案的参考依据。检查与评估的项目包括：① 预算准确吗？太多还是太少？原因何在？② 整个策划过程是否按预定进度进行？③ 实际成果与预测相符吗？是否达到策划目标？④ 各部门的协调良好吗？是否有抵触或排斥的情形？⑤ 情报研判准确吗？⑥ 倘若策划成功，关键因素是什么？倘若失败，关键因素是什么？为什么会失败？

1.7 模拟“仿真训练”

BEST 训练（营销策划者的一天）

BEST 训练最初源自日本企业的“模拟总经理的一天”，全称为 BUSINESSEV ENTS SIMULATION TEST。目的是把总经理一天的各种活动与问题一一展现出来予以解决。本节把它演绎成营销策划者的一天，与背景案例及本单元内容结合起来，使学员亲身体验，达到训练的目的。自本节起，用“一个营销策划人员的成长”案例为背景，系统地学习与掌握营销策划的知识和技能。

1. BEST 训练规则

（1）将学员分为 5～6 人一组的小组，各小组指定（或推荐）一名学员为负责人来组织营销策划活动，下一次活动时更换人员，力求人人都能得到训练。每个小组为一个相对独立班组，根据训练背景内容的不同，每人扮演不同的角色。

（2）训练内容与范围：各类企业的营销策划者在一天中，可能遇到各种与背景案例及本章内容相关的问题。

（3）小组活动的总时间定为 4 小时（其中前两个小时为小组开展活动的准备时间，不在训练方案时间表中体现），由小组负责人与成员一起按照 BEST 训练标准流程讨论、制订训练方案时间表。训练方案时间表要求格式化，容许有 10%的调整弹性。

（4）训练标准流程：① 训练规则说明；② 分组及任务分解说明；③ 上任与面对问题（本单元中的案例及可能遇到的各种问题）；④ 分析与创意会议；⑤ 策划方案设计；⑥ 策划方案要点讲解与小组讨论点评；⑦ 讲师点评。

（5）考核：① 从各小组中各抽出一人组成考核组；② 考核对象：每个小组、每个人（特别是小组负责人）；③ 考核内容：流程考核（小组是否按照训练流程进行训练），时间考核（小组是否按照训练时间表进行训练），角色考核（每个角色扮演的形式与实质技能考核），团队与效果考核（小组整体表现）；④ 考核形式：考核组集体打分；⑤ 考核标准：形式性考核占 40%（包括流程、时间、角色、需要的书面营销策划方案等），实质性考核占 60%（包括小组及个人的实际表现、内容掌握深度、目标实现度等）。

（6）保持各项记录。

2. BEST 训练的背景案例及场景

案例 1-24

小明所学的专业是市场营销，本学期刚刚开始接触策划课程，老师在上星期布置了几个作业要求大家完成：① 每人想一个点子使学习快乐起来；② 在橘子的丰收季节，给你 3 斤普通的橘子如何卖得 50 元钱；③ 试着用理念 HITS 策划法策划如何销售一批积压的服装；④ 每个学员在毕业时，可能都会面临三个问题：就业，没有经验怎么办？执业，专业不对口怎么办？创业，没有资本怎么办？小明想根据所学的知识与经验，按照策划的要素、方法与策划的程序，编制完成策划方案。

3. BEST 训练运行

按照训练的标准流程运行，各个项目内容必需的时间由各小组具体设定。

（1）训练规则说明（建议时间为 10～15 分钟）。

主要包括让学员明白为何要训练，训练什么，训练目标是什么，训练规则是什么，如何进行训练，如何进行考核，谁负责，多长时间完成，等等。

（2）分组及任务分解说明（建议时间为 10～15 分钟）。

按照训练规则进行分组，角色扮演。

（3）上任与面对问题（本章中的背景案例及可能遇到的各种问题）（建议时间为 15～20 分钟）。

① 背景案例中，小明如何想一个点子使学习快乐起来。

② 请你帮小明设计一个在橘子的丰收季节，能将 3 斤普通的橘子卖得 50 元钱的策划方案。

③ 设想一下，小明如何用“HITS 策划法”策划出销售积压服装的方案。

④ 请帮小明制定毕业时面临三难问题的策划方案。

⑤ 请帮小明整理一下学习本章的收获。

（4）分析、创意会议与策划方案设计（建议时间为 80～100 分钟）。

对以上遇到的问题召集小组会议，逐项进行分析、创意，制定策划方案，指定相应成员书写完善。

① 会议主题

② 会议形式

③ 时间控制

④ 策划、创意

⑤ 策划方案

（5）策划方案要点讲解与小组讨论点评（建议时间为 20～30 分钟）。

主要内容包括本次训练过程描述、目标任务的实现度、策划方案要点讲解、小组成员讨论点评与小组活动总结、不足之处、如何改进等。

（6）讲师点评：讲师按照练习→小结（指出正误）→再练习→再小结……直到掌握的顺序，对练习进行总结讲评。

（7）对各个小组考核评价（建议时间为20～30分钟）。

考核组对各个小组上交的材料，结合考核组对其实际记录及表现进行评价。各个小组需上交给考核组的材料主要有：训练议程安排，分组分工及角色扮演名单，所面临的问题清单，每个问题的解决方案，会议记录，各角色与小组训练活动总结报告，等等。考核组对每个小组及每个人的实际表现、内容掌握深度、目标实现度等进行记录。

1.8 测试与评价

（1）利用策划的基本要素设计一份改善校园环境的方案。

（2）营销策划的基本内容是什么？

（3）策划的基本方法有哪些？

（4）策划的基本程序有哪些？

（5）你对营销策划是如何理解的？

第2章

如何撰写策划方案

学习任务与目标

❖ 了解策划方案编写的一般格式与要求
❖ 熟悉策划方案撰写的方法
❖ 能够按照要求编制出相应的策划方案

案例 2-1

下面是一个销售饮料机策划范例，可以看出其中的基本格式，在使用时可随着客户的不同而略加修改。

亲爱的××先生：

多谢您上周五的协助以及提供的数字，使我有机会能在贵工厂进行调查，在此一一致谢。根据我们的洽谈，我了解你们的需求为：

（1）设立饮料服务，供463名日班工人、225名轮班工人及10名职员使用。

（2）这项服务要能全天候地得到满足，分三班制轮流服务。

（3）茶水的收费维持在每杯4分，其他饮料起价为5分，机器本身要有调整价格的能力。

（4）附带设备是一台冷饮机，借以缓和铸造厂炎热的工作环境。

（5）顺应包装女工的要求，装设一台“可口可乐”或“百事可乐”饮料机。

（6）整个工作可由工厂自行负责。

我们的建议为：

相信您在租用三台S23超自动冷热饮料机后，您的需求就可以适当而且经济地得到满足。其中一台装设在A处，它对包装部门很方便，对办公人员而言，位置也很恰当；另外两台装设在B处和C处。就电源和水源而言，这些位置都很方便。对大多数工作人员而言，这些位置都很合适。

租用超自动冷热饮料机有以下几个效益：

（1）该机器能提供20多种可供选择的热茶、咖啡、巧克力及速食汤等；外加三种冷饮，有两种冷饮是汽水性质的，这表示“可口可乐”和“百事可乐”均在该范围之内，可供包装女工享用。

（2）有29种茶和咖啡可供选择，可以涵盖各类个人爱好。

（3）机器的硬币处理系统能接受1分、2分和5分的硬币，可按任何顺序投入，总金额可达29分，因此，您的4分和5分的价格均在该范围之内。事实上有三种价格标准可供利用，如果以后要随物价调高价格，只要在收币系统上略加调整即可。

（4）每台机器有560杯容量，确保全体人员能享受24小时服务，每天只需要补充饮料一次和清洁一次就可作业。

（5）固定月租金已包括下面几项费用：

① 免费送到您指定的地点；

② 全面性保险；

③ 详尽的使用说明；

④ 机器的维修费用（包括零件和人力）。

第一次供应的纸杯及原料大约可供应3500杯饮料，在合同有效期内保证不调整价格。该机器生产的收益除去支付的租金，还能有剩余。从财务上进行以下分析。

（1）营业数字的计算基础为每杯的成本费，其中包括原料费及纸杯成本；平均取用数字是根据一项民意调查所得的结果，可根据贵厂的实际情况进行调整。计算出的每杯饮料的平均利润为2.75分，如表2-1所示。

表2-1　饮料利润计算明细

饮　料	每杯成本（分）	平均取用（杯）	售价（分/杯）	每杯利润（分）	总利润（分）
茶	1.57	10	4	2.43	24.30
咖啡	2.67	35	5	2.33	81.55
巧克力	2.66	15	5	2.34	35.10
汤	1.72	15	5	3.28	49.20
冷饮	1.62	25	5	3.38	84.50
平均每百杯利润（分）			274.65		

（2）每台机器的月租金为90.95元，所以每日成本为3.03元。如果以平均利润2.75分计算，得出每台机器每日售出110杯就能达到收支平衡。

按保守情况估计，如果只有80%的人使用超自动冷热饮料机，而且只计算日班的使用情况，每天每人只使用两次，每台机器每天平均也要售出246杯饮料。看下面的计算公式：

$$463\times80\%\approx370\text{（人）}$$

$$370\times2=740\text{（杯）}$$

$$740\div3\approx246\text{（杯/台）}$$

在这种情况下，收支平衡就能很容易达到，从以下计算可以预期每天日利润为11.22元。

$$246-110=136\text{（杯/台）}$$

$$136\times2.75=374\text{（分/台）}$$

$$374\times3=1122\text{（分）}=11.22\text{（元）}$$

如果每天清洁机器的人力费用为1.22元，那么按每月30天计算，5年期间的利润是：

$$(11.22-1.22)\times30\times12\times5=18\,000\text{（元）}$$

上述利润还要加上节省的现有茶水服务的劳务费及材料成本。贵厂人事经理提供的数字为每年 1250 元，其中 1020 元为薪水。如果把未来 5 年的劳务成本的膨胀率也计算在内，那么所得到的数字为 8827 元。因此，在 5 年内可能得到的超自动冷热饮料机利润为 18 000 元，再加上成本节余 8827 元，总利润为 26 827 元。

我很乐意向您肯定地表示，任何服务上的需要都可受到我们本地工程师××先生的技术支持。他受过严格的训练，而且装备齐全，由于是租用合同的一部分，这些服务不另外收费。

随函附上每杯饮料的成本资料，供您参考，另外还有一份技术性资料，列出安装机器的必备条件。

（摘自《销售圣经》，杰弗里·吉特默）

从销售产品的方案中，我们发现该企业处处都在为顾客考虑，详细地进行预算，这就是其最大的卖点。一份好的策划方案，就像一本好的小说、好的剧本一样，需要有背景、时间、地点，以及主题、实施、预算等，同时还需要好的方案结构、格式和撰写顺序、技巧等，策划的精彩之处就是卖点。

2.1 撰写策划方案的一般原则

成功的策划必然要包括为何事策划、如何实施、多少预算、何时完成、何人完成、何地完成、为何要这样策划、策划效益评估等诸多要素。因此在撰写策划方案时，首先要掌握撰写策划方案的一般原则。

1. What——为何策划

为何策划是撰写策划方案的核心所在，制定明确的策划目标，可以使策划者紧紧围绕这个主题，展开对策划方案的构架设计、信息搜集、分析整理、产生创意，再进行策划方案的撰写工作。策划目标的制定以 SMART 标准为依据，即从明确性、可测量性、可完成性、现实可行性、时限性五个方面来考虑。

案例 2-2

麦当劳公司是怎样取得如此瞩目的成就呢？这归功于公司的市场营销理念。公司为此提出了著名的 QSCV 营销理念，Q 代表产品质量（quality），S 代表服务（service）、C 代表清洁（cleanness），V 代表价值（value）。麦当劳公司为了保证其产品的质量，对生产汉堡包的每一具体细节都有着详细具体的规定和说明。从管理经营到具体产品的选料、加工等，甚至包括多长时间必须清洗一次厕所、煎土豆片的油应该有多高温度等细节，可谓应有尽有。麦当劳公司要在公众中树立起优质服务形象如微笑服务，其策划者规定员工应该在服务时露出 8 颗牙齿，才能叫微笑。而清洁的概念，麦当劳公司更是制定了严格的卫生标准，如男性工作人员不准留长发，女性工作人员必须带发网，顾客一走就必须擦净桌面，落在地上的纸片，必须马上拣起来等，使快餐店始终保持窗明几净的清洁环境。麦当劳公司就是以其先进的理念和明确具体的目标来赢得世界的。

目标是做任何事的指南和标准，只有目标明确了才能更好地实施与完成。

2. How——如何实施

在制定出明确的策划主题和目标后，如何来实现目标呢？如何使他人来相信你的假设、你的想法、你的分析和你的创意呢？这就要求策划者根据目标进行 SWOT 分析，产生创意，反复论证。SWOT 代表了企业的优势（strength）、弱势（weakness）、机会（opportunity）和威胁（threat）四个方面。例如，某企业在全国拥有 1500 家连锁店，策划部提出在 3 年内使门店数达到 3000 家。那么如何在 3 年中增加 1500 家店，分布在哪些区域？3 年的铺店节奏如何？用什么办法（创意）实现目标？企业的人力、物力、资金和宣传能否配合此目标呢？

3. How Much——多少预算

大部分的策划方案，都会用数字来进行分析。因为任何的策划方案，其目的都是为了实施，只要实施就会有预算，所以预算在策划方案中成为必不可少的因素。巨人公司的倒塌、秦池酒厂的枯竭，在某种程度上讲是由于对预算的忽视造成的。策划方案中的预算一般包括收入预算、成本预算、资金支出预算、销售费用预算、管理费用预算等，必须详细地进行分析。

4. When——何时完成

策划方案中应明确规定方案启动的时间、结束的时间，以及各项工作的时间安排。例如，某专门生产月饼的企业，为了在中秋节推出新上市的月饼而进行策划。策划方案中针对广告、促销、生产计划、销售方案、赠品及业务活动等，都需制订详细的时间计划。

案例 2-3

轻怡可乐（百事可乐）某年广州促销方案时间进度表

时　间	工 作 内 容	落实责任人	备　注
1 月 8—10 日	确定促销方案、签订合同	林普公司、百事可乐公司	合同书
1 月 10—19 日	运动、娱乐场所的公关活动	林普公司客户部	确定意向
1 月 10—19 日	卖场的堆位或货架、门外场地的公关	轻怡可乐品牌部	确定意向
1 月 23 日前	运动、娱乐场所联合促销协议签订	林普公司客户部	合同书
1 月 23 日前	卖场促销协议的签订	轻怡可乐品牌部	协议书备案
2 月 1—6 日	卖场促销物料制作完成（充气拱廊、促销台、幸运大转盘、促销奖品等）	轻怡可乐品牌部	——
2 月 6—11 日	促销小姐招聘	林普公司客户部	工资由百事可乐公司支付
2 月 1—6 日	“贴士”小册子设计完稿并交付印刷	林普公司创意部、客户部	双方确认
2 月 9 日之前	宣传单页、明星画像、POP 完稿确定	林普公司创意平面设计部	双方确认
2 月 15 日前	“休闲时光”、“充实人生”、“享受生活”的创意文稿完成	林普公司创意文案及平面设计部	双方确认
2 月 15 日之前	所有的促销宣传资料印刷完成	林普公司客户部	——

续表

时　间	工 作 内 容	落实责任人	备　注
2月12—15日	促销小姐培训	百事公司轻怡可乐品牌部、林普公司客户部	——
2月16日	所有的促销赠饮品、宣传物料按促销方案要求运抵所有相关单位	百事可乐轻怡可乐品牌部、销售部	送货单
2月16日	所有的卖场促销物料到达售点	百事可乐轻怡可乐品牌部、销售部	卖场仓库
2月16日	所有的运动、娱乐场所的宣传资料到位并张贴	所有的促销小姐张贴、林普公司客户部监督	运动、娱乐场所
2月17日早	15家卖场的促销布置、促销小姐到位	林普公司客户部、轻怡可乐品牌部监督	——
2月17日—3月18日	促销正常进行	促销小姐运行、林普公司客户部指导	轻怡可乐品牌部监督
3月20—23日	核销、评估、结算	促销小姐、轻怡可乐品牌部、林普公司客户部	奖品凭小票核销

5. Who——何人完成

一个策划方案如果没有人组织是无法执行的，因此，在策划方案中应明确需要由什么人来组织与完成。人员配置不当或使用不充分，都可能引起所有策划方案的失败。三国时期的诸葛亮，以谋略、策划见长，但也因用马谡不当而失街亭。

6. Where——何地完成

在策划方案中必须有明确的实施地点，即在什么地方来实施策划方案。一个策划方案可能是在某单一的地域实施，也可能在多个地域共同实施。例如，广告策划方案是面向全国的，还是针对西部地区的？如果是西部地区其重点又是哪个省份、哪个城市？应该划分清楚。

7. Why——为何要这样策划

在撰写策划方案时要不断地问自己为什么要这样策划，只有在能正确答复原因时，策划方案才有可能成功。这就要求在编制方案时，要进行产业分析、市场分析、顾客分析、竞争者分析、自我分析、外部环境分析及科技分析等。

案例 2-4

轻怡可乐（百事可乐）某年广州促销方案 SWOT 分析

STRENGTH:	OPPORTUNITY:
● 轻怡可乐可借助百事可乐的强大品牌优势 ● 百事可乐已经成功地为轻怡可乐建设了完善的分销网络，以及通路良好的客情关系 ● 百事可乐为轻怡可乐传播了“可望无限”、“年轻的一代”、“活力一族”等品牌主张和品牌个性	● 在广州，低糖可乐市场尚未形成强势品牌，宿敌可口可乐的 DIET 可乐尚未占领足够的市场份额 ● 很大一部分原可乐的消费群愿意转换品牌，尝试新可乐 ● 在轻怡可乐的目标通路上没有低糖型可乐的进入 ● 低糖型可乐将是“活力一族”的梦幻饮料

续表

WEAKNESS： ● 轻怡可乐目前的销售局面尚未打开 ● 轻怡可乐在广州的消费群中知名度不高 ● 轻怡可乐虽借助百事可乐的品牌优势，但未进行及时的品牌宣传和告知活动	THREAT： ● 宿敌可口可乐的DIET可乐早一步进入市场 ● 其他品牌的DIET可乐将会陆续进入市场 ● “活力一族”很容易形成品牌依赖，失去先机将失去市场 ● 统一品牌的产品如果多次入市未能打开市场，则该品牌将失去生命力
总结： 轻怡可乐目前具备的优势和机会是由百事可乐建立起来的，自身的品牌建设和销量提升工作均没有开展强有力的活动来支持	措施： 通过售点的大力度促销，以及轻怡可乐的USP传播，提升售点的即时性销量和永久性销量 通过特殊通路与分销通路的整合传播来扩大轻怡可乐的知名度

案例 2-5

某报社编辑部的陈主任花费15万元买了个教训。1988年在全国上下的下海经商热的冲击下，他也决定经商。他是重庆人，重庆为全国的三大火炉之一。这年，一家企业生产出一种充水降温坐垫，在重庆很畅销。他听到信息，认为海口市地处亚热带，夏季时间长，温度高，降温坐垫一定有销路。他立即筹款15万元，进了1万只降温坐垫运到海口，计划30元一只出售。然而事与愿违，降温坐垫在3年内都卖不动。在这次生意失败后，他开始问为什么，原来海口紧临大海，白天气温高达37℃，而到了晚上却很凉爽。而在特区经商的人，要么整天到处跑生意，要么整天坐在有空调的办公室，因而并不需要这种降温坐垫。陈主任以后明白了在做什么事之前，一定要多问自己为什么这样做。

失败乃成功之母，就是告诉我们如何从中找出为何失败的原因，经过不断总结与提高才能不断成功。

8. 策划效益评估

对策划方案能否被认同，效益评估起到重要作用。效益有两种：一是有形的，如销售收入增加、利润增加、市场占有率上升、生产成本下降、带动股价上升、带动顾客满意度上升；另一种是无形的，如企业形象变好使产销两旺，公益活动带来的社会认同等。好的效益评估能使策划方案的可行性增加。

2.2 策划方案的撰写方法

策划方案是策划内容的文字表现形式，市场营销策划方案是为开展市场营销活动所做出的事先安排。市场营销策划方案能否在讨论中被采用和实施，与策划方案的撰写质量直接相关。为此，下面从策划方案的写作顺序、结构与内容、写作技巧及策划方案撰写注意要点等方面，指导大家写出合格的策划方案。

2.2.1 策划方案的写作顺序

为了能准确而细致地表达构想与创意，必须在思考成熟后先打下草稿，再开始正式动笔写作，其顺序如下：

（1）首先撰写整个策划方案的大纲。

（2）列出大纲中各章的大致内容。

（3）检查大纲中各部分的要点是否平衡。

（4）在重新调整后，确定各章节的内容分配。

（5）根据自己搜集的资料将构思的要点详细地写进各章节。

这时第一稿的策划方案就写成了，再统一策划方案的体裁与记述方法，并留意主要细节内容要前后呼应。最后，正式修改并确定策划方案。

案例 2-6

学生编写营销策划大纲的一般方法：要求学生做什么→做营销策划大纲→大纲中应包括哪些部分或涉及哪些基本问题→对基本问题进行选择→确定策划主题为 4P（产品、价格、渠道、促销）→“产品”包括哪些主要要素→各要素中的问题怎样解决→如何确定价格→价格水平多高为好→分销渠道如何确定→可采用哪些促销方式→广告选择何种媒体→宣传采用哪种方式→如何建立营销组织→如何做营销策划方案预算→列出营销策划大纲。

2.2.2 策划方案的结构与内容

策划方案的基本结构与内容，包括下列几个方面。

（1）封面。封面应注明下列四点：① 策划的形式；② 策划的主体；③ 日期；④ 编号。封面要突出主题、引人注目，给人以良好的第一印象。

（2）序文。序文是指把策划方案所讲的内容以概要的形式进行整理，简明扼要，让人一目了然。

（3）目录。对目录的结构必须下工夫。如果封面引人注目，序文使人开始感兴趣，那么目录能让人了解策划的全貌。

（4）宗旨。对策划的必要性、社会性、可能性等问题的具体解说，都包含在宗旨之中。

（5）内容。这是策划方案中最重要的部分。内容因策划的类型不同而有所变化，但必须让第三者能一目了然，并有可操作性。内容应避免过分学术化，叙述上避免枯燥无味与笼统以及强词夺理等。

（6）预算。策划需要一定的人力、物力和财力，因此，必须进行周密的预算，使各种花费控制在最小范围内，以获得最优的经济效益。在预算经费时，为方便起见，最好通过表格详细说明。

（7）策划进度表。把策划活动起止的全部过程拟成时间表，明确何月何日要做何事，并加以清楚标示。在实施过程中要对照策划进度表进行检查，严格按照进度完成各项工作。如果实际中因为特殊原因未能按进度表执行完成某些工作，而要求完成日期已确定，必须重新制订进度表。

（8）有关人员的职务与职能分配表。此项是人事安排上必需的，在方案实施过程中由何人负责何事，必须写明确。一旦发生权责不清或某项环节出现差错时，应尽快采取相应的人事调整。

（9）策划所需物品及场地。在何时、何地提供何种方式的协助，需要安排什么样的布置，这虽不如预算资金那么困难，如果耽误了时机，策划的效果就会大打折扣，所以也要细致地安排。

（10）策划的相关资料。这部分最好作为附加部分提供完整资料，主要是给策划参与者提供决策参考。资料不宜太多，选择其中的要点即可。

2.2.3 策划方案的写作技巧

如果一台戏剧的故事情节不错，但对白却写得平淡呆板，那么这台戏在演出时也会令人索然无味。在策划过程中，策划方案的写作也是如此，唯有形象、生动地将策划方案叙述出来，才能吸引更多的人参与和支持。

策划方案的写作，如同编撰剧本，要从以下四个方面着手。

（1）首先要分析产生策划的环境状况，尽量简明扼要地描述。任何一个策划都有一个发生的环境，因此在提出构想前，应分析和设定策划方案的使用对象、策划主体（或客户）的优势及其竞争对手的动向等。

策划方案一般将策划背景放在具体论述中，在这一部分应简明扼要地叙述，具体的详细内容则在后文中介绍。

（2）引人入胜地描绘策划主题。大型的策划是由许多构想共同组成的，这些构想一般围绕一个中心——策划主题而发生。因此，应生动形象地描写这一策划主题，使策划方案对读者有较强的吸引力。

（3）详细地描述综合策划思想，展开策划主题。

（4）对实施方案分条细述，按一定的逻辑铺开介绍。在这一阶段，要按照一定的逻辑顺序，如时间、层次、轻重或难易等顺序，详细地描述每一个构想。至此，策划方案便写作完成了。

策划方案要写得形象生动，除了借鉴剧本的写作技巧外，还应视觉化，即将策划方案中的内容尽量用各种图表、实物照片来表示，从而给人以直观的印象。

2.2.4 撰写策划方案的注意事项

在撰写策划方案时，应根据对象内外有别。同样的情节可以写成好几种不同的剧本，同一个策划方案也可以根据如何使用、给谁看、何种目的而写出不同的形式。尤其对不同的对象，按保密程度划分为内部策划方案和外部策划方案。

内部策划方案是绝密的，仅供高层策划者参考。实施策划时应注意以下七个方面：相关的人际关系对策；相关的组织或团体的对策；资金对策；与大众传播媒体关系的对策；实施的障碍因素及消除对策；有关的政府机构对策；有关的法律问题。

外部策划方案则是供策划的外部参与人员参考的非绝密文件（但对一般公众仍属于保密

范围），写作时应注意以下三点。

（1）把握好保密的程度，在外部策划方案中不能透露策划的核心内容，但又必须让外围参与者对策划产生兴趣，明确自己在此项活动中的职责与行动方案。

（2）要站在对方的立场上撰写，语气、思路都要让对方满意。如尽量做到逻辑鲜明，按照提纲式撰写；尽量地逐条分类，重点排列；不使用对方不理解的语言；对需要特意诉求的部分，要深入详细地加以叙述等。

（3）按照互惠互利的原则，写明策划给对方带来的好处及相关利益。

另外，策划方案根据策划的具体形式不同，在撰写方面必然会有所差异，策划的重点内容与写作思路必然不同。

2.3 策划方案的格式

策划方案的格式没有一定的规范，但是在实践中，有一些习惯性的格式。下面主要提供一般的策划方案格式与企业营销策划方案格式，仅供大家在以后的工作中参考。

2.3.1 一般的策划方案格式

1. 策划方案的名称

策划方案的名称必须写得具体清楚。举例来说，“如何防盗策划方案”这样的名称，就不够完整、明确，应该修改为“某市（或区）2013 年 6 月至 12 月社区防盗策划方案”。

2. 策划者的姓名

策划者的姓名、隶属单位、职位均应一一写明。如果策划者为策划群体，每一位成员的姓名、所属单位、职位均应写出。若有外企业的人员参与，也应一并写明。

3. 策划方案完成日期

依据策划方案完成的年月日据实填写。如果策划方案经过修正之后才确定方案的话，除了填写“某年某月某日完成”之外，应再加上“某年某月某日修正”。

4. 策划方案的目标

策划方案的目标要写得明确、具体。例如，在 2013 年 6 月至 12 月间，某市（或区）各社区盗窃案发生数量降低 20%。

5. 策划方案的详细说明

这是策划方案的正文部分，也是最重要的部分。必须给策划方案的内容做详细的说明，包括策划缘由、背景资料、问题点与机会点、创意关键等。

6. 预算表与进度表

实施本策划方案所需的费用与预定的进度，还应包含必需的人力、设备等，要详细列表说明。

7. 预测效果

根据手中掌握的情报，预测策划方案实施后的效果。一个好的策划方案，其效果是可期待、可预测的，而且其结果经常与事先预测的效果相当接近。

8. 参考的文献资料

有助于完成本策划方案的各种参考文献资料，包括报纸、杂志、书籍、演讲稿、企业内部资料、政府机构的统计资料等，均应一一列出。这样做表示策划者有理有据的负责任态度，也可以增加策划方案的可信度。

9. 其他备用方案的概要说明

由于达成目标（或解决问题）的方法不一定只有一个，所以在许多创意的激荡之下，必定会产生若干个方案。因此，除了必须把选定此方案的缘由与可行性详加说明外，也应将其他备用方案一并列出（附上概要说明），以备不时之需。

10. 其他应注意事项

为了使本策划方案能顺利地开展，其他重要的注意事项需在策划方案中说明。例如，执行本策划方案应具备的条件（策划部门的主管领导指导下属完成策划方案，但不一定是策划方案的执行人）；必须获得其他若干部门的支持与合作；希望主管领导者向全体员工说明本策划方案的意义与重要性，借以培养和提高全体员工的认识。

2.3.2 企业营销策划方案的格式

企业营销策划方案的架构可分为两大部分：一是市场状况分析，二是策划方案正文。

1. 市场状况分析

为了要了解整个市场的规模大小以及竞争对手的情况，市场状况分析必须包含下列一些内容：

（1）整个产品市场的规模（包括量与值）。
（2）对竞争品牌的销售品种与销售数量的比较分析。
（3）对竞争品牌各销售渠道的销售品种与销售数量的比较分析。
（4）对各竞争品牌市场占有率的比较分析。
（5）对消费者的年龄、性别、籍贯、职业、学历、收入、家庭结构的分析。
（6）对各竞争品牌产品优缺点的比较分析。
（7）对各竞争品牌市场区域与产品定位的比较分析。

（8）对各竞争品牌广告费用与广告表现形式的比较分析。
（9）对各竞争品牌促销活动的比较分析。
（10）对各竞争品牌公关活动的比较分析。
（11）对各竞争品牌价格策略的比较分析。
（12）对各竞争品牌销售渠道的比较分析。
（13）对本企业的利润结构分析。
（14）对本企业过去 5 年的损益分析。

2. 策划方案正文

一份完整的营销策划方案，除了必须有上述的详细市场状况分析资料之外，还须包括本企业的主要政策、销售目标、推广计划、市场调查计划、销售管理计划、损益预估六大项。

（1）企业的主要政策。

策划者在制定营销策划方案之前，必须与企业的高层主管，就企业未来的经营方针与策略，做深入的沟通与确认，以决定企业的主要政策。下面就是双方要确认的几个方面。

① 确定目标市场与产品定位。
② 销售目标是扩大市场占有率，还是追求利润？
③ 价格策略是采用低价、高价，还是追随价格？
④ 销售渠道是采用直销方式，还是采用间接销售，或是两者并行？
⑤ 广告表现与广告预算。
⑥ 促销活动的重点与原则。
⑦ 公关活动的重点与原则。

（2）销售目标。

所谓销售目标，就是指企业的各种产品在一定期间内（通常为 1 年）必须达成的营业目标。

一个完整的销售目标应把目标、费用以及期限全部进行量化。例如，从 2013 年 1 月 1 日至 12 月 31 日为止，销售量从 50 000 个增加到 60 000 个，增长 20%，营业额达到 400 万元，经销费用预算为 120 万元，推广费用预算为 40 万元，管理费用预算为 40 万元，利润目标为 40 万元。

在销售目标量化以后，有下列的优点：

① 可作为检讨整个营销策划方案成败的依据。例如，目标制定得太高或太低，各种预算太多或太少等。
② 可作为评估绩效的标准与奖惩的依据。
③ 可作为下一次制定销售目标的基础。

（3）推广计划。

企业策划者制订推广计划的目的，就是要协助达成前述的销售目标。推广计划包括目标、策略、计划细节三大部分。

① 目标：策划者必须明确地表示，为了协助达成整个营销策划方案的销售目标，所希望达到的推广活动的目标。例如，为了实现上述销售量增长 20%、利润 40 万元的销售目标，

在1年之内必须把品牌知名度从30%提高到50%；此外在公关活动方面，大众对企业的良好印象，从40%提升到60%。

② 策略：决定推广计划的目标之后，接下来就要制定达成该目标的策略。推广计划的策略包括了广告表现策略、媒体运用策略、促销活动策略、公关活动策略四项。

- 广告表现策略：针对产品定位与目标消费群，决定广告的表现主题。广告须依其特定的目的来决定广告主题，如表现的主题以提高品牌知名度为目的。
- 媒体运用策略：媒体的种类很多，包括报纸、杂志、电视、收音机、传单、户外广告、车厢广告等。要选择何种媒体？各占多少比例？广告的到达率与接触频率有多少（指消费者至少一次收视到广告信息的比例，与消费者收视到广告信息的平均次数）？
- 促销活动策略：包括促销的对象、促销活动的各种方式，以及采取的各种促销活动、所希望达成的效果等。
- 公关活动策略：包括公关活动的各种方式、公关的对象，以及举办的各种公关活动、所希望达成的目的等。

（3）计划细节：详细说明实施每一策略所采取的步骤与方法。

- 广告表现计划：报纸与杂志广告稿的设计（标题、文案、图案），电视广告的CF（Commercial Film）脚本，收音机的广播稿等。
- 媒体运用计划：报纸与杂志广告是选择大众化的还是专业化的，还有广告的刊登日期与版面大小等；电视与收音机广告，如何选择节目时段与次数。另外，必须考虑GRP（Gross Rating Points，总视听率）与CPM（Cost Per Mille，广告信息传达到每千人平均的成本）。
- 促销活动计划：包括POP（Point Of Purchase，卖点）广告、展览、演示、返奖、抽奖、赠送样品、品尝、打折等。
- 公关活动计划：包括开股东会，发企业消息稿，办企业内部刊物，召开员工联谊会，举办爱心活动，联系传播媒体，等等。

（4）市场调查计划。

市场调查在营销策划方案中，是非常重要的一部分。因为从市场调查所获得的市场资料与情报，是制定营销策划方案最重要的分析与研判依据。此外，前述的市场状况分析资料，大多可通过市场调查来获得，由此也可知市场调查的重要性。然而，市场调查常被高层主管与策划人员忽略了。许多企业每年投入大笔的广告费，可是对市场调查却吝于提高，这是相当错误的观念。

市场调查计划与推广计划一样，也包括目标、策略以及计划细节三大项（略）。

（5）销售管理计划。

在营销策划方案中，销售管理计划决定着营销策划的成功与否，因此其重要性是不言而喻的。销售管理计划包括销售主管的职责、销售计划、推销员的甄选与训练、激励推销员、推销员的薪酬制度（薪资与奖金）等。

（6）损益预估。

任何营销策划方案所希望实现的销售目标，最终还是追求利润，而损益预估就是要在事前预估该产品的税前效益（利润）。

只要将该产品的预估销售总值（可由预估销售量计算出）减去销货成本、营销费用（经销费用加营销管理费用）、推广费用后，即可获得该产品的税前效益。

2.4 模拟“仿真训练”

BEST 训练（营销策划者的一天）

1. BEST 训练规则

（1）将学员分为 5～6 人一组的小组，各小组指定（或推荐）一名学员为负责人来组织营销策划活动，下一次活动时更换人员，力求人人都能得到训练。每个小组为一个相对独立班组，根据训练背景内容的不同，每人扮演不同的角色。

（2）训练内容与范围：各类企业的营销策划者在一天中，可能遇到各种与背景案例及本章内容相关的问题。

（3）小组活动的总时间定为 4 小时（其中前两个小时为小组开展活动的准备时间，不在训练方案时间表中体现），由小组负责人与成员一起按照 BEST 训练标准流程讨论、制订训练方案时间表。训练方案时间表要求格式化，容许有 10%的调整弹性。

（4）训练标准流程：① 训练规则说明；② 分组及任务分解说明；③ 上任与面对问题（本章中的案例及可能遇到的各种问题）；④ 分析与创意会议；⑤ 策划方案设计；⑥ 策划方案要点讲解与小组讨论点评；⑦ 讲师点评。

（5）考核：① 从各小组中各抽出一人组成考核组；② 考核对象：每个小组、每个人（特别是小组负责人）；③ 考核内容：流程考核（小组是否按照训练流程进行训练），时间考核（小组是否按照训练时间表进行训练），角色考核（每个角色扮演的形式与实质技能考核），团队与效果考核（小组整体表现）；④ 考核形式：考核组集体打分；⑤ 考核标准：形式性考核占 40%（包括流程、时间、角色、需要的书面营销策划方案等），实质性考核占 60%（包括小组及个人的实际表现、内容掌握深度、目标实现度等）。

（6）保持各项记录。

2. BEST 训练的背景案例及场景

案例 2-7

小明在上次的培训中表现很好，受到培训老师的表扬。今天的培训老师是公司的人力部经理，他告诉大家：公司计划 2 个月后进一批市场营销专业（中职）学生到销售部做营销员，公司必须尽快制订新员工培训方案。现在请大家对照“营销员训练策划案提纲（范例）”，结合策划书撰写的一般原则、策划书撰写的方法、策划方案格式等，写出一份新员工培训策划方案。

营销员训练策划案提纲（范例）

（一）训练的意义

什么人去干营销员呢？一般人的看法是：什么人都可干营销员。

由于上述观念的作怪，所以一般公司对其的训练均不重视，在新进员工报到之后，简单予以产品介绍说明之后，再给予几份产品说明书与价格表，就要他们出去做营销了。业绩自然不佳。后来，公司经营者发现，马虎式的训练，使营销员与公司均蒙其害。认识到只有进行严格而完整的训练，才能有优异的表现。

（二）训练的目的

丰富的商品知识与精湛的营销技巧是任何成功营销员的两大基石。因此，新进营销员训练的主要目的，就是灌输商品知识与传授优异的营销技巧，如商品的特色、商品对顾客的好处、商品营销的对象、推销方法与步骤等。

此外，受过训的营销员才会抛弃职业上的自卑，对自己产生自尊与自信。

（三）训练的要素

一流的营销员绝非天生，而是后天孕育训练而成的。在撰拟营销员训练策划案时，至少要包括5W与2H。

何谓5W与2H呢？即为何（Why）？何人（Who）？何时（When）？何处（Where）？什么（What）？如何进行（How）？多少预算（How much）？

1. 为何（训练的目的何在）

- 新进营销员之养成教育。
- 营销员之在职进修教育。
- 问题营销员之矫正训练。

2. 何人（受训与授课的人）

（1）受训的是什么人？

- 新进人员还是在职人员？
- 正常营销员还是问题营销员？
- 受训者的受教育程度？性别？年龄？
- 受训人数（一般营销员训练最好不超过15人）？

（2）授课讲师是什么人？

- 业务部门主管？训练部门主管？优秀的营销员？
- 外聘企管公司之讲师或大专院校之教授。

上述两项可依实际需要交叉使用。

3. 何时（训练的时机与期间）

依对象之不同，考虑训练的时机与训练时间之长短。

（1）训练的时机。

- 新进营销员须在进入公司后立刻进行。
- 在职营销员每年至少应有一次进修教育（在淡季）。
- 在职营销员遭遇困境时，可采用个别或小组讨论训练。

（2）训练时间。

- 新进营销员从一星期到数个月不等。
- 在职营销员进修教育为7～10天。
- 针对个别问题与小组讨论训练，从一至数小时不等。

4. 何处（训练的场所）

- 公司的会议室、餐厅、礼堂等。
- 若在公司进行不便，可向企管顾问公司租借。
- 如需膳宿之数天训练，另作安排。

5. 什么（训练的内容是什么）

训练的内容包括：知识、态度、技巧、习惯四大项。

（1）知识。

- 基本知识：公司之沿革、规章、方针、组织、福利、经营理念、分公司所在地、工厂地点等。
- 商品知识：商品名称、种类、价格、品质、性能、特点、原料、成分、设计、构造、制造过程、有效期间、使用方法等。此外，市场之现况、竞争商品之情报、有关之法规等。
- 实务知识：估价方法、订货单、契约书、请款单、收据、发票、支票、本票等。

（2）态度。

- 对公司之态度：引以为荣，绝对忠诚。
- 对产品的态度：值得顾客花钱来买。
- 对顾客的态度：满足他们的需求。
- 对营销的态度：只有营销高手才能成大事。
- 对他人的态度：喜欢别人，相信人性本善。
- 对自己的态度：绝对诚实，充满自信与自尊。
- 对未来的态度：实事求是，乐观向上。

（3）技巧。

- 如何推销自己。
- 开拓潜在客户的方法。
- 访问前的准备工作。
- 约见客户的技巧。
- 商谈说明的技巧。
- 实演证明的技巧。
- 促成销售的技巧。
- 信用调查与收款的技巧。
- 处理拒绝的技巧。
- 处理客户投诉的技巧。

（4）习惯。

制订目标、工作计划、时间管理、访问预定表、访问记录表、自我训练。

6. 如何进行（训练的方式）

训练的方式可分为集体训练与个别训练。

（1）集体训练方式：

- 传统讲授方式。

- 个案讨论方式。
- 角色扮演方式。

（2）个别训练方式

即采用个别单独训练之方式，此种方式常用于问题营销员（指业绩特差或桀骜不驯者）之训练，或实地营销训练时实施之。

7. 教材与教具

（1）教材:

讲义、参考书、课程表、授课评鉴表、个案讨论、讲师自我评价表、角色扮演分析评价表等。

（2）教具:

黑板、粉笔、挂图、扩音器、投影机、放映机、幻灯片、影片、录音带等。

8. 培训预算略。

（四）训练的阶段

营销员之训练可分为下列五个阶段。

1. 心理准备

强调营销员接受训练，无论对公司或对个人都有莫大的裨益。千万不能使营销员有被迫受训的感觉，因为只有在营销员心甘情愿甚至主动要求受训的情况下，才能激发营销员强烈的学习欲望，以达到训练之最大效果。

2. 说明

营销员要做什么？为什么要做？如何去做？在训练课程中都要说明清楚。

3. 示范

在详细说明，确信受训者已经完全了解之后，还得用动作示范给他们看。因为示范不但比口头说明更容易了解，而且不会发生误解（口头说明易生误解）。

4. 观察

前述三个阶段（心理准备、说明、示范）均属于“知”，“知”之后必须“行”，若无“行”，则“知”就等于“无知”了。

营销员实地访问营销是最重要的受训阶段，通常须由资深营销员在旁观察。若不懂，立刻指导；若错误，立刻纠正。

5. 监督

监督是训练成效之评核工作。训练究竟发挥了多少效果？课程内容是否需补充？讲师表现如何？新进营销员中符合标准者有多少人？脱落率（指受训后离职的比率）又有多少？

3. BEST 训练运行

按照训练的标准流程运行，各个项目内容必需的时间由各小组具体设定。

（1）训练规则说明（建议时间为 10～15 分钟）。

主要包括让学员明白为何要训练、训练什么、训练目标是什么、训练规则是什么、如何进行训练、如何进行考核、谁负责、多长时间完成等训练必需的内容。

（2）分组及任务分解说明（建议时间为 10～15 分钟）。

按照训练规则进行分组，角色扮演。

（3）上任与面对问题（本章中的背景案例及可能遇到的各种问题）（建议时间为15～20分钟）。

① 如果你是背景案例中的小明，你会怎样制定编写方案的提纲。

② 请你帮小明编制一份新员工培训策划方案。

③ 请帮小明制定新员工培训后的考核方案。

④ 请帮小明整理一下学习本章的收获。

（4）分析、创意会议与策划方案设计（建议时间为80～100分钟）。

对以上遇到的问题召集小组会议，逐项进行分析、创意，制定策划方案，指定相应成员书写完善。

① 会议主题

② 会议形式

③ 时间控制

④ 策划、创意

⑤ 策划方案

（5）策划方案要点讲解与小组讨论点评（建议时间为20～30分钟）。

主要内容包括本次训练过程描述、目标任务的实现度、策划方案要点讲解、小组成员讨论点评与小组活动总结、不足之处、如何改进等。

（6）讲师点评：讲师按照练习→小结（指出正误）→再练习→再小结……直到掌握的程序，对练习进行总结讲评。

（7）对各个小组考核评价（建议时间为20～30分钟）。

考核组对各个小组上交的材料，结合考核组对其实际记录及表现进行评价。各个小组需上交给考核组的材料主要有：训练议程安排；分组分工及角色扮演名单；所面临的问题清单；每个问题的解决方案；会议记录；各角色与小组训练活动总结报告等。考核组对每个小组及每每个人的实际表现、内容掌握深度、目标实现度等进行记录。

2.5 测试与评价

（1）举例说明策划书撰写的一般原则。

（2）策划一个方案：怎样使你找到满意的就业单位。

（3）按策划书的结构与内容设计一个你熟悉的产品（如文具、鲜花）的广告策划书。

（4）按照策划书撰写的方法、策划方案格式等编写怎样将自己“推销出去”的策划书。

第3章

市场营销战略策划

学习任务与目标

❖ 了解什么是营销战略策划
❖ 掌握营销战略策划的流程与构成要素
❖ 能够编制营销战略策划方案

案例 3-1

美国西南航空公司开辟新航线的战略是：针对目前机票十分昂贵且提供的服务水平却不高的航空市场，以较低的价格、较高的服务水准打入并占领这个市场，拓宽自己的市场范围。

每当美国西南航空公司进入一个新的航空客运市场与其他航空公司竞争时，它的机票仅相当于其他航空公司机票价格的 1/3，比汽车的费用价格还低。美国西南航空公司在圣地亚哥和萨拉门托又增开一条新航线时，这条航线上其他公司的单程机票价格为 279 美元，而美国西南航空公司的价格则为 59 美元，而且没有任何附加条件。这样一来，使得许多商务人员大大增加了出差次数，再也不用过多考虑差旅费问题。美国西南航空公司每天的航班也由 10 次增加到 15 次。公司营销部经理戴维德莱德利解释说："这样，因公出差的商务人员可以早晨坐飞机出差，在签订完合同后下午坐飞机回来继续工作。如果因种种原因错过了航班，也不必再等 4 个小时才能乘坐下次航班，你只需等 45 分钟或 1 小时就可以乘坐西南航空公司的下次航班"。

美国西南航空公司的机票价格只是其他航空公司机票价格的 1/3，为什么还可获得可观的利润呢？关键在于成本的节约。第一，只使用一种型号的飞机，他们使用的飞机全部是波音 747，这就大大地减少了培训飞行员、机械师和服务人员的费用；第二，更有效率地使用登机系统，他们没有采用中心对讲系统，而是采用点到点系统，登机系统很少被闲置不用；第三，提高飞机的使用效率，西南航空公司的飞机在机场加油、检修及再载客的停留时间大约是 15～20 分钟，而其他公司在机场的平均逗留时间为 40 分钟；第四，减少管理费用，降低运营开支。因为该公司的航程大部分是 1～1.5 小时的短途航程，所以一般不在航程中提供餐饮。他们根据"谁先来，谁先坐"的原则安排座位，这样预订机票和安排座位这部分费用就节省下来了；第五，尽量使用一些主要城市中费用较低廉的机场。

如果说市场分析决定战略决策的范围，产品分析决定战略决策的性质，那么对消费者的分析则决定战略决策的方式。因此，策划人员应该明白怎样的策略对消费者才是最有效的，制定怎样的市场营销战略才能实现企业的整体目标。

3.1 市场营销战略概要

20 世纪 70 年代以来，世界进入了战略管理时代。战略管理要求企业在环境分析的基础上制定战略目标，选择战略重点，制定实现战略目标的方针和对策，并对战略实施进行策划，引导企业在激烈的竞争环境中取得长期稳定的发展。企业的市场营销战略就是在市场营销活动中所进行的战略管理。

3.1.1 市场营销战略的含义、主要内容与策划流程

1. 市场营销战略的含义

战略是一个企业对外部环境有充分的把握，清楚认识自身的业务能力与可利用的资源，在此基础上做出的关于企业未来定位、走向和结构的谋略与策划。市场营销战略就是营销与战略的组合。营销战略首先要确定一个营销目标，根据这个目标来决定合理的营销预算，有效地分配各种资源，策划安排各种营销活动，以此来达到营销目标的过程。因此，世界著名的营销家科特勒给营销战略的定义为：业务单位期望达到的各种营销目标的营销逻辑。营销逻辑就是实现营销目标的方法与手段。

2. 市场营销战略策划的主要内容

市场营销战略策划的主要内容包括：正确地制定企业市场营销战略目标；选择正确的市场营销战略措施；通过市场营销策划管理实现企业的市场营销战略目标。在制定市场营销战略时应遵循以下原则：目标明确，具有统一性、创新性、灵活性。

案例 3-2

自动洗碗机是一种先进的家庭厨房用品。当电冰箱、洗衣机已大量进入寻常百姓家，市场接近饱和后，制造商揣摩消费者心理，推出了洗碗机，意在减轻人们的家务劳动负担，适应现代人的快节奏。然而，当美国某公司率先将自动洗碗机投向市场时，等待他们的并不是蜂拥而至的消费者，而是出人意料的“门前冷落鞍马稀”的局面。

之后，公司的营销策划专家寄希望于广告媒体，实施心理上的轮番“轰炸”，认为消费者总会认识到自动洗碗机的价值的。于是，采用了以下措施：① 该公司在各种报纸、杂志、广播和电视上反复广而告之，“洗碗机比用手洗更卫生，因为可以用高温水来杀死细菌”；② 创造性地用电视画面放大细菌的丑恶现象，使消费者产生恐惧心理；③ 宣传自动洗碗机清洗餐具的能力，在电视广告里示范表演了清洗因烘烤食品而被弄得一塌糊涂的盘子的过程。努力后的结果如何呢？“高招”用尽，市场依旧，消费者对洗碗机仍是敬而远之。从商业渠道反馈来的信息极为不妙，新上市的洗碗机很有可能在其试销期内即夭折。

自动洗碗机的设计构思和生产质量都是无可挑剔的，但为什么一上市就遭此冷遇呢？消费者究竟是怎样想的呢？

第一，传统价值观念的作祟，消费者对新东西的偏见，技术上的无知，消费者的风险和消费能力的差距，使自动洗碗机难以成为畅销产品。① 持传统观念的消费者认为，男人和十几岁的孩子都能洗碗，自动洗碗机在家庭中几乎没有什么用处，即使使用它也不见得比手工洗得好；② 家庭主妇则认为，自动洗碗机这种华而不实的“玩意儿”有损“勤劳能干的家庭主妇”的形象；③ 在现实生活中，大多数家庭只有三四口人，吃顿饭不过洗七八个碗和盘子，让其花上千元买台耗电数百瓦的洗碗机去省那些举手之劳，消费者怎么算怎么划不来。

第二，有些追赶潮流的消费者倒是愿意买洗碗机以换取生活方便，但：① 机器洗碗事先要做许多准备工作，这样费时费事又增添了不少麻烦，到最后还不如手工洗来得快；② 家庭厨房窄小，安装困难也使消费者望“机”兴叹；③ 一些消费者虽然欣赏洗碗机，但认为它的价值难以接受。

第三，自动洗碗机单一的功能、复杂的结构、较大的耗电量和较高的价格也是它不能市场化、大众化的原因之一。

如何确定市场营销战略目标，用什么方法、措施来实现这些目标，就是市场营销战略策划的内容。企业只有抓住市场才能赢得成功。

3. 市场营销战略策划的流程

市场营销战略策划的流程为：市场机会分析→行业态势与竞争者分析→市场细分→目标市场及定位→根据特定的市场状况制定市场营销战略→执行与控制→对市场营销战略策划方案进行评估。

一般说来，企业的市场营销策划应包括以下几个部分：市场营销现状、机会与问题分析、营销目标、市场营销策略、行动方案、方案的执行与控制。下面结合麦当劳公司某年的市场营销策划对这些部分做逐一说明。

案例 3-3

麦当劳公司市场营销策划范例

（1）市场营销现状。

（在这一部分应提供与市场、产品、竞争、分销等有关的客观资料。）

麦当劳公司经过研究，发现公司面临如下市场状况：快餐食品市场正在缓慢成长，传统的街区和郊区市场已经饱和，当前大多数的销售增长来自非传统销售网点，如机场、火车站、办公大楼所在地。

概括起来，近几年积极和消极的事件大致如下。

① 积极的事件包括以下四个方面：

- 成功地向市场投入了各种色拉和三明治。
- 儿童们对各种幸福快餐的需求经久不衰并在不断发展，趋势明显。
- 在麦当劳公司的游乐场上成功地扩大销售。
- 麦当劳公司的快餐食品一直统治着早餐市场。

② 消极的事件包括以下四方面：

- 快餐食品市场的成长正在减缓。

- 非儿童市场对麦当劳公司的忠诚度在降低。
- 竞争对手几度向市场投入了各样的幸福快餐。
- 寻求新销售网点的地盘越来越困难。

近期对麦当劳产品所进行的市场营销分析结果显示，未来对公司十分不利的。

（2）问题与机会。

（制订市场营销策划方案的第二步是分析企业面临的问题与存在的机会。）

① 麦当劳公司发现它面临如下一些问题：

- 通过现场试验发现，客户对麦当劳公司潜在的新快餐食品评价不高。
- 适于麦当劳公司开设新销售网点的潜在地盘十分有限。
- 莱特斯在经营成年人快餐食品销售链方面表现出了极大的潜力。
- 各竞争对手都纷纷向市场投放各种各样的幸福快餐。
- 最近麦当劳公司组织了意在以成年人市场为目标的两次游戏性促销活动。经市场调查表明客户反映这些游戏太复杂了。
- 由于很难雇用到合格的工人，以及随着食谱花色品种的增加给保持食品质量带来的困难，使得麦当劳公司的快餐食品本身的质量和服务质量都开始下降。

② 与此同时，麦当劳公司发现企业有着如下机会：

- 市场调查表明，客户将会对麦当劳公司即将推出的自由挑选全营养小果子面包做出了积极的反应。
- 麦当劳公司在非传统开店的场所开设的销售网点相当成功。
- 麦当劳公司的地区合作团体和当地特许经营组织的市场营销能力在同行业中都是最强的。
- 麦当劳公司投放市场的各种色拉已经取得了一定的成功。

（3）市场营销目标与行动方案。

（在进行完上述步骤之后，市场营销计划的制订者就要确定市场营销目标与行动方案。）

① 麦当劳公司拟达到的市场营销目标为：销售额120亿美元，毛利润43亿美元，毛利率36%，净利润13亿美元，市场占有率25.5%。

② 为了取得这一目标，需要采取的主要行动有：

- 不断加强对儿童的市场营销活动，以增强儿童对麦当劳公司的凝聚力。
- 以成年人市场细分为目标市场进行促销活动，每6个月组织一次促销性游戏。
- 继续增加在非传统开店的场所开设销售网点的数目。

③ 与主要行动相配合，麦当劳公司还拟采取下列行动：

- 扩大与适合地区合作团体的广告宣传活动的素材量。
- 增加麦当劳公司举办的体育运动活动及其有关活动的次数。
- 增加罗纳德·麦克唐纳的露面次数。
- 发行有关麦当劳快餐食品营养成分及含量新闻报道的宣传品。

（4）市场营销策略。

需要采用的主要营销策略有以下几方面：

① 广告宣传活动：麦当劳公司将继续花重金做广告宣传，费用额将是最大竞争对手的3～4倍，以期获得更大的市场占有率。计划主要强调下面两个方面。

- 儿童导向型广告将在儿童电视节目中播出。广告将以幸福快餐促销、麦当劳公司的游乐场和罗纳德·麦克唐纳形象为特征。
- 成年人导向型广告将在晚上和周末电视节目，以及成年人广播电台节目中播出。这一广告宣传活动将分季度进行。

第一季度：做成年人导向型游戏促销广告。

第二季度：在目标城市市场开展向客户介绍各种全营养小果子面包的宣传活动。在非目标市场的黄金时刻大做“这是麦当劳绝佳风味”的广告。

第三季度：做另一个成年人导向型游戏促销广告。

第四季度：利用人们的怀旧心理，配合3个月后重新推出双层干酪包而开展一场“麦当劳伴随我成长”的运动。

② 促销策略：尽管麦当劳公司通过上两次促销活动最终提高了销售业绩，但很快地又回到了一般销售水平。调查表明客户认为促销的游戏活动太复杂，因此，游戏活动应该比以前更加简单才能吸引更多的人参与，使促销活动发挥更稳定持久的作用。在开展活动时要注意以下两个方面：

- 店内促销。麦当劳公司将继续向市场提供幸福快餐，并有计划地逐日对其做更新。麦当劳公司还将把它的儿童游乐场的票价下调35%，以鼓励更多的销售网点售出游乐场票。
- 店堂陈设，主要有旗帜和招贴广告。它们将服务于游戏促销和全营养小果子面包宣传活动。招贴应适合于贴在或放在调味品台子和堆放废弃物品的容器上。

③ 公共关系：今年计划举行三次大的公关活动。

- 麦当劳公司将继续对全国的各种比赛活动给予支持，如高尔夫球和网球运动，高校明星赛和高校管乐吹奏比赛。
- 对一个地区合作的团体，都必须使罗纳德·麦克唐纳露面的次数增加1倍。并将对合作团体的额外支出给予资金赞助。
- 发表介绍全营养小果子面包营养成分的文章，使之与批评麦当劳快餐食品缺乏营养的文章辩论。

④ 包装策略：更富于营养的信息将置于食品包装之上，以使麦当劳公司获得“吃在麦当劳，有益于健康”的形象。

⑤ 市场研究：对新快餐食品和各种分销策略进行市场研究。

- 对新快餐食品的市场研究。组织一次由公司职工参加的最佳新型快餐食品建议竞赛，对提出最佳建议的三名参赛者给予一次免费到欧洲旅行的机会。对上述三个获奖食品建议进行市场研究。
- 对各种新分销策略进行市场研究。对销售网点餐馆内一半是家庭导向型而另一半是成年人导向型的这种新型店堂布置进行研究；对晚上7点钟的快餐食谱更改为更具成年人导向型的可行性进行研究；在大城市，对午餐时用手推车向综合办公楼运送食品这一想法进行研究。

⑥ 地区合作团体策略：为了支持地区合作团体的广告宣传活动，麦当劳公司将向他们提供更多的支持素材。

⑦ 销售网点策略：麦当劳公司将继续在下列地区增设销售网点和特许经销店：

- 受允许的外国。
- 非传统开店的场所。
- 提高或恢复各街区的活力。

（5）市场营销计划的执行与控制。

（最后，市场营销计划应包括企业如何掌握计划的执行进度及执行计划的费用预算等控制事项，详细列表略）。

如果说市场营销战略决定市场营销的方向与目标，那么市场营销战略的流程就为战略目标提供实现的路径与步骤。

3.1.2 市场营销战略策划的主要构成要素

市场营销战略策划主要包含四个方面的要素：市场营销战略目标；营销战略重点；创意与策略；实施方案。市场营销目标是想要实现的目的，而战略是为如何实现目标进行的策划。市场营销目标只与两件事有关：产品与市场。确切地讲，市场营销目标是产品与市场之间的匹配，市场营销战略是市场营销目标实现的方法。市场营销目标与市场营销战略是市场营销策划的核心。市场营销战略重点主要是指企业在不同的时期、不同的市场环境及商业态势下，根据不同的市场营销组合所采用的战略侧重，如以赢利为目的的战略，以竞争为目的的战略，以占地（拓展市场）为目的的战略；再如稳定战略、发展战略、紧缩战略等。

案例 3-4

美国可乐行业有两大巨头：可口可乐和百事可乐公司。可口可乐公司是在 1893 年获得美国专利局注册商标的。在 20 世纪 50 年代以前，可口可乐与百事可乐饮料的销售比为 5 : 1，可口可乐饮料遥遥领先于百事可乐饮料。20 世纪 50 年代，在百事可乐公司的努力下，双方的销售比达到 5 : 2。进入 20 世纪 60 年代后，百事可乐公司制订了新的进攻性市场营销计划，向可口可乐公司发起了猛烈进攻。百事可乐公司的计划目标非常明确，即将年轻人争夺过来，当时的口号是“百事可乐”是给“想年轻的人”的饮料。可口可乐公司在“百事可乐新一代”的猛烈进攻下，销售量直线下降。到 20 世纪 70 年代，双方的销售比达到了 2 : 1，虽然可口可乐公司依然领先，但双方的销售差距已经很小了。从 1985 年开始，百事可乐公司先后在中国香港、美国、加拿大、英国、日本、韩国开展“免费为过路的消费者品尝百事可乐和可口可乐”的活动，在 24 万个品尝者中，选择百事可乐饮料的占 63%。尽管可口可乐和百事可乐饮料的争霸战依然在进行，但从市场销售量来看，百事可乐公司的积极进攻的营销策略无疑大获成功。

百事可乐公司的市场营销目标与市场营销战略，使得自己在强大的竞争对手面前，赢得越来越多的市场份额，充分说明市场营销目标与市场营销战略的核心作用。

创意与策略是市场营销战略的核心方法，谁都知道企业就是要将产品销售给顾客以实现营销目标，但如何将产品销售给顾客又是每个企业最头痛的事。一个好的创意与策略能救活一个企业，这已是一个不争的事实。

案例 3-5

一家企业积压了一大批服装，想了许多办法也没有卖出去。有一天，老板在书上看到国外有一家丑模特公司，有项业务是专门为长相一般的女士选一个丑女，一起上街，参加各种活动等，以衬托出女士的美丽。老板马上召集部属，从社会上招收 30 名漂亮模特与 30 名长相、身材较丑的“模特”，让丑模特穿上流行的时装，而让漂亮模特穿上积压的服装，一俊一丑、一对一对地进行时装表演。很快积压的服装被销售一空。后来老板尝到甜头，如法炮制，收益颇多。

创意是一切市场营销活动的核心方法。创意的方法数不胜数，相信从上例中你会有所启发。

3.2 市场营销战略总体构架

市场营销战略由于所处的时期不同，市场营销目标不同，所采用的方式也不同，有多种类型和态势。但战略是为了目标服务的，因此，要以不同的市场营销目标对市场营销战略进行构架。

3.2.1 以赢利为目的的战略

以赢利为目的的战略就是以追求利益最大化为目标的战略。主要方法与措施有开源与节流两条途径。开源主要通过产品、价格、渠道、促销四个方面及其营销组合来广开财路，增加收益；节流也是通过产品、价格、渠道、促销四个方面及其营销组合来组织实施，采用不同的方式控制成本，节约资金。

案例 3-6

在信息技术高速发展的时代，如果说库存也有生命的话，那么就会如同昙花一现般短暂。传统分销渠道代理是存取货物的水渠，厂商的库存是通过分销渠道来保证所谓的“零库存”。而直销企业同样不可避免地遇到库存的问题。戴尔公司所谓要“摒弃库存”其实是不完全的，绝对的零库存是不存在的。库存问题的实质有两个方面：其一是库存管理的能力，其二是与零件供应商的协作关系。“以信息代替存货”，与供应商协调的重点就是精确快速的信息。按订单生产可以使戴尔公司实现“零库存”的目标。而零库存不仅意味着减少资金占用，还意味着减小计算机行业的降价风险。直销的精髓在于速度，优势体现在库存成本。特别是个人计算机产品更新迅速、价格波动频繁，更使库存成本显得尤为重要。库存成本成为计算机行业最大的“隐形杀手”。据调研数据显示，戴尔公司在全球的平均库存天数可以降到 7 天之内，但是有一定的下限，康柏公司的存货天数为 26 天。一般的个人计算机厂商的库存时间为两个月，而联想公司是 30 天以内。这使戴尔公司可以比其他竞争对手以快得多的速度将最新的技术提供给用户。可以看出，同样做一件事，如果生产方式不同的话，就可能产生不同的利润空间，这就是商业模式的魅力。

戴尔模式使我们充分认识到市场营销组合的无穷魅力，戴尔公司将分销渠道变为零库存的直销方式，就使其成为 IT 行业的新星。

企业在不同的发展时期，所采用的市场营销战略方式也会有所不同，如表 3-1 所示。

表 3-1 以赢利为目的的主要市场营销战略方式

企业发展时期	产品策略	价格策略	分销渠道策略	促销策略
投入期	单一性、小批量投放策略	高价投放策略，低价投放策略	就近直销或借道销售（视产品而定）	高强度促销策略，低强度促销策略
成长期	提高品质，单一性、大批量投放策略	降价策略（原来用高价的），维持或提价策略（原来用低价的）	建立分销渠道网络，加强管理与维护、开拓新市场	突出一个“好”字，高强度促销策略
成熟期	多品种产品组合，改良产品，大批量投放策略	降价策略	开辟、完善分销渠道网络，加强管理与维护	突出一个“增”字，高强度促销，营销组合策略
衰退期	收缩、维持、放弃策略	降价策略	集中维护主渠道策略	低强度促销策略

3.2.2 以竞争为目的的战略

以竞争为目的的战略就是以如何战胜竞争对手为目标的战略。主要方法与措施包括成本领先策略、差异化策略与集中化策略三种基本途径。

竞争使用成本领先策略时，企业实施的市场营销战略重点应放在：降低产品成本，多开辟销售渠道，增加销量，促销突出薄利多销，定价以低价投放为主的策略上。

竞争使用差异化策略时，企业实施的市场营销战略重点应放在产品的广度与深度上、包装上、形态上满足消费者需求，促销突出一个“特”字和一个“新”字，强调潮流与品牌。市场营销组合策略要与市场调研分析紧密结合，按照顾客不断变化的需求及时调整策略。例如，海尔公司生产的冰箱针对不同区域采用不同的产品策略。对国内家庭用户容量要大、外观要气派、要省电、售后服务要好等；对国外的用户，针对大学生等设计的容量小、外观造型特别、多功能冰箱很受欢迎。

竞争使用集中化策略时，企业实施的市场营销战略重点应放在：专业化、精品化，分销渠道要精细与专业，促销突出“专”字和品牌，定价多用高价策略。

对上述三种基本策略的比较如表 3-2 所示。

表 3-2 三种基本策略的比较

基本策略的利弊	成本领先策略	差异化策略	集中化策略
优点	品种少，适合大批量生产，规模经济，降低成本	市场广阔，扩大销售量，增强竞争，适应性强	节省费用，提高产品和企业知名度
缺点	应变能力差，依赖性强，风险较大	经营管理水平要求高，生产成本、存货成本、促销成本增加	目标市场依赖性太大，风险大
适应	企业资源雄厚，通用性与适应性较强，差异性小以及市场类似性较高，且具有广泛需要的产品	生产、经营差异性较大产品的企业及多品种生产企业	资源有限的中小企业

产品生命周期各阶段的特点及策略如表 3-3 所示。

表 3-3　产品生命周期各阶段的特点及策略

各阶段特点及策略	投 入 期	成 长 期	成 熟 期	衰 退 期
主要特征	市场销售渠道少，销售量上升缓慢，成本费用高，利润和市场竞争不激烈	分销渠道畅通，销售量增长迅速，大批量、低成本，利润和市场竞争渐趋激烈	销售量大，销售增长速度缓慢，大批量、低成本，利润总额高，但开始下降，市场竞争激烈	销售量和利润急剧下降，生产能力过剩，降低售价，回收资金，企业纷纷退出市场
主要任务	投入市场的产品要“准”，投入市场的时机要合适，缩短投入期，更快地进入成长期	防止产品粗制滥造，快速增加销售和利润，回收投资	尽可能延长产品寿命，增加销量，提高经济效益	转入研制开发新产品或转入新市场
产品策略	产品有特色，完善产品的质量、性能，取得顾客信任	狠抓产品质量，提供良好的包装和服务，争创优质名牌	开展优质服务，提高产品声誉，开辟产品的新用途，增加销售量	淘汰老产品，老产品占领新市场，开发新产品
价格策略	尽量制定顾客满意的价格，也可采取高价或低价	分析市场的价格趋势，保持原价或适当调整	适当降价，吸引老顾客，争取新顾客	适当降价，力争取得边际利润
渠道策略	自行销售，或选择中间商	扩大销售网点，渗透或开拓市场，增加销售量	有选择地扩大销售渠道，增加销售网点，促进销售	减少销售网点，开拓新市场
促销策略	宣传产品的性质、用途吸引顾客，尽快占领市场	强调树立产品形象，扩大产品知名度，争创名牌，加强销售服务	宣传产品的新用途，开拓新市场	努力降低销售费用，在新的目标市场上加强宣传，占领新市场

3.2.3　以占地（拓展市场）为目的的战略

以占地（拓展市场）为目的的战略就是以追求市场最大化为目标继而追求利润最大化的战略。主要方法与措施有垄断性营销、渗透性营销与开发新产品三种基本途径。

垄断性营销决定了产品功能的不可替代性、特殊性、技术创新性等，也说明有很大的利润空间。因此，在营销策略中常用提高产品的技术性能与功能、品牌战略、高价策略以及防止竞争者进入、渠道上强调专有性等策略。

渗透性营销是指通过一种互动式的交流活动，从顾客的角度出发，以有效的、低成本的方式潜移默化地影响消费者，逐渐扩大产品市场，共同实现企业与顾客的利益目标。

企业通过开发新产品，可以锻炼与提高自身的技术水平，不断开拓新的市场，树立创新性强的企业形象，也是企业获得持续发展、增强经济效益的重要途径。

3.3　市场营销战略策划方案

市场营销战略目标、市场营销战略重点、创意与策略、实施方案构成了市场营销战略策划方案。市场营销目标与市场营销战略是营销策划的核心，市场营销目标一旦确定，那么市场营销战略就成为市场营销策划的纲领性文件。下面以台湾地区长青公司的市场营销战略策划为例，介绍认知市场营销战略策划的过程。

案例 3-7

长青公司于 1925 年创业，迄今已从事饮料业近 100 年，设厂于台北西区。主要产品为：长青汽水系列——瓶装、罐装、宝特瓶；长青果汁系列——瓶装、罐装；大吉果汽水系列——瓶装、罐装、宝特瓶；沙漠果汁系列——罐头、纸盒；全球系列——罐头、宝特瓶等。

1. 竞争对手概况

（1）可口可乐公司自从涉足台湾地区饮料业后，即被长青公司视为头号对手。而可口可乐公司因其雄厚的整体实力，在台湾地区也展现出了其非凡成绩。以饮料消耗量而言，与台湾地区人口相近的澳大利亚，每人平均使用量为每年 180 瓶；不及台湾地区人口 1/3 的香港，每人平均使用量为每年 200 瓶；而台湾地区每人平均使用量每年仅 80 瓶左右。因此，可口可乐公司在 1988 年就喊出口号，要使“可口可乐”成为台湾地区碳酸饮料的销售冠军。1988 年计划宣传费用为 1.3 亿元台币，成长率为 40%～60%，并提出口号“买得到”、“买得起”、“乐得买”。可见可口可乐公司对长青公司的威胁。

（2）金车饮料公司自 1979 年创立以来，即以黑马姿态出现，最大特色为“直销”，与一般饮料采用的经销制度不同，而这种制度使得其制造生产、运输、销售到收款，均一手包办，也因此使其经营在应变上更具弹性。

（3）百事可乐公司卷土重来，其销售量节节上升，更有绝对信心再展雄风。

2. 长青公司的市场营销战略

（1）产品策略。长青公司是台湾地区饮料业的老大哥，有长青汽水、沙士、长香咖啡、长青可乐、长青果汁、运动饮料、大吉果汽水、沙漠果汁系列、长青豆奶等多种产品。

① 长青汽水、沙士：长青公司白汽水及沙士在台湾地区的市场占有率皆超过 70%，因此长青汽水便尽量强调“老朋友”以及“成长的滋味”的念旧诉求，以抓住消费者念旧的心理。近年来从电视广告中可看出沙士特别强调正义感、社会责任感，有强烈诉求年轻朋友的意味。

② 沙漠果汁：沙漠果汁是长青公司的另一品牌。由于此品牌策略成功，加上因消费者对长青汽水、沙士的“移情作用”，得以与另外两个品牌共同分享果汁饮料市场。

③ 长香咖啡：1985 年推出长香咖啡以来，由于长青公司有心大力栽培，花了 1700 万新台币广告费，最终攀上了当地第二品牌的宝座。

④ 长青豆奶：豆奶是长青公司的新产品，诉求消费者为儿童。

⑤ 长青可乐：在可乐市场中，长青公司约占台湾地区市场的 2.7%，位于“可口可乐”、“百事可乐”之后居第三位。

⑥ 运动饮料：长青公司最先推出的运动饮料为“大力”，由于包装设计不当被人攻击有抄袭之嫌，而大大地影响了销售量，因此“大力”饮料仅占台湾地区市场的 4 %，居第五位。

（2）品牌策略。目前长青公司的白汽水采用品牌为长青，加味汽水采用品牌为大吉果，果汁采用品牌为沙漠果汁，咖啡采用品牌为长香咖啡，运动饮料采用品牌为大力，另外有一个综合性产品采用品牌为世界产品。

多品牌的策略优点：可以打出另一新品牌（如大吉果、长香咖啡）；如果策略成功，即可与原有品牌竞争，提升公司的竞争力，促成厂商总销售量的不断成长；若失败，则不影响原品牌产品。

（3）渠道策略。长青公司自创业以来一直采用经销商制度，1946年只在台北地区设有经销商，1948年再扩展到台中及新竹地区，以后逐年增设，遍及台澎金马地区。

① 渠道网点：早期经销商多由当地知名人士设立，近年来经销商则选择有饮料经营经验及态度积极者加入，现有经销商共有170家。渠道是由公司→经销商→零售点→消费者，经销商分有第一及第二级经销商，而零售点又分即饮及非即饮市场两种。

② 产销分工，专业经营：长青公司有老经销商和新经销商两种，而且各有专长。老经销商以销售瓶装汽水、沙士为主，而新经销商则以贩卖新式宝特瓶系列、沙漠果汁和康美包等为主。

③ 经销商队伍为公司的利润来源：长青公司每年近几十亿元新台币的营业额皆依赖于这些经销商挣得。一般而言，大型的经销商营业额可高达1亿元新台币以上，最小的也有二三百万元新台币左右。

这170家经销商只卖长青公司的产品，他们分布在台湾地区的各大小市、乡、镇，只要长青公司的新产品上市，不到两个星期所有的商店就开始贩卖，这也是促成长香咖啡如此迅速成功的因素之一。许多长青公司的经销商，会把经销权当作财富一样留传给下一代。为什么这些经销商如此专情于长青公司呢？长青为大品牌，产品容易卖出，资金流通快速，利薄量大，财源自然滚滚而来。经销长青公司的产品利润大约在15%，若扣掉仓库租金、运费、人事费用、退货或破损（车辆由长青公司补助1/3的费用，并提供免费的油漆车身广告、贩卖机和冰箱）等，毛利润率为5%。

④ 渠道管理：强化经销商的职能；不断地开展职业教育，增强经销商的营销能力。

⑤ 渠道在促销上的优势体现在下面两方面：价格战主力，由于拥有因销售量大而产生的规模经济利益，长青公司对市场价格具有绝对优势；由于规模利益大，使得渠道网络的零售商更具有信心，使长青公司的基本地盘更加稳固。

⑥ 渠道存在的隐患主要是观念上的不同。由于第二代接班人新的营销观念无法和一些第一代保守经营者的观念完全配合，使得老字号的经销商在合作上出现摩擦。

长青公司还准备在台北地区以直销的方式扩展业务，迈向一个新的里程碑。

（4）广告策略。长青公司在广告方面走出了一条感性诉求路线。

① 长青汽水：以三段式“成长的滋味”广告片，将具有历史的老牌形象，与一般人的心路历程结合。

② 长青沙士：以一场橄榄球赛中，带出“不要忘了老朋友”更给予人温馨感受。近年来特别强调有责任感、正义感的形象。

由于这些广告诉求，成功地塑造出怀旧、友情及值得信赖的企业形象。

（5）促销策略。长青公司最常使用的促销方法是赠奖、抽奖（其实也是饮料业最常使用方式）。原因是为了不破坏价格的秩序，所以不改变零售价，以赠品来打动消费者的心，通常促销重点有以下两个方面：

① 目前主要的获利产品，要乘胜追击以创造销售高峰。

② 未来推广的新产品，要以试销精神来突围。

例如，长青公司搞的促销活动——“新台币五千大赠送”，针对不同的消费对象，赠送不同的赠品。对成年人以轿车与国外旅游为诉求；对年轻人与户外活动者，以拉环瓶盖赠送户外用模型飞机；对儿童则赠送儿童用的风筝、小钢琴等。

3. 新产品开发原则

长青公司在产品开发方面较为保守，虽为饮料老大哥，但产品开发原则采用追随者策略，其大部分产品是第二个提供的。

4. 未来发展与展望

长青公司，为了迎接国际化与自由化竞争，目前已采用全新计算机设备，并积极与国际名牌合作（如豆奶与德国DKL公司合作），进口各项知名酒类以及其他产品，以走国际化路线。把已有的长青汽水、沙士、长香咖啡、沙漠果汁、长青豆奶，列为重点产品，加强推广。

5. 执行与控制（略）

市场营销战略策划要实际运用战略管理分析方法，认真对企业外部环境和内部环境进行分析，找出威胁、机会、优势、劣势后，有针对性地制定扬长避短的营销战略，使企业避开威胁，把握机会得到进一步发展。

市场营销战略策划是制定其他营销策划方案的纲领性文件和依据，必须在对市场环境分析的基础上，制定出战略方向和目标，指导市场营销活动。

3.4 模拟“仿真训练”

BEST训练（营销策划者的一天）

1. BEST训练规则

（1）将学员分为5～6人一组的小组，各小组指定（或推荐）一名学员为负责人来组织营销策划活动，下一次活动时更换人员，力求人人都能得到训练。每个小组为一个相对独立班组，根据训练背景内容的不同，每人扮演不同的角色。

（2）训练内容与范围：各类企业的营销策划者在一天中，可能遇到各种与背景案例及本章内容相关的问题。

（3）小组活动的总时间定为4小时（其中前两个小时为小组开展活动的准备时间，不在训练方案时间表中体现），由小组负责人与成员一起按照BEST训练标准流程讨论、制订训练方案时间表。训练方案时间表要求格式化，容许有10%的调整弹性。

（4）训练标准流程：① 训练规则说明；② 分组及任务分解说明；③ 上任与面对问题（本章中的案例及可能遇到的各种问题）；④ 分析与创意会议；⑤ 策划方案设计；⑥ 策划方案要点讲解与小组讨论点评；⑦ 讲师点评。

（5）考核：① 从各小组中各抽出一人组成考核组；② 考核对象：每个小组、每个人（特别是小组负责人）；③ 考核内容：流程考核（小组是否按照训练流程进行训练），时间考核（小组是否按照训练时间表进行训练），角色考核（每个角色扮演的形式与实质技能考核），团队与效果考核（小组整体表现）；④ 考核形式：考核组集体打分；⑤ 考核标准：形式性考核占40%（包括流程、时间、角色、需要的书面营销策划方案等），实质性考核占60%（包括小组及个人的实际表现、内容掌握深度、目标实现度等）。

（6）保持各项记录。

2. BEST训练的背景案例及场景

案例3-8

小明的叔叔刚成立了一家公司，主要从事某自制饮料的生产与销售，主打产品为凉茶。小明想帮叔叔做一份市场营销战略方案。在了解了市场营销战略策划主要包含的要素后，对市场营销战略目标如何确定、营销战略的重点在哪里、如何进行创意与策略并制订实施性方案还不太懂。请你代小明策划设计一份该凉茶的营销战略方案。

3. BEST训练运行

按照训练的标准流程运行，各个项目内容必需的时间由各小组具体设定。

（1）训练规则说明（建议时间10～15分钟）。

主要包括让学员明白为何要训练、训练什么、训练目标是什么、训练规则是什么、如何进行训练、如何进行考核、谁负责、多长时间完成等训练必需的内容。

（2）分组及任务分解说明（建议时间10～15分钟）。

按照训练规则进行分组，角色扮演。

（3）上任与面对问题（本章中的背景案例及可能遇到的各种问题）（建议时间15～20分钟）。

① 背景案例中，小明如何确定该凉茶的市场营销战略目标？

② 请你帮小明确定该凉茶的营销战略的重点并进行创意与策划。

③ 请帮小明制定新产品营销战略策划方案。

④ 请帮小明整理一下学习本章的收获。

（4）分析、创意会议与策划方案设计（建议时间80～100分钟）。

对以上遇到的问题召集小组会议，逐项进行分析、创意，制定策划方案，指定相应成员书写完善。

① 会议主题

② 会议形式

③ 时间控制

④ 策划、创意

⑤ 策划方案

（5）策划方案要点讲解与小组讨论点评（建议时间20～30分钟）。

主要内容包括本次训练过程描述、目标任务的实现度、策划方案要点讲解、小组成员讨论点评与小组活动总结、不足之处在哪里、如何改进等。

（6）讲师点评：讲师按照练习、小结（指出正误）、再练习、再小结……直到掌握的程序，对练习进行总结讲评。

（7）对各个小组考核评价（建议时间 20～30 分钟）。

考核组对各个小组上交的材料，结合考核组对其实际记录及表现进行评价。各个小组需上交给考核组的材料主要有：训练议程安排；分组分工及角色扮演名单；所面临的问题清单；每个问题的解决方案；会议记录；各角色与小组训练活动总结报告等。考核组对每个小组及每个人的实际表现、内容掌握深度、目标实现度等进行记录。

3.5 测试与评价

（1）举例说明市场营销战略策划的流程。

（2）以赢利为目的的战略、以竞争为目的的战略、以占地（拓展市场）为目的的战略在不同的时期有何特点？

（3）分析案例 3-7 台湾长青公司的营销战略策划方案，谈谈自己的体会。

第 4 章

市场营销调研策划

学习任务与目标

❖ 了解营销调研的目的
❖ 掌握营销调研的常用方法
❖ 能够进行营销策划方案设计

案例 4-1

招商银行的社区调查问卷

（第一部分）

尊敬的先生/女士：

您好！在新世纪到来之际，信息高速发展，每个人都期望着一种新的社区生活，思考着新经济时代将给我们带来何种新的生活方式。作为一家以您为中心的银行，我们也在思考并努力着。我们愿意成为您的新社区生活的营造者之一。为此，我们将在　月　日，在本社区举办一场大型的社区竞赛活动及理财咨询交流活动。届时，我们还将邀请知名的公司就您关心的生活问题提供信息与服务。首先，我们必须了解您愿意参与的活动类型及关心的生活问题。请您在百忙之中抽空与我们交流。

时刻以您为中心的银行：招商银行

（第二部分）

1. 您比较愿意参与____类型的社区活动：

□智力竞赛类　□游戏类　□体育竞赛类　□综合游园类　□表演类

2. 您对于以家庭为单位的竞赛活动的看法：

□积极参与　□当观众　□看情况　□不关心

3. 如果举办儿童竞赛活动，您会：

□让小孩参与　□让小孩当观众　□不许小孩参与

4. 您更希望活动在____举行：

□星期六　□星期日

5. 如果选择举办体育竞赛类的活动，您倾向于：

□乒乓球　□羽毛球　□篮球　□网球　□保龄球　□接力赛　□其他

6. 如果选择举办表演类活动，您希望是：

□体育表演　□文艺表演　□乐队表演　□其他（请列出）____

7. 日常生活中，您最想获得____方面的知识：

□理财工具的运用　□证券买卖的技巧　□家用电器的新动向　□车讯　□美容美发的知识　□互联网知识与网站情况　□医疗保健　□儿童营养学　□其他（请列出）____

8. 目前，您拥有“一卡通”的情况：

□有几张　□有一张　□没有，但打算申办　□没有且暂不打算申办

9. 如果您已拥有“一卡通”，您的使用情况：

□经常用　□不常用　□没用过

10. 如果您使用过“一卡通”，是用在____方面：

□存取款　□汇款　□缴费　□长话　□证券买卖等投资功能　□自助贷款等筹资功能

（第三部分）

谢谢您的合作！我们将尽快将调查问卷进行总结并将确定的活动形式与细则致函通知。

企业如何了解并确定消费者的需求？如何把握自己产品的生产方向？如何知晓新产品的受欢迎程度？企业是从哪里迅速获取准确的信息呢？这些都要通过企业的市场营销调研来实现。

4.1　市场营销调研的目的和方法

当确定企业的战略目标时，我们必须清楚谁是产品的消费者，如何满足消费者的需求；谁是企业的合作者，如何合作；谁是企业的竞争者，如何进行竞争；企业的经营环境中机会有哪些，风险在哪里，如何利用环境，避开风险，抓住机会，发展自己，这些都需要进行市场营销调研。

4.1.1　市场营销调研的目的

市场营销调研是在市场营销观念指导下，以满足顾客需求为中心，通过调研信息来开展和改善市场营销的过程。市场营销调研具有描述、诊断和预测三种功能。它的描述功能是指收集并陈述事实，例如，某个行业的历史销售趋势是什么？消费者对某产品及其广告的态度如何？调研的诊断功能是指解释信息或活动，例如，改变包装对销售会产生什么的影响？最后一种功能是预测功能，例如，企业下一季度的销售量是多少？市场需求可能发生什么样的变化？

市场营销调研的主要作用是通过信息把市场营销人员和消费者、顾客及公众联系起来，通过这些信息来辨别和界定市场营销机会与问题，产生、改善和评估市场营销方案，监控市场营销行为，改进对市场营销过程的认识，帮助企业市场营销管理者制定有效的市场营销决策。市场营销调研的目的是发现问题，确定目标，明确达成目标的最佳方式和手段，确保与改进市场营销方案的可操作性，这是整体市场营销策划的基础。

案例 4-2

关于美国速溶咖啡市场的调查

20 世纪 40 年代，当速溶咖啡这个新产品刚刚投放市场时，厂家相信它会很快取代传统的豆制咖啡而畅销市场。因为其营养成分及味道与传统咖啡别无二致而且饮用方便，无须花

费长时间煮制。厂家为了推销速溶咖啡，更是在广告上力陈其优点，但是购买者寥寥无几。通过对市场上消费者的调查，得出结论竟是消费者不喜欢速溶咖啡的味道，这显然不是真正的原因。为了深入了解消费者拒绝饮用速溶咖啡的潜在动机，心理学家编制了两张购物单。其内容除在咖啡一项不同之外，其余部分均相同。再将这两张购物单分别发给两组妇女。调查结果表明购买速溶咖啡的主妇被看作是懒惰、生活没有计划的人；而购买传统咖啡的主妇则被描绘成勤俭、讲究生活，有经验会烹调的主妇。可见，在当时的美国家庭主妇中，勤俭善理家务是为众人所称道的。而速溶咖啡不被接受，并不是其本身的原因。谜底揭开之后，广告与产品包装做了相应的修改，删去了使人产生消极心理的因素。广告不再宣传快而方便的特点，而是宣传它具有传统咖啡的美味、芳香和质地醇厚；在包装上，将产品密封牢固，开启十分费力。于是速溶咖啡销量大增，很快成为西方世界最受欢迎的咖啡。

通过市场的调查，厂家一旦搞清楚了消费者的好恶与习惯，及时调整营销策略，进入市场后，就能产生出更加巨大的效益，这就是市场营销调研的目的所在。

4.1.2 市场营销调研的方法

市场营销调研的方法就是调查人员获得第一手资料的手段。在调查过程中，惯用的基本方法包括观察法、访问法和实验法。

1. 观察法

观察法是由调查人员直接或使用仪器在现场观察动态、检查情况，记录和计算有关数据资料的一种调查方法。观察法可以分为以下三种具体的形式。

（1）直接观察法。调查人员到调查现场实地观察。比如，在柜台前面观察顾客的购买行为，记录顾客对商品的选择情况；在大街上观察人们的穿着或者携带的物品，分析市场的走向，借此开发新的产品。

（2）痕迹观察法。在现场观察被调查对象活动以后所留下的痕迹。这个方法在各种调查中被大量采用，也可应用于市场调查。比如，有些经济学者从居民的垃圾里面分析居民的消费水平；有的汽车生产商派调查人员观察汽车上收音机的指针所指的位置，以便在受司机们广泛欢迎的电台上做汽车广告。

（3）行为记录法。通过相关的仪器，对调查对象的活动进行记录。比如，尼尔逊广告公司通过计算机系统在美国各地12000个家庭的电视机上安装电子监视器，每隔90秒扫描一次，根据监视结果选择投放广告的最佳时间。

观察法的优点就是取得的资料比较客观，反映的问题比较接近实际。可是，这种方法只能观察到表面的现象，很难了解调查对象的真实情况，尤其是很难掌握顾客的心理。

2. 访问法

访问法是指市场调研人员通过向被调查者提问，由被调查者回答，从而获取所需信息资料的一种调研方法。它是企业获取市场第一手信息资料常用的调研方法，在获取消费者行为及态度方面的资料中比较常用。

依据调研者要求被调查者回答问题的表达方式不同，访问法可分为口头访问法和书面访问法。口头访问法是指调研人员直接以口头的方式向被调查者提问，并且依据被调查者的口头回答做记录再搜集相关资料；书面访问法是指调研人员以书面的形式向被调查人员提出问题，由被调查对象做出书面回答，这种方法常采用问卷调查的方式进行。

根据对访问过程的控制程度，访问法可以分为结构式访问和非结构式访问两种。结构式访问是一种高度控制的资料收集方法，询问的问题、方式、顺序以及回答问题时的记录方式都按照设计好的表格中所列的问题进行。所提问题及答案都事先设计好，以封闭式问题为主，被调查者按照要求选择适当的答案即可。问卷是结构式访问中的主要工具。其优点是调查结果含义准确、形式规范，便于数据的量化分析处理。书面访问法一般只有结构式，以标准的问卷为工具向被调查者收集资料。非结构式访问法是一种比较自由的访问方法，它不制作规范的问卷，只需列一个调查大纲（或一个题目），由调研者和被调查者围绕主题自由交谈。在交谈过程中相互启发，使调查问题逐步深入。这种方法要求调研人员具有丰富的询问经验，随机应变能力要强，要能在关键问题上取得突破，但这种方法花费的时间较长，成本较高，一般适用于探测性调研。

根据调研人员和被调查对象接触方式的不同，访问法可分为面谈调研法、电话调研法、邮寄调研法、网络调研法四种。

（1）面谈调研法。

面谈调研法是指调研者通过与被调查者面对面访谈，获取信息资料的一种调研方法。询问的问题须按事先设计好的问卷或者提纲进行，既可以按照问题顺序提问，也可以围绕问题自由交谈；既可进行一次面谈，也可进行多次面谈。

面谈方式可分为两种：一种是个人面谈，另一种是小组面谈。个人面谈中常采用“结构化—公开式询问”和“非结构化—公开式询问”。“结构化—公开式询问”是指对所有被调查者运用相同的文字，按相同的顺序进行提问，其所提问题和答案都是标准化的，被调查者只需在给定的答案中选择打“√”。请看下面的问题。

你认为我国保护环境立法是多还是少？

□应该更多　　　□应该更少　　　□不多不少　　　□无所谓

这种提问方法的优点是易于管理、制表及分析，被调查者容易回答。

“非结构化—公开式询问”是指将调研目的向被调查者公开，但回答问题的方式是自由的。如“你对西部大开发中的山川秀美工程如何看待？”调查对象可以自由回答，调研人员可进一步深入，不断地提一些问题。这种调研可进行深度问题调查，也能自由地控制访谈深度。然而，在进行这种调研时，应具备“有经验的访谈人员”和“认真探求”两个条件。由谁调研，在什么时候调研以及被调查者的合作态度，都会影响调研的结果。因此，这种调研需要大量访问人员，时间较长，成本较高，分析时困难较多。

小组面谈是对上述访谈的变通方式，是一种互动式的访问，每个人提出的观点与整体讨论相联系，每个人可在别人观点的基础上提出观点，同时也将自己的观点提供给小组成员作为参考。因此，小组面谈（座谈）是深度访谈的重要方式。许多企业召开的专家访谈会即是一种典型的例子，其意图在于集中每一位专家的智慧和特长。

小组面谈是现代市场营销调研中一种实用性、启发性、互动性很强的调研技术，其作用主要表现在：

① 能够产生进行定量测定的假设。

② 提供的信息能帮助调研人员设计问卷。

③ 提供某一类别产品的背景信息资料。

④ 加深对某种信息较少的新产品的印象。

⑤ 激发对老产品的新概念。

⑥ 刺激新的创造性概念。

⑦ 解释先前的结果。

（2）电话调研法。

电话调研法是指通过电话向被调查者进行询问，以获得信息资料的一种调研方法。随着我国固定电话和无线通信工具普及率的提高，电话调研将广泛地运用于企业的市场营销调研。电话调研的主要优点有以下几方面：

① 低成本。电话调研的成本一般低于访问调研。

② 高速度、高效率。在有限的时间内可访问更多的调查对象。

③ 特殊样本的普遍性。对经销商、供应商等组织的调研，一般他们都装有电话，通过电话簿就可以进行抽样调查。

④ 容易访问“不易接近”的被访对象。上门访问可能遭到拒绝，电话调查则较容易。

⑤ 便于控制。可利用一个中心设备，由一组调查员进行电话询问；同时，电话访问可避免面谈的不便，收集的资料较客观、真实、坦诚。例如，在电话调查中，女性容易承认有喝酒或抽烟的习惯。

电话调研法也有以下几方面的缺点：

① 调查在总体上有不完全性。如受电话普及率的影响，偏远的农村市场不宜进行电话调研。

② 时间限制。一般情况下，电话访谈时间不宜过长，以防止被调查者厌烦。

③ 难以获得观察资料。例如，行为上暗示的姿势、手势、表情等都无法观察到。

在进行电话调研时需要注意两个问题：一是确定调查对象的范围，二是选择访问的时机。为了防止被调查者不在家或拒绝回答，可事先去函说明访问目的，以取得配合和支持；同时，选择恰当的时机，应以不影响被调查者的工作为前提。

（3）邮寄调研法。

邮寄调研法是指将设计好的调查问卷通过邮政网络系统寄送给被调查者，由被调查者按照要求填写后寄回的一种调研方法。邮寄名单及地址可通过电话簿、组织名录、工商企业大全等来搜集得到。在大范围内进行调研，邮寄调研法是一种有效的调研方法。邮寄调研法的主要优点有以下几个方面：

① 调研范围较大，大用户可以作为选择的对象。

② 被调研对象的思考时间较长，回答会更准确。

③ 匿名回答，被调查对象容易说真话。

④ 节省时间。

⑤ 成本低，以较少的费用，可调查大量的样本。

邮寄调研法的主要缺点有以下几个方面：

① 回收率低，这是邮寄调查的主要问题。

② 调研人员不在现场，容易产生误解，影响调查质量。

③ 可能出现代人填写的情况。

④ 问卷的收集时间较长。

为了克服邮寄调研法回收率低的问题，在此基础上出现了以下几种调查方法：

① 发送问卷法。它是指由调研者派人员将问卷直接发放给选定的被调查者，待其填完后再派人员收回问卷。例如，高校教师生活调查，调查者在抽样的基础上可选择各班班长，让其将调查表发送给上课教师填写。具体的发送方式有：入户直接发送，配有一定的纪念品；通过行政系统发送，有一定的权威性，如工会、团委、街道办事处或各类协会等；会议形式发送，如召开被调查人员参加的会议，在会上发送，并现场收回。

② 报载问卷法。它是指将调查问卷刊登在报纸或杂志上，让被调查者填写，然后寄回。这种方法一般都配有奖励措施或者比赛内容。例如，中国民用航空协会用户工作委员会刊登在《中国民航》杂志上的旅客评价意见卡，针对民航服务的22个项目调查旅客的满意程度。这种方法存在样本代表性难以控制、问卷反馈性差等不足。

③ 附加商品问卷法。调研人员通过邮局寄送或派人员向顾客赠送样品或试用品，内附调查问卷，要求消费者填写后寄回。例如，在护发用品、洗衣粉、牙膏等新产品的试销中，常采取这种方法收集消费者的意见，以便企业改进产品。有时在新产品包装里附带问卷，以征询意见为主，向消费者提供附加价值，以培育长期顾客，以利于企业搜集信息资料。

（4）网络调研法。

随着计算机信息技术的不断发展，使网络成为社会生活的重要组成部分，各种类型的网络纷纷开通，网络已经扮演着传输信息、加快信息沟通交流的重要工具，这无疑会促进人们对信息搜集渠道及其质量的重视，给市场调查行业提供了许多商机。这种调研法的最大特点就是调查传播媒介为网络，具有以下几方面的优点：

① 不受时空的限制。在数据采集过程中不受地域限制，而且还可以24小时全天候地进行调查，减少许多诸如制度、天气和时间等因素的影响，这样可以使调查过程简单、快速，且调查范围更广。

② 利用多媒体技术，具有声音、图文并茂的交互界面，常见的形式有电子邮件、电子公告板、网络实时交谈、网络会议以及网络电话等，在需要时可以实时地显示出生动的统计结果。

③ 在一定程度上可以降低调查成本，省去调查实施过程中的访问费用，如人工成本、产品费、交通费等项支出。

④ 减少了访问调查的入户难度，在一定程度上提高了问卷的应答率。

⑤ 客观性较强。被调查者可以不受调查员的经验、情绪等主观因素的影响，能获得反映被调查者态度的真实数据。

⑥ 问卷处理程序简化。网络调研可以减少数据录入和数据转换等工作。

针对以上特点，目前网络调研法主要用来做产品研究方面的市场调查，通过诸如产品市场占有率、产品推广渠道等内容的调查，获取第一手关于自身及竞争对手的信息，为企业生产和营销决策提供参考，在一定程度上还可以扩大广告效应，加快与客户的联系，树立良好的企业形象。

3. 实验法

（1）实验法及其特点。

实验法是指从影响调研对象的若干个因素中选择一个或几个因素作为实验因素（自变量），在控制其他因素均不发生变化的条件下，观察实验因素的变化对调研对象（因变量）的影响程度，为企业的营销决策提供参考依据。实验调研法虽然是借助自然科学的方法，但其控制自变量因素要比自然科学实验中的难度大。实验的目的在于寻找变量之间的因果关系。

实验法在市场营销调研中的应用，主要表现在两个方面：一是解释一定变量之间的关系；二是分析这种关系变化的性质。例如，在改变商品质量、价格、包装、广告等条件下，通过实验法测试其销售量的变化是增加还是减少。

实验法的主要优点有以下几方面：

① 资料的客观性强，排除了主观估计的偏差。

② 能有效地控制实验环境，调查结果更加精确。

③ 调研人员可以组织并引导市场因素的变化，并通过控制其变化研究该因素对市场产生的影响，而不是被动地等待。

当然这种方法也有它的局限性，一方面是市场因素变化大，有时难以控制而影响实验结果；另一方面是实验的市场条件不可能与其他市场条件完全相同，在实验市场成功的策略不一定适应新的市场。这就是在企业的市场营销工作中，在有的市场取得成功的策略，而在另外的市场有可能失败的原因。

（2）主要的实验法。

① 实验室实验法。把被调查对象请到实验场所进行心理或者行为方面的实验。例如，要测定一个广告的效果，可以在不受到任何外界干扰的实验室里，让被试者在规定的时间内从头到尾看完一个广告样本，接着再让他们回答对何种形式的广告印象最深。这种方法往往用于企业研究顾客的心理。

② 市场实验法。把市场当成实验场所进行调查。例如，在测定一种商品的具体形式的时候，应该把设计的不同规格、颜色的商品，在选定的市场上进行销售，观察顾客的反应，接着根据顾客的意见，决定产品的规格、款式、价格以及颜色。这种方法取得的资料比较真实，但是调查的成本很高。

③ 模拟实验法。利用计算机进行市场模拟的实验。把影响企业市场营销的各个因素编在特定的程序里，通过输入不同的环境变量，得出结果后再进行分析。现在，这种方法仅仅在理论研究时使用。

案例 4-3

美国一家玩具公司专门邀请 1～5 岁的儿童到公司的新产品实验室里玩他们开发的新玩具。实验的组织者发现：许多大人们觉得很有趣的玩具并不受儿童们的喜欢。儿童们也并不按照原来设计的玩法来玩玩具。公司根据实验的结果，生产出了很多儿童们喜欢程度高的产品，从而取得了很大的成功。

通过实验法可以准确高效地得出调查结论，根据实验的条件可以进行有效的控制，因此，它是在实践中常用的一种市场营销调研方法。

4.2 市场营销调研策划的步骤与实施要点

在日新月异的信息时代，谁掌握的市场信息多，谁就距离成功更近一步。市场营销调研策划通过调研策划方案的制订与实施，使企业得到自己有用的市场信息，从而实现市场营销目标。

4.2.1 市场营销调研策划的步骤

正确的市场营销调研策划有以下几个步骤。

（1）明确客户所面临的管理决策问题，也就是对背景情况的认识。

这个步骤在客户负责人员无法清楚地叙述和表达其问题所在时显得尤为重要。有时候，客户似乎提出了其面临的决策问题，但还是要根据其背景情况做进一步的分析。

案例 4-4

某国一个著名的汽车厂要在我国投资建立一个摩托车生产厂。他们一开始提出的决策问题是“哪里投资环境好？”，并且把浙江省的萧山定为调研对象，这是一个实地考察的调研方案。然而，在调研刚开始就发现他们的决策问题首先应该是“国家和地方政府的摩托车相关政策是什么？”，从而成为一个只需搜集二手资料就能解决的问题。

（2）把管理决策问题转化为市场调研问题，也就是要明确调研的问题。

管理决策问题是指企业负责人员要做的决策，而调研问题是指能帮助客户更好地进行决策的信息内容。

案例 4-5

米勒·布鲁宁的啤酒决策

美国米勒·布鲁宁公司是一家历史悠久的啤酒生产企业，该公司生产的啤酒原以体力劳动者为对象，突出饮用布鲁宁公司的啤酒后“精力充沛”的功效。

进入20世纪70年代以后，该公司的啤酒销量不断下降，公司决定聘请市场调查公司来帮助公司寻找销售下降的原因，调查结果表明，越来越多的美国人担心大量喝啤酒会造成肥胖，而肥胖是导致美国人心血管病发病率居高不下的原因。了解原因后，米勒·布鲁宁公司决定开发新产品来迎合消费者的需要。不久，该公司就向市场推出了低糖度、低热量的淡色啤酒。同时改用7盎司的罐装啤酒瓶替代12盎司的啤酒包装。米勒·布鲁宁的新产品受到了市场的欢迎，这一产品的推出不但改变了该公司的市场地位，还带来了公司消费群体的明显变化，更多的高层人士逐渐喜欢喝布鲁宁的啤酒。在此后的5年里，市场占有率上升了21%，销售量增加了5倍。现在，米勒·布鲁宁公司已经成为美国第二大啤酒公司。

如何将管理决策问题转化为市场调研问题是制定市场营销调研策划方案的关键因素，它能使市场调研的信息具有更高的价值。

（3）调研方案的设计。

在这个环节，要估计调研信息的价值，确定提供什么精度的信息，选择搜集信息的方法和测量技术，根据调研方法确定地点、对象、抽样规则等，确定对搜集信息的数据分析方法，还要确定调研报告的提交方法。当然，时间、费用和人员安排也是不可缺少的。最后，把所有这些内容写入调研方案中。

（4）现场搜集信息。

现场不仅可以是被访者家里，也可以是商业区，还可以是自己公司的监控室里，甚至在任何合适的地方。

（5）信息处理与分析。

这是指信息从现场回到项目研究经理手上以后到调研报告撰写前的所有处理程序，又根据不同的调研方法会有不同的步骤。例如，对座谈会信息进行审核、分类、编码、整理音像带、补充、统计（半自动）、制图表、打印、归档等；对调查问卷进行审核、分类、编码、录入、缺失项检验、分维度统计、制图表、打印、存档等。

（6）报告的形成与提交。

调研报告的形成也非一成不变，尤其是很多客户会提出，要在现场部分工作完成后，数据处理前先提交中期报告。有的客户则会要求项目经理做解释或讲演，那就需要一份调研报告讲演稿。

（7）总结与反馈。

这个步骤也是很多调研人员“省略”的对象，忽略了调研的真正目的。这不仅使自己失去进一步提高的机会，而且也可能失去客户的订单。

案例 4-6

美国某航空公司对飞机上提供电话服务进行调研。该公司在探索为航空旅行者提供他们需要的新服务。一位经理提出在高空为乘客提供电话通信的想法，其他的经理们认为这是激动人心的事，并同意应对此做进一步的研究。于是，提出这一建议的市场营销经理自愿为此做初步调查。他同一个大型电信公司接触，以研究波音747飞机从东海岸到西海岸的飞行途中，电话服务在技术上是否可行。据该电信公司介绍，这种系统每次航行成本大约是 1 000 美元。因此，如果每次电话收费 25 美元，则在每航次中至少有 40 人通话才能保本。于是这位经理与本公司的市场调研经理联系，请他研究旅客对这种新服务将会做出何种反应。

（1）确定问题与调研目标。

① 航空公司的乘客在航行期间通电话的主要原因是什么？

② 哪些类型的乘客最喜欢在航行过程中打电话？

③ 有多少乘客可能会打电话？各种层次的价格对他们有何影响？

④ 这一新服务会使本航空公司增加多少乘客？

⑤ 这一新服务对本航空公司的形象将会产生什么样的影响？

⑥ 电话服务与其他因素如航班计划、食物和行李处理等相比，其重要性将怎样？

（2）制订调研计划。

假定该公司预计不做任何市场调研而在飞机上提供电话服务，并获得长期利润5万美元，而营销经理认为调研会帮助公司改进促销计划而可获得长期利润9万美元。在这种情况下，市场调研所花的费用最高为4万美元。

调研计划包括：资料来源；调研方法；调研工具；抽样计划；接触方法。

（3）搜集信息。

（4）分析信息。

（5）提出结论。

① 在飞机上使用电话服务的主要原因是：有紧急情况；紧迫的商业交易；飞行时间上的混乱等。用电话来消磨时间的现象是不大会发生的。绝大多数的电话是经商人员打的，并且他们需要报销单据。

② 在每200人中大约有20位乘客愿花费25美元打一次电话；而约有40人期望每次通话费为15美元。因此，每次收15美元（40×15=600美元）比收25美元（20×25=500美元）有更多的收入。然而，这些收入都大大低于飞行通话的保本费用1 000美元。

③ 推行飞机上提供电话服务，使该航空公司每次航班能增加两个额外的乘客，从这两人身上能收到400美元的纯收入，然而，这也不足以帮助该公司通过飞行通话获取利润。

④ 提供飞行通话服务增强了该航空公司作为创新和进步的航空公司形象。

（资料摘自：《营销管理》）

该航空公司通过市场调研，充分地了解顾客与市场，为其市场营销活动打下了坚实的基础。在实践中对营销调研策划方案的制订，应在明确目的的基础上，设计出符合客户需求的方案。

4.2.2 市场营销调研的实施要点

市场营销调研的任务是为市场营销决策者提供信息，帮助他们发现并解决市场营销问题。所以调研人员必须牢记：调研是为营销服务的，目的是发现问题并解决问题，任何偏离主题的调研都不可能成为有效的调研。在每次制定调研方案之前，调研人员首先要知道自己要干什么，要对调研目的十分明确。在调研过程中，调研人员要对背景知识有足够的了解，包括对决策者需求的了解，这样才能明确调研所需要搜集的信息。为此，调研人员要做好以下几项工作。

1. 与决策者做好沟通

与决策者做好沟通，首先要让决策者知道市场调研的能力和局限性。市场调研能够提供营销决策所需要的信息，但它不能提供解决问题的方案。虽然，在调研报告里总要给委托人提出很多建议，但建议不是方案，方案需要通过决策者自己的判断才能形成。其次，要明确知道决策者希望通过调研获得什么信息。决策者往往更注意市场营销工作中出现的问题，比如企业的市场份额正在减少、新产品有需求却不能形成较强的购买力等，而对产生问题的内在原因往往无暇去进行认真的分析，所以他们一般不会主动提及原因。调研人员在与决策者沟通时一定要明确地问清楚出现这些问题的原因何在。例如，针对市场份额的减少这一现象，就应该立即问到“竞争者有没有什么特别的销售推广活动”等。

2. 访问行业专家

调研人员需要了解客户所在行业的知识，因此要与多个行业专家沟通，尤其要听到从不同角度提出的见解和意见。专家可以来自企业内部，也可以来自企业外部，主要包括技术研究开发专家、生产管理专家、市场营销专家等，根据调研项目的不同，在访问时应该有所侧重。还要预先拟写访问提纲，但所有问题都必须是开放的，因为调研人员一般很难知道专家会给出什么样的建议。当然，在访问时还是要带上录音机，免得记录不过来，耽误时间。调研人员要对专家有灵敏的观察判断能力，几个问题就应该判断出被访问者有没有独到的见解，他的优势体现在哪些方面，如何尽快地让他们表现出来。在平时，调研人员要注意对专家库的建设和积累，建立企业自己的专家网络。如行业从业人员、行业管理人员、从事行业研究的专家学者、相关的行业律师、记者等，这些都是市场营销咨询企业的财富，也是咨询公司不可估量的资本。在知识经济时代，要懂得如何把有用的信息从浩瀚的信息海洋中寻找并搜集出来，而且往往是搜集信息的代价远远大于信息本身的价值。

3. 搜集并分析二手资料

二手资料的搜集和分析是了解信息快速、有效而又经济实惠的办法。在没有充分分析二手资料之前，一手资料的搜集工作不宜展开，否则很可能导致市场调研徒劳无效。当然，二手资料本身作为一种相对独立的、常用的市场调研信息，完全可以作为调研实施的主要对象。

二手资料可以分成内部数据和外部数据。内部数据是指来自企业内部的自有数据。这些数据有的可以立即应用，有的要经过调研人员的进一步处理才能采用。外部数据可以分为下面几种。

（1）出版物类。如商业年鉴、民间组织或协会的统计数据、政府部门的统计数据、报纸、杂志等。

（2）计算机数据库。这类数据库在我国已大量存在，但很少有人去利用，如网络查询、国家或地方统计局的数据库、各大型零售商的进出仓货物数库等。

（3）向专业提供商业数据的公司购买。国内已有数家能提供这种数据的公司，其做法是对固定样本家庭的日常消费进行调研，形成一些基础数据，供企业和研究人员参考，我们称之为“数据公交车”。例如，“数据公交车”会告诉你现在家庭使用的香皂、洗发水、鞋油的品牌分布和使用者的特征，但很难深入地告诉你消费者对某个品牌的评价和认知，因为这些基础数据的信息量总是有限的。

4. 定性调研

在很多时候，为了使大规模调研能有效地得到实施，要对较小的样本进行定性调研。定性调研往往是非结构化的、探索性的，其目的是能确定较明确的调研方向。定性调研分为直接调研和间接调研。直接调研又称非隐瞒调研，也就是说调研对象在被调研时知道调研的意图，主要方法有焦点小组座谈法、深度访谈法。间接调研又称隐瞒调研，被调研者并不知道调研的意图，主要有投射法。

4.3 市场调研策划案例：顾客满意策划

案例 4-7

海尔公司又推出了新的服务措施。近日，刘女士乔迁新居。考虑到 2005 年 4 月购买的海尔洗衣机性能良好，所以一起也搬进了新家。打电话请海尔公司的服务人员来安装，过了半小时后，海尔公司的服务工程师就带着工具包来到用户家。与上次安装不同的是，海尔公司的服务工程师从工具包里拿出一个类似电源插头的东西，向刘女士介绍："目前国内很多用电环境存在较大的安全隐患，海尔公司新年又推出服务措施，对每一位海尔用户家庭的用电环境进行免费检测。"刘女士心想，刚装修的房子，家里电灯、电视都能正常使用，自家的电器环境肯定没有问题。海尔公司的服务工程师将刘女士家的插座都进行了耐心检查。通过检查一遍后，问题出现了，刘女士家里的十个插座，有七个存在安全隐患，六个均为火线和零线接反了，一个缺少地线。海尔公司的服务工程师立即对刘女士讲解这种情况的危害性："火线和零线反接，对于大部分电器来讲，这种情况不影响工作。但由于电器上的电源开关通常是关掉火线上的电，因此火线与零线接反时，开关就算处于关的状态，部分电器虽然不工作，但电器内的工作部件仍是带有 220V 电压的。如果直接接触电器工作部件，就会产生触电伤亡事故。缺少地线的话，就等于失去了接地保护，当电器发生故障时，电器中的可导电部件会出现危险电压，一旦触及便会发生触电事故"。"那得好好检查一下，我们家之前其他品牌的洗衣机用的时候老漏电呢，我就被电过，后来我用洗衣机都一直很小心，没想到是这个问题"。刘女士找来了小区物业公司的电工师傅，结果与海尔公司的服务工程师检测结果完全一样。这时的刘女士吓出了一身冷汗，平时自己家人洗澡用热水器时都是关空气开关，自以为完事大吉了，没有想到，在自己周围还有这么大的安全隐患。看来隐患是由于装修公司为了赶工期，没有对房屋内的布线进行严格检查，致使火线与零线接反了。

企业不能决定顾客一定要购买自己的产品，但可以通过成功的营销模式吸引顾客购买，这就要求企业进行成功的顾客满意策划。成功的顾客满意策划，能让顾客感觉到自己是"真正的上帝"，它使企业以稳定的形象在竞争中保持持续的赢利。当然成功的顾客满意策划，要求企业了解顾客需要的是什么，重视顾客意见，让用户参与决策，不断完善产品服务体系，编写出精彩的顾客满意策划方案。

4.3.1 顾客满意指标

成功的顾客满意策划必然能使顾客重复购买，为企业带来长期利润，促进企业的良性、稳定、健康的发展。由于妨碍老顾客重复购买的壁垒更低，因此把东西卖给他们应该更容易。更低的壁垒是指顾客重复购买商品和劳务的阻力更小。所以，为了达到这一目标——有效地开拓和维持回头客的生意，首先就必须建立顾客满意指标。

在现今的商业社会中，产品质量的好坏是由顾客来评定的。对产品质量必须满足或超越顾客期望的要求日趋强烈，顾客需要质量优良、价廉物美的产品。在市场竞争激烈的情况下，从企业来讲主要有来自于以下几个方面的竞争：进入市场的新竞争者；进入市场的替代品；顾客对产品的高质量要求和对低价格的期望；竞争者的创新和发展等。因此，企业在经营过程中往往感到压力很大，迫使其不得不寻求一种新的经营理念，那就是：以顾客为中心，实现顾客满意目标。

案例 4-8

星巴克公司是如何实现顾客满意的呢？星巴克（STARBUCKS）是 1971 年诞生于美国西雅图、靠咖啡豆起家的一家咖啡公司。自 1985 年正式成立后的 20 余年时间里，它以神话般的速度快速发展；自 1996 年起，星巴克公司就开始了向本土外的扩张，在东京开了海外的第一家门店；到 2004 年 2 月已在 30 多个国家和地区开了 7500 余家连锁店。据说，星巴克公司每 8 个小时就会新开一家咖啡店。

星巴克公司作为一家跨国连锁企业，其全球拓展的成功历史，反映了星巴克公司以顾客为中心来实现顾客满意的过程。

星巴克公司历来注重顾客的需求，以此研究和开发新的服务内容。目前总部在西雅图的星巴克公司，正在尝试各种经营思路，吸引人们来到星巴克咖啡店，并延长人们逗留的时间。只要来到星巴克咖啡店，诱人的爵士乐、钢琴独奏以及美国乡村音乐等就会使你流连忘返。这些正好迎合了城市小康阶层的人们。他们每天面临着各种强大的精神压力，愿意花几十元钱寻找精神享受，而此时此刻的音乐真是恰到好处，让他们感受到不仅是一杯咖啡，而是一种满足。从 2002 年起，星巴克公司在北美洲和欧洲的 1200 家连锁店里推出高速无线上网服务，使顾客可以一边惬意地喝着咖啡，一边在店里用携带的便携式计算机上网、浏览页面、收发电子邮件以及下载信息。

在那里，人们能够尽情地品味闲适、自在的生活，体验“舒适、惬意、放纵、感性、略带伤感”的迷人的情绪氛围，从而满足这部分顾客的独特的精神需求。同时，星巴克公司通过内部员工与外部顾客之间的交流，不断地强化顾客的情绪体验，最后把这种情绪体验转化成为顾客真实的满意，从而在全球流行。

（摘自 2005 年 06 月 06 日《中国质量报》）

1. 顾客满意指标设计

要提高顾客满意度，就必须设计一系列的科学指标以衡量和评价顾客满意的程度。顾客满意指标设计必须具备以下三个方面的作用：

（1）测评企业现有的顾客满意状况，分析竞争对手与本企业之间的差距。

（2）提供不断让顾客满意的新思路，制订新的产品质量或服务的改进措施。

（3）寻求实现顾客满意目标的具体方法，明确为使顾客满意，企业在今后应该采取的措施。由于顾客的期望，顾客对产品质量、价格、服务等方面的满意，以及顾客的抱怨和顾客忠诚，都不是可以直接用数学模型来测算的。

案例 4-9

商界流行的公式“100-1=0”，即在 100 个产品或服务中，只要顾客对其中的一个产品或服务感到不满意，那么他对该企业的满意度不会因此按减法递减，而是全面否定，因为他不可能体验企业所有的产品或服务。在他看来，他体验的那个就代表了企业所有产品或服务的质量。在目前的这个市场环境下，他不会当“回头客”，不会再消费这家企业提供的其他产品或服务，因此该企业对体验者的营销收益为零。

公式“100-1=0”的含义是：顾客对企业质量的满意度的评价是一种完整的总体评价，只要有一个细节或环节出现差错，就会导致顾客的不满意。同样。只要 100 个顾客中有一个不满意，企业的声誉及经济效益就会蒙受损失。所以顾客满意指标的设计在企业的经营管理中占有相当重要的地位，尤其是在质量管理中。1987 年美国商务部设立的马尔科姆·鲍得里奇国家质量奖的评奖标准中，顾客满意指标的比重占第一位，达 30%。该项指标又分为下面八个子项：

① 对顾客要求和期望的认识程度。

② 顾客关系管理。

③ 顾客服务标准。

④ 对顾客的承诺。

⑤ 对质量改进要求的解决。

⑥ 顾客满意的确认。

⑦ 顾客满意效果。

⑧ 顾客满意比较。

设计顾客满意指标最基本的要求是：顾客认为最重要的；顾客认为最关键的；企业可以进行统计、计算和分析的；企业有能力采取行动加以改进的。

2. 顾客满意度调查

在调查顾客满意度的方法中，对搜集信息进行分析和调查顾客忠诚度是两种能够直接影响顾客购买行为、留住顾客的措施。

（1）对搜集信息进行分析。

当前，大多数企业正在积极地建立信息数据库，希望能以此来分析与确定本企业的顾客范围与特点，找寻使这些顾客成为本企业忠诚消费者的方法。

案例 4-10

对顾客兴趣、爱好等信息的搜集和分析，已经为 K 食品公司带来了意想不到的收益。K 食品公司对使用自己产品的 3 000 个顾客进行跟踪调查，发现顾客在使用优惠券购买时，都提供了自己的姓名。利用这一资料，K 食品公司开始着手建立顾客信息库，针对顾客的兴趣、爱好，定期向他们免费寄送各种营养、保健知识等小窍门的资料和某种产品的优惠券。K 食品公司从此拥有了一批经常光顾本公司的常客。

（2）调查顾客忠诚度。

许多企业正在利用各种各样的手段，培养忠诚于本企业的顾客。例如，用积分卡购物，对家庭主妇、年轻人是一种难以拒绝的方式。价格昂贵的Fairmont酒店开设了“总裁俱乐部”，对经常入住本店的顾客给予一定的奖励。顾客住上三次，就可以得到该酒店奖励的毛料礼服一件。

上述两种留住顾客的方法的秘诀在于直接投资于忠诚顾客，以实现低成本、高回报。而这里的关键就是利用每一个顾客提供的资料来获取独特的商业机会。

（3）顾客满意度的调查步骤。

具体的顾客满意度调查主要有下面几个步骤。

① 提出问题。

提出问题是顾客满意度调查的第一步，就是对影响顾客满意度的因素进行确定和量化。包括：顾客购买满意因素（如形状）；顾客使用满意因素（如省电）；哪些因素可以成为满意指标（如服务速度快）；某一个满意指标对购买和使用产品的影响程度；信息的渠道来源；搜集信息的方法和注意的问题。

② 搜集信息。

搜集信息是顾客满意度调查的第二步。搜集信息的方法多种多样，创建的顾客满意指标不同，则搜集的方法也不同。在顾客满意度调查过程中采用的方法主要有以下五种。

- 二手信息的搜集。其主要来源是：报刊、杂志、网络、调查公司。二手信息的最大缺陷是具有公开性，搜集二手信息成本低，但是它却可以用做调查前的一种重要的切入点。特别是在问卷设计过程中，它能提供某种市场的大致情况，有利于问卷主题的确定。
- 内部访谈。二手信息往往是包罗万象的，这就需要通过内部访谈对二手信息进行确认、选择。以此设定调查的框架，同时也是发现企业问题的最佳途径。
- 问卷调查，是最常用的信息搜集方法。问卷中一般设有许多问题和答案，被调查者只需根据自己的情况选择相应的答案。如果是开放式问卷，也可自由发挥回答问题，从而更详细地说明他们的想法。而抽样调查是问卷调查最普遍、最常用的使用方法。
- 重点访谈。在问卷调查中有时不能涉及有关的细节问题，为了弥补其不足，需要对个别具有代表性的顾客进行重点访谈。重点访谈是针对某一细节要点进行面对面的谈话（对1～2名被调查者），提出一系列探索性的问题，如“为什么会对这一产品有这种想法？”当然在进行重点访谈之前，事先必须设计好一个谈话的主题及讨论提纲，以免离题或难以统计与汇总。
- 焦点访谈。在问卷调查的过程中，为了更进一步了解和掌握顾客的信息，除了采用重点访谈外，还可以采用焦点访谈的方式取得相关信息。焦点访谈是由一名营销调查人员担当主持，引导数名被调查者对某一调查主题或观点进行深入细致的探讨。它的优点是以间接提问的方式激发被调查者发表自己的见解，使被调查者在“感觉良好”的环境下畅所欲言，从中发现重要的信息。

③ 信息分析和应用。

信息分析和应用是顾客满意度调查的第三步，也是顾客满意度调查的最终目的。

案例 4-11

夏威夷航空公司通过对顾客信息的分析后，推出一种创新的优惠项目，以进一步增加夏威夷航空公司的里程数。这种创新的优惠项目就是实行新的三级奖励机制和单程里程奖励，从而使夏威夷航空里程会员能够有更多的自由空间和弹性来充分利用累积的里程数换取夏威夷航空公司的奖励。新的奖励机制允许夏威夷航空里程会员用更少的里程数来换取免费的飞行。如果会员有足够里程数换取一张单程机票，但不够换取来回机票时，他们可以用他们的单程奖励来抵消来回机票的价格。如果他们没有足够的里程数来换取单程机票，他们也可以购买里程数。

4.3.2 顾客满意策划的内容与评价

顾客满意策划是以顾客满意为核心所在，制定顾客满意的策划目标和措施。围绕这一主题来编写完整的顾客满意策划方案，它包括达到目标的手段、成本费用、时间、地点以及策划的原因和产生的效果。

1. 顾客满意策划的内容

顾客满意策划目标的确定，是在信息搜集及分析的基础上，明确顾客到底需要什么样的产品或服务，同时必须按自身的实际能力，有效地控制顾客对产品或服务的期望值，这样才能达到策划的成功。比如，大多数顾客对购买到的产品是货真价实的而且在使用期间没有后顾之忧时，就表示满意。所以，企业在进行顾客满意策划时，必须拥有顾客所期望的产品，在顾客所期望的时间内提供其需要的服务。

案例 4-12

2009 年 3 月，在上海静安区中心的一条街道上，王先生和张阿姨各开了一家规模相仿的小杂货铺，都以销售日常生活用品为主。转眼间半年时间就过去了。王先生的小杂货铺经常是顾客熙熙攘攘、人气很足。据王先生说，有些顾客还住得离这里较远，但他们就是愿意穿过两三条马路到这里来买东西。现在王先生就好像是世界上最成功的生意人，脸上总是笑咪咪的。但是，相邻张阿姨的小杂货铺却是“门庭冷落鞍马稀”，勉强地维持着。究其原因，人们发现这两家小杂货铺虽然规模相仿、经营的品种相仿，但却存在着以下五方面的不同：① 王先生善于利用迎合顾客的手段，吸引顾客。如免费为顾客送整箱的啤酒、饮料；免费提供一些诸如自行车打气筒等生活中常用的小工具等，千方百计地为顾客着想。而张阿姨却永远信奉“一手交钱、一手交货”的原则，绝不提供半点免费的服务。② 王先生看重的是顾客的多次、重复购买，所以对顾客光顾他的小店，无论买多买少，都笑脸相迎。顾客每次到其店里买东西，都会有意想不到的收获。而张阿姨对顾客比较冷淡，对迎合顾客的言语也比较吝啬。③ 王先生认为正是顾客的意见，促使他不断地改进，不断地满足了顾客的需求，才使顾客愿意成为他的常客。而张阿姨比较固执，对顾客的意见总是置之不理。④ 王先生在经营过程中，总是千方百计地满足顾客的要求，比如他可以为顾客特意地安排一次进货。而张阿姨在经营过程中，从来不考虑顾客的需求。⑤ 王先生为了经营好他的小店，对周围顾客的偏好进行了详细的调查，并根据顾客的偏好，经常改变商店的陈列布置，使其经常以新奇的面貌出现在顾客面前。而张阿姨的商店给顾客留下的是一种陈旧的感觉。

成功的顾客满意策划，必须包括下列几个方面的内容。

（1）项目背景。介绍企业概况，提出目前所面临的问题或困难。

案例 4-13

浙江最大的油漆生产企业——杭州宝塔油漆公司，生产销售宝塔牌等油漆产品。从 20 世纪 90 年代末期开始，全省的油漆市场发生了很大变化，油漆生产厂家由原来的几十家猛增到 1000 多家，油漆市场供大于求的局面已成为事实，竞争异常激烈。在新的竞争对手不断涌现的情况下，该公司的顾客不断减少，销售额由 1997 年的 2 万吨下降到 2001 年的 1.1 万吨。公司在市场营销方面出现了前所未有的困境：销售额和市场占有率分别出现下降；老产品竞争优势减弱；缺乏营销创新意识。该公司为解决顾客减少、销售额下降等问题，决定与美国友邦公司合作，以改变目前的经营状况。

（2）工作目标与措施。进行企业情况调查和市场调查，根据企业现有的资源状况进行满意的营销策划。满意的营销策划工作包括：顾客满意度调查、企业内部情况调查、满意营销指标设计、实施措施。最终要达到的目标：全面提升顾客满意度，扩大产品销售。例如，杭州宝塔油漆公司在对其外部环境进行调查与分析后，了解到目前企业受到的挑战与威胁以及面临的发展机遇，同时了解到影响企业发展的宏观政策、技术因素、竞争对手状况和顾客需要等。

（3）工作框架与纲要。根据顾客满意工作目标与实施措施，确定具体的工作框架与纲要。企业可通过做公益广告，来有效地提升企业在市场的品牌美誉度。当产品具有一定的行业市场的美誉度以后，顾客才能产生购买的原动力，以此来推动市场销售，培养消费群体。例如，杭州宝塔油漆公司通过举办“宝塔油漆，环保第一”活动，来扩大宝塔牌油漆的市场影响。油漆作为与顾客息息相关的建材产品，顾客对产品的了解程度，往往决定了顾客对油漆的最终选择。因此，通过活动加深顾客对宝塔牌油漆的了解，让顾客亲自感受宝塔牌油漆的品质，可以增加顾客的购买动机。

（4）具体方案。结合具体的工作框架，制订详细的活动方案内容，以实现顾客满意的目标。结合杭州宝塔油漆公司举办的活动，对制订活动具体方案应注意的几个方面说明如下。

活动的地点：活动地点的选择往往决定了活动效果的好坏。该公司在杭州市最为繁华的商业中心举办活动，以吸引顾客对宝塔牌油漆的目标注意力。通过现场活动，产生强烈的传播效果，强化顾客对“宝塔油漆，环保第一”的意识与影响。

活动时间：选定×月×日，最好是双休日，顾客数量集中的时段，可以加强活动的效果。

活动载体：通过现场表演活动来承载宝塔牌油漆的营销理念，现场表演本身有很强的参与感、现实感，可以使顾客确确实实地体会与强化环保理念。通过与顾客之间的互动，在顾客中留下深刻而又难忘的印象，从而影响顾客的购买选择。

活动内容：① 通过现场表演来吸引顾客的目标注意，增强顾客的参与。② 在活动的过程中，介绍产品优点，突出强化环保活动的主题。③ 在活动的高潮，让顾客亲身体验宝塔牌油漆的环保品质。④ 活动费用预计×××元。⑤ 活动细节包括每项活动的内容、时间安排、注意事项等，都写在实施方案中。

活动效果评估：让顾客亲自体验宝塔牌油漆的色彩、手感、气味的优异品质，感受宝塔牌油漆绿色环保的理念，能有效地推动市场销售。本次活动在杭州油漆市场所产生的效应，将远远地超过活动本身。

2. 顾客满意评价

顾客满意评价是用数字来反映顾客对测量对象的态度，表达顾客对产品、服务或企业的看法和态度等。由于顾客满意包含了理念满意、行为满意、视听满意、产品满意、服务满意五个方面的内容，所以，顾客满意评价必须建立顾客满意指标体系。在建立顾客满意指标体系时，必须注意以下几个方面的问题。

（1）以顾客为中心，找出目前经营过程中顾客特别关注的焦点领域问题。例如，顾客目前在售后服务、投诉处理等方面的关注程度相对较高。但作为企业在许多工作领域中下一步的工作重点应首先放在哪里？哪些领域的工作可以更快、更有效地提高顾客满意度？具体应从哪些问题切入？怎样调整工作重点？

解决这一问题最常用的方法是利用“李克特量表”。该表主要包括两个方面的内容：一是确定分值，即根据设计原则，对不同的满意程度给予不同的数值，如满意为“4”分，一般为“3”分，不满意为“2”分等；二是“定位”，即将这些数字排成一个序列，再根据被调查者的不同满意程度，将其在这一序列上进行定位。这样就便于统计分析，也使评价更加简化。顾客对企业营销人员满意度评价，如表4-1所示。

表4-1 顾客对企业营销人员的满意度评价

评价指标	很满意	满意	一般	不满意	很不满意	不清楚
业务知识	5	4	3	2	1	0
服务态度	5	4	3	2	1	0
工作效率	5	4	3	2	1	0
……	…	…	…	…	…	…

以顾客为中心进行满意评价的前提，是选择顾客认为最关键的指标。

（2）选择可以测量和控制的指标。如上述表格中的指标必须是可以进行统计、计算、分析的。同时，如果得到了测量的结果，但企业在这一领域内无法采取措施对评价指标进行改变时，对企业来说，做这样的工作等于浪费时间。

（3）强调与竞争者的比较，考虑市场竞争对手在所测评指标方面的特性。

（4）迎合消费者的需求选择评价指标。当前，企业更多地应该考虑“明天卖什么产品？”而不是“明天卖多少产品？”在对数据进行深入分析后，找到目前生产经营上的薄弱环节和需要调整的领域，了解顾客的期望和需求变化趋势，及时采取相应的措施。如在售后服务过程中，顾客对服务的“计费、收费”提出不满，则可以通过对顾客满意因素的分析，使企业有的放矢地调整相应的工作。顾客对企业的满意因素评价，如表4-2所示。

表 4-2 顾客对企业的满意因素评价

一级指标	二级指标	三级指标	四级指标
顾客满意指标	产品价值方面	商品质量评价	商品式样、价格、使用安全、种类是否齐全……
		环境价值方面	购物环境舒适情况、场地清洁状况、陈列货品整齐状况、浏览货品是否方便、对休息场所的要求……
		……	
	……		

目前，世界各国企业普遍运用顾客满意指数 CSI 来评价顾客的满意程度。它是一种加权平均指数，以顾客满意为目标，综合反映不同顾客的满意状况。

运用顾客满意指数 CSI，评价顾客满意程度，具有以下的特征：

① 评价的最终目的是为了提升企业的产品和服务质量。企业从自身的长远利益出发，主动对顾客满意状况进行评价，不断了解和掌握顾客的需求信息，提供顾客所需的产品和服务，获得利润增长的永恒性。

② 评价的中心是顾客。因为顾客是企业产品和服务的接受者，他们的意见或观点是对产品和服务最直接、最客观的评价，避免了以往评价过程中的主观臆断性。

③ 评价的尺度是顾客的亲身体验。顾客对产品和服务满意程度的大小，是根据其亲身体验或感受的结果来衡量的。以顾客的亲身体验作为评价标准，最能反映客观事实。

④ 评价的随机性。顾客满意评价可以现场征求顾客意见，及时反映现场实际情况，所以，具有时间上的及时性。

4.4 模拟“仿真训练”

BEST 训练（营销策划者的一天）

1. BEST 训练规则

（1）将学员分为 5～6 人一组的小组，各小组指定（或推荐）一名学员为负责人来组织营销策划活动，下一次活动时更换人员，力求人人都能得到训练。每个小组为一个相对独立班组，根据训练背景内容的不同，每人扮演不同的角色。

（2）训练内容与范围：各类企业的营销策划者在一天中，可能遇到的各种与背景案例及本章内容相关的问题。

（3）小组活动的总时间定为 4 小时（其中前两个小时为小组开展活动的准备时间，不在训练方案时间表中体现），由小组负责人与成员一起按照 BEST 训练标准流程讨论、制订训练方案时间表。训练方案时间表要求格式化，容许有 10%的调整弹性。

（4）训练标准流程：① 训练规则说明；② 分组及任务分解说明；③ 上任与面对问题（本章中的案例及可能遇到的各种问题）；④ 分析与创意会议；⑤ 策划方案设计；⑥ 策划方案要点讲解与小组讨论点评；⑦ 讲师点评。

（5）考核：① 从各小组中各抽出一人组成考核组；② 考核对象：每个小组、每个人（特别是小组负责人）；③ 考核内容：流程考核（小组是否按照训练流程进行训练），时间考核（小组是否按照训练时间表进行训练），角色考核（每个角色扮演的形式与实质技能考核），团队与效果考核（小组整体表现）；④ 考核形式：考核组集体打分；⑤ 考核标准：形式性考核占40%（包括流程、时间、角色、需要的书面营销策划方案等），实质性考核占60%（包括小组及个人的实际表现、内容掌握深度、目标实现度等）。

（6）保持各项记录。

2. BEST 训练的背景案例及场景

案例 4-14

小明听了一次关于营销方面的讲座，其中有一句话使小明记忆深刻。培训师说：好的营销人员一定是先将自己“销售”出去，而后才能销售出产品。小明想，如何才能将自己“销”出去呢？假如你是小明，用 SWOT 分析法分析自己的就业前景。

案例 4-15

小明在公司的培训班进行了一项电话调查法训练。

假如由你代表公司（或当地的电信部门或其他你所熟悉的单位）对各用户进行调查，请设计一套方案，用电话调查法实施调查。

实训步骤：

① 设计适用于电话调查的问卷，问卷题目不宜过长，问卷每页以 1400 字计，问卷最多不超过 1 页；如以题目计，以不超过 20 题为宜，每个题目选项长度以不超过题为宜，且题目内容必须容易回答。

② 按随机原则抽出若干个样本户，选择受访者。

③ 打电话进行调查，每人的调查对象不得少于 10 人；每次访问时间不要过长，最好在几分钟以内完成，通常不要超过 10 分钟。

④ 资料整理，撰写总结报告。

内容包括：成功率；成败的原因。

3. BEST 训练运行

按照训练的标准流程运行，各个项目内容必需的时间由各小组具体设定。

（1）训练规则说明（建议时间 10～15 分钟）。

主要包括让学员明白为何要训练、训练什么、训练目标是什么、训练规则是什么、如何进行训练、如何进行考核、谁负责、多长时间完成等训练必需的内容。

（2）分组及任务分解说明（建议时间 10～15 分钟）。

按照训练规则进行分组，角色扮演。

（3）上任与面对问题（本章中的背景案例及可能遇到的各种问题）（建议时间 15～20 分钟）。

① 如果你是背景案例中的小明，你的优势和劣势各有哪些？

② 请你帮小明分析就业环境中的机会和威胁有哪些。

③ 请帮小明用 SWOT 分析法分析自己的就业前景。

④ 请帮助小明完成案例 4-15 的实训项目。

⑤ 请帮小明整理一下学习本章的收获。

（4）分析、创意会议与策划方案设计（建议时间 80～100 分钟）。

对以上遇到的问题召集小组会议，逐项进行分析、创意，制定策划方案，指定相应成员书写完善。

① 会议主题：

② 会议形式：

③ 时间控制：

④ 策划、创意：

⑤ 策划方案：

（5）策划方案要点讲解与小组讨论点评（建议时间 20～30 分钟）。

主要内容包括本次训练过程描述、目标任务的实现度、策划方案要点讲解、小组成员讨论点评与小组活动总结、不足之处在哪里、如何改进等。

（6）讲师点评：讲师按照练习、小结（指出正误）、再练习、再小结……直到掌握的程序，对练习进行总结讲评。

（7）对各个小组考核评价（建议时间 20～30 分钟）。

考核组对各个小组上交的材料，结合考核组对其实际记录及表现进行评价。各个小组需上交给考核组的材料主要有：训练议程安排；分组分工及角色扮演名单；所面临的问题清单；每个问题的解决方案；会议记录；各角色与小组训练活动总结报告等。考核组对每个小组及每个人的实际表现、内容掌握深度、目标实现度等进行记录。

4.5 测试与评价

（1）根据自己熟悉的企业的资料，用 SWOT 分析法分析其产品的市场前景。

（2）设计某产品（如食品、MP3）的用户满意度调查表，对周边人员进行调查并分析满意度。

（3）请对某熟悉的乳品企业进行市场环境分析，编制一份市场营销环境分析报告，制定一份该乳品企业的市场营销方案提纲。

第 5 章

目标市场及市场定位策划

学习任务与目标

- ❖ 了解市场细分的基本原理
- ❖ 掌握市场细分、目标市场、市场定位之间的关系
- ❖ 能够进行目标市场策划

案例 5-1

美国一家制造捕鼠器的公司，为了试制一种适宜于老鼠生活习性的捕鼠器，组织力量花了若干年时间研究了老鼠的吃、活动和休息等各方面的特征，终于制造出了受老鼠“欢迎”的一种新型捕鼠器。新产品完成后，屡经试验，捕鼠效果确实不错，捕鼠率百分之百，同时与老式捕鼠器相比，新型捕鼠器还有以下优点：① 外观大方，造型优美；② 捕鼠器顶端有按钮，捕到老鼠后只要一按按钮，死鼠就会掉落；③ 可终日置于室内，不必夜间投器，白天收拾，绝对安全，也不会伤害儿童；④ 可重复使用，一个新型捕鼠器可抵好几个老式捕鼠器。新型捕鼠器上市伊始深受消费者的青睐，但好景不长，市场迅速萎缩了。是何原因致使这么好的东西没有达到预计的销售业绩呢?

后经查明，其主要原因是：

第一，购买该新型捕鼠器的买主一般是家庭中的男性。他们每天就寝前安装好捕鼠器，次日起床后因急于上班，便把清理捕鼠器的任务留给了家庭主妇。主妇们见死鼠就害怕、恶心，同时又担心捕鼠器不安全，会伤害到人。结果许多家庭主妇只好将死鼠连同捕鼠器一块丢弃，由此消费者感到代价太大，因此主妇们不希望自己的丈夫再买这种捕鼠器。

第二，由于该捕鼠器造型美观，价格自然较高，所以中、低收入的家庭购买一个便重复多次使用，况且家中老鼠在捕捉几只后就可以“休息”一段时间，重复购买量因而减少，销量自然下降。

高收入的家庭，虽然可以多买几个，但是用后处理很伤脑筋，老式捕鼠器捉到一只老鼠后，可以与老鼠一起扔进垃圾箱，而老鼠又不是经常有，而新型捕鼠器则有些舍不得，留下来又不知该放在哪儿。另外因为捕鼠器的存在，又容易引起有关老鼠的可怕念头。

恰到好处的市场定位是整个市场营销成功的关键。以上案例中美国公司的失败，说明只有做好市场细分，才能找到目标市场。目标市场确立了，才能实施好的市场营销组合策略，才能真正地得到顾客的青睐。而该公司搞出的“新产品”，忽视了对市场的定位。

5.1 市场细分策划

具有异质性的市场是一个比较复杂的体系，任何企业都不可能满足所有顾客的需求，因此，必须将同一产品市场整体按照消费者需求程度、消费偏好的不同及需求的不同来进行细分。

5.1.1 市场细分的概念与作用

1. 市场细分的概念

市场细分是在制定具体的市场营销策略前必须进行的一个重要步骤。市场竞争日益激烈，任何产品和服务都有其特定的服务对象，消费者或用户的需求也是多样性的，因此，必须科学合理地按照某种标准划分顾客群体，对整个市场进行细分。

所谓市场细分就是营销者通过市场调研，依据消费者的需求、购买行为和购买习惯等方面的明显差异性，把市场划分为若干个消费者群（顾客群）的过程。在经过细分之后，每个子市场的消费需求特点类似的消费者群称为细分市场。市场细分是在企业资源相对有限、市场需求的差异程度越来越大的情况下，企业为最大限度地发挥资源优势，降低经营风险，使经营目标建立在比较可靠的基础上而采取的策略，也是市场发展成熟的必然趋势。

案例 5-2

很多人把移动电话作为通信工具，但不同的人有不同的需求。有些人对移动电话的使用功能及外观没有什么过高要求，只要价格低廉、通话效果好就可以；有些人要求移动电话的通话效果好、实用、部分功能齐全；有些人要求功能齐全，带摄像、录音与播放功能，价格高也无所谓。如果生产厂家只生产一种产品投放市场，那么根本无法满足所有人的需求。

市场细分使企业的产品能真正满足特定顾客的某个方面的需求而不是全部。企业只有科学地细分出各类顾客，才能赢得顾客与市场。

企业面对着成千上万的消费者，他们的需求和欲望是千差万别的，并且他们分散于不同的地区，又随着环境因素的变化而变化。对于这样复杂多变的大市场，任何一个规模巨大的企业都不可能满足市场上全部顾客的所有需求。如果一个实力弱小的企业，集中力量满足一部分消费者的需求，同样可以立足市场，稳健发展。因此，细分市场是必然的。

2. 市场细分对企业的生产、营销的作用

市场细分便于选择目标市场和制定市场营销策略。在细分市场后，很容易了解消费者或用户的需求，企业可以根据自己的经营思想、方针及生产技术和市场营销力量，确定自己的服务对象，即目标市场。针对不同的目标市场，制定不同的市场营销策略。同时，在细分的市场上，可以及时了解和反馈信息。一旦消费者的需求发生变化，企业可迅速改变市场营销策略，制定相应的对策，以适应市场需求的变化，提高企业的应变能力和竞争力。海尔公司的产品细分策略，正是基于产品的明确区分。海尔公司的产品从洗衣机、冰箱、空调到计算机、手机等众多

系列产品，如果不采取不同的“细分”促销方案，那么就不会有海尔公司今天的健康发展。

市场细分有利于企业进行市场机会分析，发现新的市场机会，开拓和占领新市场。通过市场细分，企业可以对每一个细分市场的购买潜力、满足程度、竞争情况等进行分析对比，探索出有利于本企业的市场机会，掌握产品更新换代的主动权，开拓新市场，以更好地适应市场的需要。

建立以市场细分为基础的市场营销战略，可将企业有限的人力、财力、物力资源集中使用于一个或几个细分市场，有的放矢地进行营销，争取局部市场上的优势，然后再占领自己的目标市场。这样，企业不仅可以降低费用，还可提高自己的竞争能力。

市场细分有利于企业提高经济效益。企业通过市场细分后，可以面对自己的目标市场，生产出适销对路的产品，既能满足市场需要，又可增加企业的收入。产品适销对路可以加速商品流转，加大生产批量，降低企业的生产销售成本，提高生产工人的劳动熟练程度，提高产品质量，全面提高企业的经济效益。

5.1.2 市场细分的原则、标准、步骤与方法

市场细分策划就是确定对市场进行细分的原则、程序及方法。市场细分策划的发展包括：大量营销阶段，产品供不应求、处于卖方市场、产品差异化营销阶段，产品由卖方市场向买方市场过渡、企业开始差异化营销、目标市场营销阶段，产品处于买方市场阶段。

细分一个市场可以有多种方法，但并非所有的细分方法都是有效的。例如，购买牛奶的顾客可以按照性别细分为男性顾客和女性顾客，但顾客购买牛奶的行为与性别并无关系。因此，上述细分就不能说是一种成功的细分方法。为了使细分市场具有真正的实用价值，从而能为企业制定有效的市场营销策划方案，企业的市场细分必须具备以下一些特征。

1. 市场细分的原则

（1）细分市场的需求特征必须是可衡量的。首先，用来划分细分市场的大小和购买力的特性指标应当能够加以衡量或测定。如果不能加以测定或测定很困难的话，市场细分的有效性就会大打折扣。例如，在酒类消费者中细分出一个由爱出风头、好摆谱的爱慕虚荣的饮酒者市场，那么这个市场的大小将是很难测定的。

（2）细分市场的规模必须达到足够获利的程度。在细分市场时，企业必须考虑细分市场上顾客的数量以及他们的购买能力和产品的使用频率。划分出的一个细分市场应该足够获利并值得为它设计一套市场营销方案。

（3）细分市场必须是企业可以进入的。划分出的细分市场必须有可能到达并能对其进行服务。如果所划分的细分市场是可望而不可及的，那么这种划分对企业而言就没有什么实际意义。例如，东部沿海城市的媒体《每日新闻》就不可能把万里之外的西部城市作为一个细分市场。

（4）细分市场必须是相对稳定的。细分市场在一定时间内应该是稳定的，否则，就失去其细分的意义。

（5）细分市场应具有快速的反应。一方面，各细分市场的顾客对同一市场营销组合方案会有不同的反应，否则就没必要对市场进行细分。另一方面，企业针对不同的细分市场，能够分别制定出不同的市场营销方案。

2. 市场细分的标准

市场细分的标准，也就是市场细分的依据。市场之所以可以细分，是因为客观上存在着消费者或用户需求的多样性。市场细分就是建立在这种差异性和可归类性的基础上，对这种需求多样性的影响因素便构成了市场细分的标准。生活消费品市场需求的多样性与工业消费品市场需求的多样性有所不同，两种市场的细分标准也不一样。

（1）生活消费品市场细分的标准。

根据所面临的问题和具体要求的不同，策划人员既可以单独选择某一因素，也可以综合运用若干不同因素来进行市场细分。对生活消费品进行市场细分的主要标准有：地理因素、人口因素、心理因素和行为因素等。以这些变量为依据来细分市场，可产生出地理细分、人口细分、心理细分和行为细分这几种市场细分的基本形式。

① 按地理变量细分市场。根据国家、地区、城市规模、气候、人口密度、地形地貌等方面的差异将整体市场分为不同的小市场。

② 按人口变量细分市场。按人口统计变量，如年龄、性别、家庭规模、家庭生命周期、收入、职业、教育程度、宗教、种族、国籍等为基础细分市场。

案例 5-3

据一位业内人士介绍，近年来随着人们生活水平的提高，年轻人越来越崇尚个性化的生活方式，女性尤其是年轻女性饮酒的人数在不断增加。根据一项调查显示，近 3 年来，中国各大城市中时常有饮酒行为的女性人数正在以每年 22%的速度增长，各种国产的、进口的、专门针对女性的酒类品种目前已达到几十种。一位啤酒经销商介绍，由于饮酒的女士数量增长很快，各种女士酒近年来不断上市。例如，北京燕京啤酒公司推出的无醇啤酒，吉林长白山酒业公司推出的“艾妮靓女女士专用酒”，还有某台湾烟酒公司研制成功的一种功能性饮料五芝啤酒，其也是针对女性市场的。

③ 按心理变量细分市场。根据购买者所处的社会阶层、生活方式、个性特点等心理因素细分市场。

④ 按行为变量细分市场。根据购买者对产品的了解程度、态度、使用情况及反应等，将他们划分成不同的消费群体。在表 5-1 中列出了按照地理因素、人口因素、心理因素和行为因素细分市场的参考标准。

表 5-1　生活消费品市场细分的参考标准

细分变量	地理因素	人口因素	心理因素	行为因素
参考标准	地区：东北亚、东南亚、西亚等 城市规模：城市、郊区、农村等 密度：大城市、中小城市、农村等 气候：热带、亚热带、温带、寒带等	年龄、性别、民族、职业、家庭收入、家庭人口、家庭生命周期、教育程度、宗教、种族、国籍	生活方式：平淡型、时髦型、知识型、贵族型等 社会阶层：管理者、技术人员、产业工人、商业服务者、农业劳动者等 人格特征：外向型或内向型、理智型或冲动型、积极型或保守型、独立型或依赖型等	购买时机与频率：日常购买、特别购买、节日购买、规则购买、不规则购买等 追求的利益：低价格、高性能等 使用者情况：有文化、懂技术等 使用频率：经常、有时候、很少等 忠诚程度：完全忠诚者、适度忠诚者、无品牌忠诚者等 态度：狂热、喜欢、无所谓、不喜欢、敌视等

（2）工业消费品市场细分的标准。

许多用来细分生活消费品市场的因素同样也可以用来细分工业消费品市场。例如，常常根据一些人口统计方面的因素以及行为方面的因素来细分工业消费品市场。但是，由于工业消费品与生活消费品在购买动机和购买行为上存在着很大的差异，大部分用于细分生活消费品市场的因素并不完全适合细分工业消费品市场。细分工业消费品市场主要依据产品用途、购买状况、客户规模等来进行，如表 5-2 所示。

表 5-2　工业消费品市场细分的参考标准

细分变量	产品用途	购买状况	客户规模
参考标准	商用 集团采购 配件	购买类型 购买方式	企业规模大小 购买量大小

3. 市场细分的步骤

在一般情况下，进行市场细分有七个步骤。

（1）选定产品市场范围。即确定进入什么行业，生产什么产品，市场范围有多大。市场范围是根据消费者的需求决定的。

案例 5-4

大家还记得“他”和“她”矿泉水吧！市场上有“娃哈哈”、“农夫山泉”等几百种品牌的矿泉水，但唯有“他”和“她”商标的矿泉水在市场上一枝独秀。如果从产品特征上考虑，可能会认为“他”商标的矿泉水，其销售对象是男人，而“她”商标的矿泉水其销售对象是女人。但是从市场需求的角度看，“他”商标的矿泉水，女人往往是潜在的最大消费群体；同样，“她”商标的矿泉水，男人往往是潜在的最大消费群体。作为一种矿泉水，居然还有男女之分，人们所特有的好奇之心，促使消费市场的扩大。

（2）列举顾客的基本需求。例如，通过进行市场调研，从饮料公司了解到，水饮品市场的竞争异常激烈，要想在市场上立足，必须别出心裁，找到引起顾客消费的诉求点，可以利用人群的不同把产品进行细分。

（3）了解不同用户的不同要求，排除潜在顾客的共同要求，以特殊需求作为细分标准。

（4）按照选定市场细分的标准，对市场进行细分。

（5）根据潜在顾客在基本需求上的差异性，将其划分为不同的群体或子市场，并对每一子市场赋予一定的名称。

（6）进一步分析每一细分市场的需求与购买行为特点，并分析其原因，以便在此基础上决定是否对这些子市场进行合并，或者是否需要做进一步的细分。

（7）估计每一个细分市场的规模。即在进行调研的基础上，估计每一个细分市场的顾客数量、购买频率、平均每次的购买数量等，并对细分市场上同类产品的竞争状况及发展趋势做出分析。

4. 市场细分的方法

在运用细分标准进行市场细分时必须注意以下问题：第一，市场细分的标准是动态的。市场细分的各项标准不是一成不变的，而是随着社会生产力及市场状况的变化而不断变化的。如年龄、收入、城镇规模、购买动机等都是可变的。第二，不同的企业在市场细分时应采用不同的标准。因为各企业的生产技术条件、人力资源、财力和营销的产品都不同，所采用的标准也应有所区别。第三，企业在进行市场细分时，可采用一项标准，即单一变量因素细分，也可采用多个变量因素组合或系列变量因素进行市场细分。

（1）单一变量因素法，就是根据影响消费者需求的某一个重要因素进行市场细分。如服装企业，按年龄细分市场，可分为童装、少年装、青年装、中年装、中老年装、老年装；或按气候的不同，可分为春装、夏装、秋装、冬装。

（2）多个变量因素组合法，就是根据影响消费者需求的两种或两种以上的因素进行市场细分。如工业消费品市场中的锅炉生产厂，主要根据企业规模的大小、用户的地理位置、产品的最终用途及潜在市场规模来细分市场。

（3）系列变量因素法，就是根据企业经营的特点并按照影响消费者需求的诸因素，由粗到细地进行市场细分。这种方法可使目标市场更加明确而具体，有利于企业更好地制定相应的市场营销策略。如自行车市场，可按地理位置（城市、郊区、农村、山区）、性别（男、女）、年龄（儿童、青年、中年、中老年）、收入（高、中、低）、职业（工人、农民、学生、职员）、购买动机（求新、求美、求价廉物美、求坚实耐用）等变量因素细分市场。

5.2 目标市场策划

市场营销活动是在制定市场营销战略后，对市场进行调研的基础上，将市场细分并确定出目标市场，再对目标市场进行定位，通过市场营销组合来满足顾客的需要的活动。因此，目标市场的确定将是一个关键。

5.2.1 选择目标市场的步骤

目标市场就是企业产品的消费对象。也就是在市场细分的基础上，企业决定要进入的市场。在对市场进行细分之后，就有了多个市场机会，也就有了多个进入市场的选择，要选择哪一个市场机会，都会影响到企业今后的每一项市场营销活动，关系到企业的长期发展。企业选择目标市场的标准或条件有以下三个方面。

- 有一定的规模和发展潜力。企业进入某一市场是期望能够有利可图的，如果市场规模狭小或者趋于萎缩状态，企业进入后难以获得发展，此时，应审慎考虑，不宜轻易进入。当然，企业也不宜以市场吸引力作为唯一取舍因素，特别是应力求避免“多数谬误”，即与竞争企业遵循同一思维逻辑，将规模最大、吸引力最大的市场作为目标市场。大家共同争夺同一个顾客群的结果是，造成过度竞争和社会资源的无端浪费，同时使消费者一些本应得到满足的需求遭受冷落和忽视。

- 细分市场结构的吸引力。细分市场可能具备理想的规模和发展特征，然而从赢利的观点来看，它未必有吸引力。美国著名学者波特认为有五种群体决定整个市场或其中任何一个细分市场的长期的内在吸引力。这五种群体是：同行业竞争者、潜在的新参加的竞争者、替代产品企业、购买者和供应商。
- 符合企业目标和能力。一方面，某些细分市场虽然有较大的吸引力，但不能推动企业实现发展目标，甚至分散企业的精力，使之无法完成其主要目标，这样的市场应考虑放弃。另一方面，还应考虑企业的资源条件是否适合于某一细分市场。只有选择那些企业有条件进入、能充分发挥其资源优势的市场作为目标市场，企业才会立于不败之地。

企业选择目标市场一般有以下几个步骤。

（1）评估细分市场。

企业进入某一市场是希望赚取利润的，因此，企业在决定进入哪一个细分市场前，有必要先对各细分市场的规模、赢利能力和市场潜力进行分析和预测。

（2）选择细分市场。

在对不同细分市场进行评估后，就必须对进入哪些市场和为哪个细分市场服务做出决策。

（3）目标市场模式选择。

目标市场模式是指企业选择与进入的细分市场的组合方式。企业可以考虑的目标市场模式有以下五种模式，如图5-1所示。

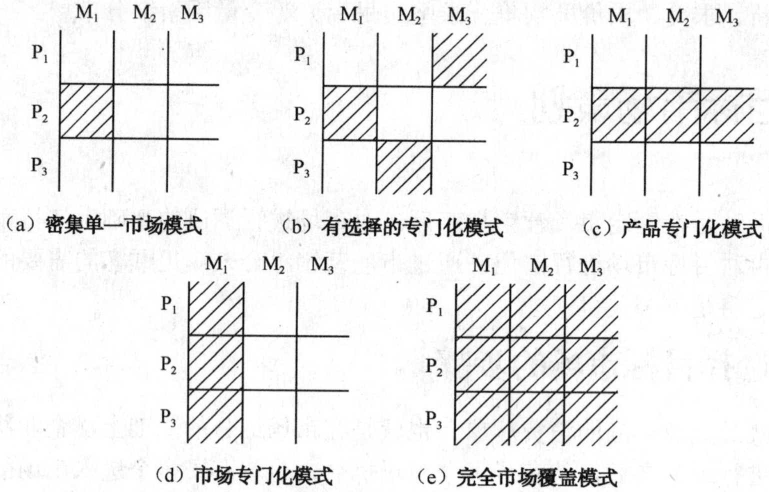

图5-1　目标市场模式

① 密集单一市场模式。

密集单一市场模式，指企业选择一个细分市场集中营销。通过密集营销，更加了解该细分市场的需要，并树立特别的声誉，因此便可在该细分市场建立巩固的市场地位。另外，企业通过生产、销售和促销的专业化分工，也可获得许多的经济效益。如果细分市场补缺得当，企业的投资便可获得高回报。同时，密集营销在一般情况下风险更大。个别细分市场可能出现不景气的情况，或者某个竞争者决定进入同一个细分市场。由于这些原因，许多企业宁愿在若干个细分市场分散营销。

② 有选择的专门化模式。

有选择的专门化模式是指企业有选择地进入几个不同的细分市场，细分市场很少或根本不发生联系。采用此法选择若干个细分市场，即使某个细分市场失去吸引力，企业仍可继续在其他细分市场获取利润，不会影响到企业的生存。因此，这种多细分市场目标优于单细分市场目标，可以分散企业的风险，但在各细分市场之间很少有或者根本没有任何联系。

③ 产品专门化模式。

产品专门化模式是指企业同时向几个细分市场销售一种产品。采用此法集中生产同一种类产品，企业向各类顾客销售这种产品。

案例 5-5

杭州娃哈哈集团公司由一个仅三人组成的“小不点”成长为今天中国食品业的“大哥大”，连续几年在全国食品制造业中纳税总额排名第一，不能不说是一个奇迹。“娃哈哈”的成功固然有多方面的因素，但其有效进行市场定位的策划尤其令人瞩目。

第一，寻求和评价市场机会。“娃哈哈”的创始人宗庆后总经理认为：在中国现有计划生育政策下，子女无疑是家长的掌上明珠，孩子的健康和饮食结构也是父母最关心的问题。同时，中国有约3亿儿童，这是个有巨大潜力的市场。第二，以儿童市场为目标。“娃哈哈”集团与浙江医科大学的专家学者一起，运用中国传统的食疗理论，结合现代营养学合理营养的原则，共同研制开发了一种不含激素、营养成分齐全、味道可口的儿童营养液，并为它取了一个后来广为孩子们熟悉的名字——“娃哈哈”。第三，市场定位——“特别的爱给特别的你”。“娃哈哈”一上市即受到孩子和家长们的热烈欢迎，投产当年就获利183万元。“娃哈哈”在激烈的市场竞争中独辟蹊径，以儿童市场为突破口，以“特别的爱”奉献给特别的孩子们，取得了巨大的成功，为日后进一步发展奠定了坚实的基础。

④ 市场专门化模式。

市场专门化模式是指企业集中满足某一特定顾客群的各种需要。

案例 5-6

瞄准女性市场的iWoman：众所周知，女性消费者在购物时一直扮演着极其重要的角色。近来，海外电子商务业者也意识到这一点，纷纷推出了系列化女性服务。由一对姐妹花开辟的新站点iWoman全面提供以女性消费者为主题的服务。其总裁Suzanne Higginbotham说，女性消费与男性消费的习惯非常不同，男性习惯买了东西就走，并不太在乎其他的额外服务。而女性消费者较重视交流，在购物时喜欢发问，很注意购物时的安全感。因此iWoman除了提供女性消费信息外，还设立了“谈话区”及“留言板”等服务，让女性消费者有可以交流购物感想的空间。

在经营理念上，该站点不仅强调“3C”，即Content（内容）、Community（社团）、Commerce（商业），还提倡慈善事业。也就是将所有收入的1%捐献给针对女性和儿童的福利机构，并在将来可能提高捐赠比例。

iWoman 本身并不提供直接的网上交易，而是将消费者链接到其他的在线交易站点。目前该站点的栏目有书籍、服饰/配件、计算机、食物、健康美容、家庭/庭院、音乐/娱乐、运动器材及玩具/游戏等。该站点的经营上的特色是，不以广告、流量或链接次数来向商家收取费用，而是以收取买卖佣金作为主要的收入来源。

这一市场有着巨大的潜力，已经有许多巨头对其虎视眈眈，iWoman 能否取得它所期望的成功尚难预料，但毕竟它已领先了一步。

⑤ 完全市场覆盖模式。

完全市场覆盖模式是指企业意图为所有顾客群提供他们所需要的所有产品。完全市场覆盖不是简单地对顾客不加任何区别地进行市场营销活动，而是在市场细分的基础上，根据每一个细分市场的特点，设计相应的市场营销方案，有针对性地占领市场，因此有市场细分的完全市场覆盖和没有市场细分的完全市场覆盖有本质上的区别。

只有大型企业才能采用完全市场覆盖战略，例如国际商用机器公司（计算机市场）、通用汽车公司（汽车市场）和可口可乐公司（饮料市场）等。

5.2.2 目标市场策略与影响因素

1. 目标市场策略

（1）无差异市场营销策略。

无差异市场营销策略是指企业将产品的整个市场视为一个目标市场，用单一的市场营销策略开拓市场，即用一种产品和一套市场营销方案吸引尽可能多的消费者。特点是忽略细分市场之间的差别，只提供一种产品在整个市场上销售，只注意消费者在需求方面的共同点，而不管他们之间的差别只推出一种产品。可口可乐公司在20世纪60年代以前以单一口味的品种、统一的价格和瓶装、同一广告主题将产品面向所有顾客，就是采取的这种策略。

无差异市场营销的理论基础是成本的经济性。生产单一产品，可以减少生产与储运成本；无差异的广告宣传和其他促销活动可以节省促销费用；不搞市场细分，可以减少企业在市场调研、产品开发、制定各种市场营销组合方案等方面的资金投入。这种策略适用于需求广泛、市场同质性高且能大量生产、大量销售的产品。

（2）差异性市场营销策略。

差异性市场营销策略是将整体市场划分为若干个细分市场，并分别为每一个细分市场制订不同的营销计划。比如，服装生产企业针对不同性别、不同收入水平的消费者推出不同品牌、不同价格的产品，并采用不同的广告主题来宣传这些产品，就是采用差异性市场营销策略。

差异性市场营销策略的优点是：小批量、多品种，产品生产机动灵活、针对性强，使消费者的需求能更好地得到满足，由此促进产品销售。另外，由于企业是在多个细分市场上进行经营，在一定程度上可以减小经营风险；一旦企业在几个细分市场上获得成功，有助于提高企业的形象，提高产品的市场占有率。

差异性市场营销策略的不足之处主要体现在两个方面：一是增加市场营销成本。由于产品品种多，管理和储运成本将增加；由于企业必须针对不同的细分市场制订不同的营销计划，会增加企业在市场营销调研、促销和渠道管理等方面的营销成本。二是可能使企业的资源配置不能有效地进行集中，有可能会顾此失彼，甚至在企业内部出现彼此争夺资源的现象，使拳头产品难以形成优势。

（3）集中性市场营销策略。

集中性市场营销策略是企业以少数几个细分市场作为目标市场，采用一套市场营销组合方案服务于选定的市场。实行差异性市场营销策略和无差异市场营销策略，企业均是以整体市场作为营销目标，试图满足所有消费者在某一方面的需要。

集中性市场营销策略的指导思想是：与其四处出击收效甚微，不如突破一点取得成功。这一策略特别适合于资源力量有限的中小企业。中小企业由于受财力、技术等方面因素的制约，在整体市场上可能无力与大型企业抗衡，但如果集中资源优势在大型企业尚未顾及或尚未建立绝对优势的某个或某几个细分市场上进行竞争，成功的可能性更大。

集中性市场营销策略的局限性体现在两个方面：一是市场区域相对较小，企业发展受到限制。二是潜伏着较大的经营风险，一旦目标市场突然发生变化，如消费者的兴趣发生转移；或强大竞争对手的进入；或新的更有吸引力的替代产品出现，都可能使企业因没有回旋余地而陷入困境。

2. 影响目标市场选择的因素

在选择目标市场模式时企业要考虑很多的因素，如细分市场的规模、赢利状况和市场潜力等。此外还有下面一些重要因素需要考虑。

（1）企业的战略目标。选择的目标市场要与企业的战略目标相符合，企业的战略目标是大方向，如果细分的市场不符合企业的战略目标，有再大的吸引力也不宜进入。

（2）企业的资源或实力。当企业生产、技术、营销、财务等方面势力很强时，可以考虑采用覆盖范围比较大的目标市场模式，如完全市场覆盖、产品专门化、市场专门化模式；在企业资源有限、实力不强时，采用覆盖范围比较小的目标市场模式效果可能更好。

（3）产品的同质性。这是指从消费者的角度看，不同企业生产的产品的相似程度。如果企业所经营的产品，其功能、品质、形态都是相同的或类似的，消费者并不重视其区别，如煤气、电力等，称为同质产品。同质性强的产品，竞争将主要集中在价格上，这类产品适合采用无差异市场营销策略。

如果产品的质量特性因制造者的不同而存在较为明显的差别，而消费者选购产品时主要以产品特性的差异作为根据，如汽车、家电等，这类产品则适宜采用差异性或集中性市场营销策略。

（4）市场的同质性。这是指各细分市场的顾客需求、购买行为等方面的相似程度。市场的同质性高，意味着各细分市场的相似程度高，不同顾客对同一市场营销方案的反应大致相同，此时，企业可考虑采取无差异市场营销策略。反之，则适宜采用差异性或集中性市场营销策略。

（5）产品所处生命周期的不同阶段。当产品处于投入期时，同类竞争产品不多，市场竞争不激烈，企业可采用无差异市场营销策略。当产品进入成长期或成熟期时，同类产品增多，市场竞争日益激烈。为确立竞争优势，企业可考虑采用差异性市场营销策略。当产品步入衰退期时，为保持市场地位，延长产品的生命周期，全力对付竞争者，可考虑采用集中性市场营销策略。当企业介绍一种新产品进入市场时，通常只生产一种或少数几种产品款式，因而在产品宣传期适宜实行无差异市场营销策略，或者集中所有力量为某一个细分市场服务，实行集中性市场营销策略。

（6）竞争者的市场营销策略。企业在选择目标市场策略时，还要充分考虑竞争者，尤其是主要竞争对手的市场营销策略。如果竞争对手采用差异性市场营销策略，企业应采用差异性或集中性市场营销策略与之抗衡；若竞争者采用无差异市场营销策略，则企业可采用无差异或差异性市场营销策略与之对抗。

（7）竞争者的数目。当市场上同类产品的竞争者较少，市场竞争不激烈时，可采用无差异性市场营销策略。当竞争者比较多，市场竞争激烈时，可采用差异性或集中性市场营销策略。

5.3 市场定位策划

在市场细分和选定目标市场后，并不等于企业就已经占领了所选定的市场。要真正地抓住稍纵即逝的市场机会，还要掌握产品的市场定位方法，才能真正地将成功变为现实。

5.3.1 市场定位的含义与特点

定位是企业朝着健康、理性的方向发展所必须具备的基本策略。定位所要解决的问题是如何利用自身的资源优势营造不同于其他企业或品牌的优势，实现差异化市场营销。

企业在选择要进入的细分市场并确定目标市场范围以后，就要根据消费者的主要需求确定产品或品牌的市场定位。

1. 市场定位的含义

市场定位也称为产品定位或竞争性定位，就是企业根据目标市场上同类产品的竞争状况，针对顾客对该类产品某些特征或属性的重视程度，为本企业产品塑造强有力的、与众不同的鲜明个性，并将其形象生动地传递给顾客，求得顾客的认同。

市场定位的实质是将差异化中最为突出的一点摆在顾客的面前，也就是使本企业与其他企业严格区分开来，使顾客明显地感觉和认识到这种差别，从而在顾客的心目中占据一定的位置。

传统的市场营销观念认为，市场定位就是针对每一个细分市场生产出不同的产品，实行产品的差异化。事实上，市场定位与产品差异化尽管关系密切，但有着本质的区别。市场定位是企业通过为自己的产品创立鲜明的个性，从而塑造出独特的市场形象。一种产品反映多个综合的因素，包括性能、构造、成分、包装、形状、质量等，市场定位就是要强化或放大产品的某些因素，从而形成与众不同的独特形象。产品差异化是实现市场定位的手段，但并不是市场定位的全部内容。市场定位不但强调产品差异化，而且要通过产品差异化建立独特的市场形象，赢得顾客的认同。

如果企业能在目标顾客的心目中确立一定的位置，给消费者一个购买的理由，企业往往能在竞争中处于有利的地位。

2. 市场定位的特点

市场定位进一步限制顾客和竞争对手，确定市场营销策划方案，是企业市场营销方面的一项战略性决策。

具体地讲，市场定位至少要考虑以下两方面。

（1）市场定位建立了企业及产品的市场特色，是参与市场竞争的有力武器。市场定位在一定程度上减轻了打价格战的压力，也增加了其他产品替代的难度。众多生产同类产品的厂家同时争夺有限的顾客，市场竞争异常激烈，为了使自己生产经营的产品获得稳定的销路，防止被其他厂家的产品所替代，企业必须从各方面树立起一定的市场形象，以期在顾客心目中形成一定的偏爱。摩托罗拉公司在世界电信设备市场上，曾成功地塑造了质量领先的形象，从而在激烈的市场竞争中居于领先地位。在不到十年的时间内，由一家小公司发展为世界十大品牌公司之一。

（2）市场定位是企业制定市场营销策划方案的基础。企业的市场营销要受到企业市场定位的制约。一旦企业的市场定位方案启动后，企业所有可以控制的市场营销手段都要动员起来，为传达企业的独特形象而服务，应用产品、价格、渠道和促销手段，向其消费者或用户传达产品、品牌或企业信息的一种独特形象，获得其他竞争者难以替代的竞争优势。例如，假设某企业决定生产销售优质低价的产品，这样的市场定位就决定：产品的质量要高；价格要定得低；广告宣传的内容要突出强调企业产品质优价廉的特点，要让目标顾客相信货真价实，低价也能买到好产品；分销储运效率要高，保证低价出售仍能获利。也就是说，企业的市场定位决定了企业必须策划和开展与之相适应的市场营销组合活动。定位的影响是很大的，一旦定位失误，企业的其他市场营销活动再有效率，也没有太大意义。

5.3.2 市场定位的依据与步骤

市场定位策划要求把重点放在研究企业自身和研究市场（消费者），而不是单纯地研究竞争对手，竞争对手只能作为研究企业自身和研究市场的一种参照物。

1. 市场定位的依据

市场定位的依据是消费者或用户比较看重的属性。各个企业生产经营的产品不同，面对的顾客也不同，所处的竞争环境也不同，因而市场定位所依据的原则也不同。一般来说，常用的市场定位依据有产品的特点、产品的使用场合及用途、顾客得到的利益、使用者类型。

（1）根据具体的产品特点进行市场定位。

构成产品内在特点的许多因素都可以作为市场定位所依据的原则。比如所含成分、材料、质量、价格等。

案例 5-7

某果汁的市场定位是“100%果汁”，强调它是来自新疆、内蒙古等省区纯天然的水果汁饮料。

某饮料的市场定位是“清热去火”，怕上火就喝“×××”，显示该饮料的成分与其他饮料有本质的差异。

（2）根据产品的使用场合及用途进行市场定位。

为老产品找到一种新用途，也是为该产品创造新的市场定位的好方法。

案例 5-8

某公司的“骨密钙”原本是一种补钙的药品，在企业将其定位为礼品后，取得了很好的销售效果。“今年送礼该换了，送礼就送‘骨密钙’”。

某公司“海王金樽”的市场定位是酒后护肝的保健品，其广告语“干，更要肝”。

（3）根据顾客得到的利益进行市场定位。

产品提供给顾客的利益是顾客最能切实体验到的，也可以用做市场定位的依据。

案例 5-9

新疆的新天牌干红葡萄酒，将其脱糖后定位为不含糖的葡萄酒，迎合了那些身患糖尿病、高血压，但又想饮用葡萄酒的人的需要。

各大汽车生产商的市场定位也各有特色，劳斯莱斯牌汽车豪华气派、丰田牌汽车物美价廉、沃尔沃牌汽车则结实耐用，中国的奇瑞牌汽车适合家庭个人使用，上海的桑塔纳牌汽车适合作为出租汽车。

（4）根据使用者类型进行市场定位。

企业常常试图将其产品指向某一类特定的使用者，以便根据这些顾客的看法塑造恰当的形象。但事实上，许多企业进行市场定位的依据往往不止一个，而是多个依据同时使用。因为要体现企业及其产品的形象，市场定位必须是多维度、多侧面的。

案例 5-10

爱迪生的鞋店：爱迪生兄弟公司是美国最大的妇女鞋子零售公司，它在确定企业发展战略时，对市场进行了细分。该公司把所经营的900家鞋子商店分成四类不同的连锁商店，以此来迎合不同的细分市场。查达勒连锁店出售高价的鞋子，贝克连锁店出售中等价格的鞋子，伯特连锁店出售廉价的鞋子，威尔达·佩尔连锁店着重面向需要非常时髦式样鞋子的顾客。人们可以发现，查达勒、贝克、伯特三家连锁商店分别设置在芝加哥民族大街的三个街段上。尽管商店设置得这样接近，却并不影响它们的业务，原因在于它们的目标是妇女鞋子市场中的各个不同的细分市场。这一策略，使得爱迪生兄弟公司成为美国最大的妇女鞋子零售公司。

2. 市场定位的步骤

市场定位的主要任务就是在市场上，让你的企业、产品与竞争者有所不同。要做到这一点其实是极不容易的，具体来讲可以按以下步骤进行。

（1）确定市场定位对象。

市场定位要明确给什么对象定位，是产品、品牌，还是企业或组织。根据经验，大部分消费品的生产制造商侧重于为产品或品牌进行市场定位，服务业则侧重于为企业进行市场定位。

（2）通过市场调研，确立产品的重要属性。

市场定位的出发点和根本要素就是要确定产品的重要属性。首先要了解市场上竞争者的定位如何，他们要提供的产品或服务有什么特点。弄清楚产品、品牌或企业的哪些属性是顾客比较重视的，重视程度如何。显然，费大力气去宣传那些与顾客关系并不密切的产品是多余的，最后，还得考虑企业自身的条件。有些产品的属性，如果是企业力所不及的，也不能成为市场定位的目标。

（3）评估与选择市场定位。

根据产品的重要属性，对市场定位做出评估，看看市场定位与目标市场需求之间有没有差距？如果有，有多大差距，是什么原因造成的？在某一个细分市场上有没有竞争优势，或者有没有可能获得竞争优势？在此基础上，选择市场定位战略。

企业的市场定位战略反映企业与目标市场、竞争者的关系，它有多种类型。根据企业的市场定位与目标市场之间的关系，可以分为新定位、强化定位和重新定位三种；根据企业的市场定位与竞争者之间的关系，也可以分为避强定位、迎头定位和取代定位。

① 新定位。也就是初始定位，企业进入一个新市场，就需要在那个市场先确定一个初始定位。

② 强化定位。当企业以前的市场定位与目标市场的要求之间没有或只有较小差距时，企业需要强化原来的市场定位。

③ 重新定位。在进行初次市场定位后，随着时间的推移，新的竞争者进入市场，选择与本企业相近的市场定位，致使本企业原来的市场占有率下降；或者，由于顾客的需求偏好发生转移，原来喜欢本企业产品的消费者转而喜欢其他企业的产品，因而市场对本企业产品的需求减少。在这些情况下，企业就需要对其产品进行重新定位。所以，一般来讲，重新定位是企业为了摆脱经营困境，寻求重新获得竞争力和增加效益的手段。不过，重新定位也可作为一种战术策略，并不一定是因为陷入了困境，相反，可能是由于发现产品新的市场范围引起的。例如，我国的自行车由20世纪传统代步工具发展到现在的健身休闲用品，这种转变就是重新定位。

④ 避强定位。这是一种避开强有力的竞争对手进行市场定位的模式。企业不与对手直接对抗，将自己确定于某个市场“空隙”，发展目前市场上没有的特色产品，拓展新的市场领域。这种定位的优点是：能够迅速地在市场上站稳脚跟，并在消费者心目中尽快地树立起一定形象。由于这种定位方式市场风险较小，成功率较高，常常为多数企业所采用。例如，美国的Aims牌牙膏专门对准儿童市场这个空隙，因而能在宝洁公司的Crest（克蕾丝）和Colgate（高露洁）两大品牌统霸的世界牙膏市场上占有10%的市场份额。

⑤ 迎头定位。这是一种与竞争对手“对着干”的定位方式，即争取同样的目标顾客，彼此在产品、价格、渠道、促销等方面少有差别。在世界饮料市场上，作为后起之秀的百事

可乐公司进入市场时，就采用过这种方式，“你可乐，我也可乐”的广告语，与可口可乐公司展开面对面的较量。实行迎头定位，企业必须做到知己知彼，应该了解市场上是否可以容纳两个或两个以上的竞争者，自己是否拥有比竞争者更多的资源和能力，是不是可以比竞争对手做得更好。否则，迎头定位可能会成为一种非常危险的战术，将企业引入歧途。

⑥ 取代定位。如果企业实力雄厚，有比竞争者更多的资源，能生产出比竞争者更好的产品，不甘于与竞争者共享市场，则可以采用取代定位战略，把现有的竞争者赶走，并且取而代之。采用这种策略的原因，一是与企业条件相符合的市场已被竞争者占领，而且这个市场的需求不够大，不足以让两个企业共享；二是企业有足够的实力可以成为领先者。采用这种战略，如果成功了，企业可以独占鳌头，一旦失败，企业可能会陷入被动局面，或者被别人赶走，或者两败俱伤。

（4）执行市场定位。

企业所确定的产品属性，是企业有效参与市场竞争的优势，但这些优势不会自动地在市场上显示出来。要使这些独特的优势发挥作用，影响顾客的购买决策，需要以产品属性为基础树立鲜明的市场形象，通过积极主动而又巧妙地与顾客进行沟通，引起顾客的注意与兴趣，求得顾客的认同。有效的市场定位并不取决于企业是怎么想的，关键在于顾客是怎么看的。市场定位成功的最直接反应就是顾客对企业及其产品所持的态度和看法。

但顾客对企业的认识并不是一成不变的。由于竞争者的干扰或沟通不畅，会引致市场形象模糊，顾客对企业的理解有时会出现偏差，态度发生转变。所以在建立市场形象后，企业还应不断地向顾客提供新的论据和观点，及时矫正与市场定位不一致的行为，巩固市场形象，维持和强化顾客对企业的看法和认识。

案例 5-11

日本泡泡糖市场年销售额约为 740 亿日元，其中大部分被“劳特”所垄断，其他企业再想挤进泡泡糖市场并不容易。但江崎糖业公司对此却不畏惧。公司成立了市场开发班子，专门研究霸主“劳特”产品的不足和短处，寻找市场的缝隙。经过周密的调查分析，终于发现“劳特”的四点不足：第一，以成年人为对象的泡泡糖市场正扩大，而“劳特”却仍旧把重点放在儿童泡泡糖市场上；第二，“劳特”的产品主要是果味型泡泡糖，而现在消费者的需求正在多样化；第三，“劳特”多年来一直生产单调的条板泡泡糖，缺乏新型式样；第四，“劳特”产品的价格是 110 日元，顾客购买时需多掏 10 日元的硬币，往往感到不便。通过分析，江崎糖业公司决定以成人泡泡糖市场为目标市场，并制定了相应的市场营销策略。不久便推出了四大功能型泡泡糖产品：司机用泡泡糖，使用了高浓度薄荷和天然牛黄，以强烈的刺激消除司机的困倦；交际用泡泡糖，可清洁口腔，祛除口臭；体育用泡泡糖，内含多种维生素，有益于消除疲劳；轻松型泡泡糖，通过添加叶绿素，可以改变人的不良情绪。并精心设计了产品的包装和造型，价格为 50 日元和 100 日元两种，避免了找零钱的麻烦。功能型泡泡糖问世后，像飓风一样席卷全日本。江崎公司不仅挤进了由“劳特”独霸的泡泡糖市场，而且占领了一定市场份额，从零猛升到 25%，当年销售额 175 亿日元。

在开拓市场时重视当地的民俗风情、生活习惯、消费方式等社会文化差异，不断地进行市场细分，确定目标市场，为企业的产品进行市场定位，必将赢得消费者的信赖和推崇，企业也将会因此得到丰厚的回报。

5.4 模拟“仿真训练”

BEST 训练（营销策划者的一天）

5.4.1 BEST 训练规则

（1）将学员分为 5～6 人一组的小组，各小组指定（或推荐）一名学员为负责人来组织营销策划活动，下一次活动时更换人员，力求人人都能得到训练。每个小组为一个相对独立班组，根据训练背景内容的不同，每人扮演不同的角色。

（2）训练内容与范围：各类企业的营销策划者在一天中，可能遇到的各种与背景案例及本章内容相关的问题。

（3）小组活动的总时间定为 4 小时（其中前两小时为小组开展活动的准备时间，不在训练方案时间表中体现），由小组负责人与成员一起按照 BEST 训练标准流程讨论、制订训练方案时间表。训练方案时间表要求格式化，容许有 10%的调整弹性。

（4）训练标准流程：① 训练规则说明；② 分组及任务分解说明；③ 上任与面对问题（本章中的案例及可能遇到的各种问题）；④ 分析与创意会议；⑤ 策划方案设计；⑥ 策划方案要点讲解与小组讨论点评；⑦ 讲师点评。

（5）考核：① 从各小组中各抽出一人组成考核组；② 考核对象：每个小组、每个人（特别是小组负责人）；③ 考核内容：流程考核（小组是否按照训练流程进行训练），时间考核（小组是否按照训练时间表进行训练），角色考核（每个角色扮演的形式与实质技能考核），团队与效果考核（小组整体表现）；④ 考核形式：考核组集体打分；⑤ 考核标准：形式性考核占 40%（包括流程、时间、角色、需要的书面营销策划方案等），实质性考核占 60%（包括小组及个人的实际表现、内容掌握深度、目标实现度等）。

（6）保持各项记录。

5.4.2 BEST 训练的背景案例及场景

案例 5-12

小明的一位朋友计划在学校门口（或由教师指定一个同学们熟悉的地方）投资开办一家餐饮店，请运用本章所学市场细分策划及目标市场定位策划的内容，分别以获得高额利润、争取较高的市场占有率为战略目标，进行市场细分、目标市场选择及市场定位的策划，并阐述的理由。

5.4.3 BEST 训练运行

按照训练的标准流程运行，各个项目内容必需的时间由各小组具体设定。

（1）训练规则说明（建议时间 10～15 分钟）。

主要包括让学员明白为何要训练、训练什么、训练目标是什么、训练规则是什么、如何进行训练、如何进行考核、谁负责、多长时间完成等训练必需的内容。

（2）分组及任务分解说明（建议时间 10～15 分钟）。

按照训练规则进行分组，角色扮演。

（3）上任与面对问题（本章中的背景案例及可能遇到的各种问题）（建议时间 15～20 分钟）。

① 背景案例中，小明如何为朋友的餐厅进行市场细分？

② 请你帮小明的朋友进行目标市场选择策划。

③ 请你帮小明的朋友进行市场定位策划。

④ 请帮小明整理一下学习本章的收获。

（4）分析、创意会议与策划方案设计（建议时间 80～100 分钟）。

对以上遇到的问题召集小组会议，逐项进行分析、创意，制定策划方案，指定相应成员书写完善。

① 会议主题：

② 会议形式：

③ 时间控制：

④ 策划、创意：

⑤ 策划方案：

（5）策划方案要点讲解与小组讨论点评（建议时间 20～30 分钟）。

主要内容包括本次训练过程描述、目标任务的实现度、策划方案要点讲解、小组成员讨论点评与小组活动总结、不足之处在哪里、如何改进等。

（6）讲师点评：讲师按照练习、小结（指出正误）、再练习、再小结……直到掌握的程序，对练习进行总结讲评。

（7）对各个小组考核评价（建议时间 20～30 分钟）。

考核组对各个小组上交的材料，结合考核组对其实际记录及表现进行评价。各个小组需上交给考核组的材料主要有：训练议程安排；分组分工及角色扮演名单；所面临的问题清单；每个问题的解决方案；会议记录；各角色与小组训练活动总结报告等。考核组对每个小组及每个人的实际表现、内容掌握深度、目标实现度等进行记录。

5.5　测试与评价

（1）进行细分市场一般包括哪些步骤？

（2）市场定位策划的误区有哪些？

（3）作为市场领导者可以从哪些方面来进行市场防御？

（4）市场进攻策略有哪些？利用策划的基本要素设计一份改善校园环境的方案。

第 6 章

产品策划

学习任务与目标

- ❖ 了解产品整体概念
- ❖ 掌握产品策划的常用方法
- ❖ 能够进行产品品牌策划

案例 6-1

一次失败的新产品开发与推广

大豆低聚糖是从优质大豆中萃取的一种成分，这种成分有利于人体肠道内有益菌的生成，并抑制有害细菌，平衡肠道功能，对治疗肠道的各种疾病，特别是对便秘等病症有着比较明显的效果。

当今社会，随着竞争的加剧，人们的工作压力、生活压力越来越重，节奏越来越快，必要的室内、户外活动也越来越少，导致了各种疾病的发生。最明显的表现为失眠、厌食、便秘等症状。如何“吃得好、睡得香、排得畅”，成为人们衡量身体状况的一个标准。肠道功能状况又是影响这几个方面的重中之重。从以上情况看，“大豆低聚糖”的市场空间是非常广阔的，特别是在有较大压力的青年白领和中老年人当中。

山东某生物工程公司正是看准了这一广阔的市场空间，及时推出了新产品，并在化学的基础上把新产品命名为“××大豆低聚糖”。该公司为这一产品投入了大量的人力、物力、财力，也寄予了很大的希望。在媒体选择上，在山东本地特别是济南投放的广告量非常大：山东卫视、影视等几个频道上轮番轰炸，《齐鲁晚报》、《济南日报》等报纸连篇累牍，终端 POP 海报、宣传单铺天盖地。在宣传上，主要的诉求点设定为治疗肠道疾病和便秘。同时，公司还打出了买 98 元一瓶的“××大豆低聚糖”就赠 100 元猪肉的促销广告，鼓励消费者购买该产品。

该公司采用了种种手段，不遗余力地推广“天松大豆低聚糖”，可仅仅短短的几个月后，该产品就风光不再，偃旗息鼓了。

（资料来源：汤少梁. 医药市场营销学. 科学出版社）

该公司为什么会失败呢？真是应了一句广告词：“产品好不好，别看广告，看疗效”。

6.1 产品整体策划

顾客购买产品，一是要其具有实质性，二是要其具有实体性，三是要其具有延伸性，即产品整体性。

6.1.1 产品整体的概念

案例 6-2

奔驰汽车公司认识到提供给顾客的产品不仅是一个交通工具，还应包括汽车的质量、造型、功能与维修服务等，以整体产品来满足顾客的系统要求，不断创新，从小轿车到255吨的大型载重车共160种，3700多个型号，“以创新求发展”是公司的一句流行口号，推销网络与服务站遍布世界大多数大中城市。

奔驰汽车公司依靠一流的产品、一流的技术、一流的质量、一流的服务为其赢得了整个世界。

1. 产品及其特点

产品是市场营销活动的轴心，企业在整个市场营销过程中都离不开产品。消费者和生产者往往从各自的角度出发来看待产品，他们都把产品视作一种媒介。消费者希望通过这种媒介满足自己的某种需求，生产者则通过它来获取利润。此外，销售者也从自己特有的需要出发，对产品寄予不同的期望。

产品就是为顾客提供某种预期效益而设计的物质属性、服务和标记的组合。该定义具有以下两个特点。

（1）广泛性：定义中的“预期效益”既可指消费者的需求、欲望，也可指再加工、转手后贸易者所期望获取的利益。这使得该定义既能适用于消费品，也能适用于工业品；不仅适用于零售市场，同时也适用于批发市场。

（2）完整性：“物质属性、服务和标记的组合”指出了一个完整的产品是有形物体与无形部分——服务、包装，甚至是某种情趣、魅力的组合。

通过上述对产品的定义能够发现，产品实际上是一种载体，通过它，消费者得到了使用价值，企业得到了增值。所有能给双方带来价值的东西都是产品。许多企业所持有的产品概念往往偏向于产品的有形实体，忽视了产品的无形部分及其内涵。这种狭窄的产品概念直接影响企业的市场开拓和新产品的开发能力，进而阻碍企业的长期发展。

2. 产品整体的含义

从市场营销的角度来认识产品整体的含义，应包括核心产品（实质性）、有形产品（实体性）和无形产品（延伸性）三个层次。

（1）核心产品。

所谓核心产品是指产品提供给消费者的基本效用。核心产品是埋藏在产品之内、隐藏在消费行为背后的东西。它是需要营销者反复认真思考“顾客究竟为什么要购买我的产品”这一问题，才能把握住的东西。著名的推销专家海因兹·戈德曼曾经指出，相当数量的推销员根本不知道他们推销的是什么产品。这句话指的是大多数推销员根本没有考虑到核心产品的问题。

（2）有形产品。

有形产品是指产品的物质实体（若是劳务产品，指的是服务过程），以及能被消费者各感官感知的部分。对于大部分产品来说，消费者可凭视觉感知，有形产品由此得名。对于一些特殊商品，还应有特殊要求，如食用产品自然还应包括口味。通常，有形产品反映在产品的商标、质量、包装、款式、价格等方面。值得一提的是，即使是劳务产品，也可以具有某些“有形”特征。有形产品是产品的物质基础，其重要性不容否认。

（3）无形产品。

无形产品也称附加产品，或称为支持性服务部分，是指营销者为客户提供的附加服务和附加利益。它包括安装、维修、培训、及时送货、担保、备用件等方便使用的一系列服务项目。

产品的附加内容是企业在市场营销活动过程中逐渐把握购买者“整体消费系统”的结果，是营销者设身处地为消费者考虑的结果。在商品竞争激烈的现代社会里，产品的附加部分已成为主要的竞争手段。西奥多·莱维特曾经说：“现代竞争不在于各家企业在其工厂中生产什么，而在于它们能为其产品增加些什么内容——如包装、服务、广告、客户咨询、融资、送货、仓储，以及人们所重视的其他价值。每一个企业应寻求有效的途径，为其产品提供附加价值。”

重视产品的附加部分，一方面，它为消费者带来了附加利益；另一方面，它还有利于引导、刺激消费者的购买欲望，并且能帮助企业完善和开发产品，增加企业的适应力、竞争力，获取高附加值。

案例 6-3

家电行业是中国最为成熟，竞争最为激烈，被认为最不适合洋品牌生存的领域。但作为全世界白色家电巨人的伊莱克斯公司，却以连续两年 200%的速度增长，并进入了中国冰箱市场的第一阵营，这一成绩在一定程度上得益于其产品整体概念的成功运用。

核心产品：冷藏、保鲜。以伊莱克斯鲜风系列冰箱为例，可适应不同蔬菜、水果的保鲜需求，随时调整湿度控制器，控制果菜盒内的湿度，最大限度地保持水果及蔬菜的水分。

有形产品：伊莱克斯公司注重宣传品牌，有一段时期在冰箱行业中其电视广告时间最长、次数最多；针对中国人居室普遍较小的情况，伊莱克斯公司选择“静音”作为进入千家万户时的切入点，形象地描述为“比撕破一张纸的声音还低”；同时，大力推广省电奇兵系列冰箱，并告诉消费者：“付出不要太多，20 瓦灯泡的消耗”。

无形产品：针对冰箱进入更新期，推出“超值弃旧，以旧换新”的活动；针对城市新婚家庭，推出“有情人蜜月有礼”活动；另外，提出“每天省一个鸡蛋”对于用户也是一种提醒，让消费者感觉到，伊莱克斯公司的员工不是只在产品有故障时出现，买了伊莱克斯冰箱，就成为伊莱克斯大家庭中的一员；伊莱克斯还推出私人家电保养的理念，除了超过国家三包规定的10年保修服务以外，还将享受由基金会培训的私人家电保养师的专业咨询和定期回访等服务。

产品整体概念为伊莱克斯产品在中国的成功登陆立下了汗马功劳。产品整体概念在一定的程度上就是顾客需求将得到满足的具体表现。

总之，产品整体概念包括有形的与无形的、物质的与非物质的、核心的与附加的等多方面的内容。它不仅给顾客以生理上、物质上的满足，而且要给予心理上、精神上的满足。产品整体概念体现了以顾客为中心的现代市场营销观念，只有懂得产品整体的含义，才能真正贯彻市场营销观念的要求，全面满足顾客的需要，同时提高企业的声誉和效益。

6.1.2 产品整体策划的要点

如果对产品整体策划得好，企业就会从起跑线开始领先于竞争对手，企业可以在相当长的一段时间里处于市场的“无竞争”状态。在产品整体策划时应注重以下几个方面。

1. 要体现以顾客为中心的现代市场营销观念

现代企业产品外延的不断拓展缘于消费者需求的复杂化和竞争的白热化。在产品的核心功能趋同的情况下，谁能更快、更多、更好地满足消费者的复杂利益整合的需要，谁就能拥有消费者，占领市场，取得竞争优势。不断地拓展产品的外延部分已成为现代企业产品竞争的主要方式，消费者对产品的期望价值越来越多地包含了其所能提供的服务、企业人员的素质及企业整体形象。目前发达国家企业的产品竞争多集中在附加产品层次，而发展中国家企业的产品竞争则主要集中在期望产品层次。若产品在核心利益上相同，但附加产品所提供的服务不同，则可能被消费者看成是两种不同的产品，因此也会造成两种截然不同的销售状况。

案例 6-4

斯沃琪手表自问以来，销售一直很成功。然而，更让人津津乐道的是它的市场定位和独特推销手段。斯沃琪手表将客户定位于年轻、有活力并追求时尚潮流的人，在价值上突出高档次，在产品设计上追求款式独特、色彩靓丽、质量上乘。为了烘托这一定位，斯沃琪公司每年都要推出有数量限制的款式手表，但是斯沃琪公司得到的订单数量要远远大于生产数量，所以只能用抽奖方式来决定谁能够幸运地成为购买者。如果有人想要得到以前生产的款式，那么只能到著名的克里斯蒂拍卖行里去竞买了。而在米兰的时尚街，能够进入斯沃琪商店的参观者是要抽签决定的。更有甚者，曾经有许多公司与斯沃琪公司接触希望在斯沃琪手表上附上自己的标志，迄今为止，只有可口可乐公司达到了这一愿望。随着竞争的强化，无论是产品定位还是推销手段，都在烘托品牌和强化价值上加大力度，追求最佳效果。斯沃琪手表高档次并追求风格差异的市场定位，在推销手段上又佐以不同凡响的方式，起到了画龙点睛的作用。

2. 对企业没有前途的产品要敢于说“不”

企业运营一个产品，就像建造一座大厦一样，如果根基不好，其他表面的文章做得再好，也是没有用的。对企业没有前途的产品要敢于说“不”：要么放弃，重新推出新的产品；要么引导并配合企业进行改进，直到产品本身具有顽强的市场生命力为止。策划产品不能在起跑线上就输给竞争对手，否则，即使以后的营销策划水平再高，产品也不能长久。

对企业的产品说“不”需要勇气，因为这个产品是企业的“孩子”，甚至是由企业当家人亲自发明的，其中有一个“感情”的问题。如果你否定了这个产品就会面临两种尴尬的局面：① 企业在感情上难于接受。② 会指责你这个策划人无能。事实上，策划人并不是神，如果企业产品和其他优质产品相比，差别不是太大，策划人是有办法帮企业打赢这场营销战的；如果企业产品和其他优质产品相比差距很大，或者说企业产品毫无市场前途，那将是谁也没有办法做好的事。这时，敢于对企业产品说“不”的策划人，才是有创意、有胆略的策划人。

案例 6-5

某策划人曾经为深圳一家企业服务。这家企业生产了一种儿童用的腰带，这种腰带对脾胃功能较差的儿童有保健作用。企业为这个产品已经投入了数十万元，但回款却只有几千元。这位策划人在接受这个产品后，先对它做了详尽的市场调查，并得出了以下几个结论。

① 腰带太厚。深圳天气热，腰带太厚，父母怕小孩热着。

② 通过透皮给药治疗脾胃虚弱见效慢。尽管这种给药途径副作用小，但是爱子心切的父母还是更愿意给小孩使用见效更快的产品。

③ 深圳是一个新移民城市，婴幼儿较少。

④ 价格过高。一条腰带上百元，与相同功能的保健品或药品相比太贵。

策划人感觉到，对这一产品即使投入再多的钱也是白费，于是就建议厂家放弃这个产品，并引导厂家推出一种“消斑面膜”，结果取得了成功，也使得该公司走出了困境。

3. 改进产品，创造优势

如果企业暂时还没有“首创”的新产品，那就应该想办法对原来的产品进行改进，使它比所有的同类产品都有明显的优势或改进，并且让这一优势与改进技术为本企业的产品所独有。这样，后面进行的市场营销策划工作就有了坚实的基础。

案例 6-6

“复方丹参片”的生产厂家有许多，它是一个传统的中成药。天士力公司首先在产品上做文章，改片剂型为滴丸剂型使得新产品在起效速度等药效指标上比原片剂型有了明显的改进。这样，企业在为“复方丹参滴丸”做宣传时称它是“现代中药”，并且企业通过改进产品获得了较大的经济效益。

即使企业的产品不能够比其他所有的同类产品都有明显的优势，也应该努力使自己的产品成为许多具有明显优势的产品中的一个，再对该产品进行成功的策划与运作，企业仍然有很多的机会在市场上取得突破。

6.2 产品品牌策划

每个品牌都是企业个性化的标志。它不仅代表企业的形象，代表企业过去的发展历程，它还传播着企业的某些新信息，代表着一种生活方式。对许多企业而言，品牌甚至是企业的生命。现在品牌战略已经被越来越多的企业所重视。

6.2.1 品牌的概念、类型与意义

1. 品牌的概念

品牌，俗称牌子或厂牌。美国市场营销协会（AMA）对品牌的定义是：品牌是一个名称、术语、符号或图案设计，或者是它们的不同组合，用以识别某个或某群消费者的产品或劳务，使之与竞争对手的产品和劳务相区别。品牌是一个笼统的总名词，它包括品牌名称、品牌标志、商标等。品牌名称，是指品牌中可以用语言称呼表达的部分。品牌标志，是指品牌中可以识别但不能直接用语言表达的部分，通常用一些图形、符号、色彩等特殊的设计来表示。

2. 品牌的类型

（1）品牌按照使用主体的不同可分为制造商品牌和中间商品牌。

① 制造商品牌是由制造商对其产品亲自命名的品牌，如“小天鹅”、“海尔”、“长虹”、“娃哈哈”等。在我国知名品牌中大多数都为制造商品牌。

② 一些大型的零售商和批发商也开发出它们自己的品牌，称为中间商品牌或渠道品牌。

（2）品牌按其辐射区域分为区域品牌、国内品牌、国际品牌。

① 区域品牌是指在一个区域内的产品品牌，只在当地人中享有声誉，拥有较高的地区市场占有率，如“燕京啤酒”。

② 国内品牌是指在国内知名度和美誉度比较高的品牌，它相对区域品牌来说更具有竞争力，比如“红塔山”、“长虹”、“春兰”、“双星”等。

③ 国际品牌是指在国际市场上知名度、美誉度较高的品牌，此类品牌具有很强的竞争力，比如“可口可乐”、“肯德基”、“劳力士”、“万宝路”、“联想”、“海尔”等。

（3）品牌按其持续时间的长短可分为短期品牌、长期品牌、时代品牌。

① 短期品牌是指品牌持续时间短，只在一段时间内有一定知名度的品牌。

② 长期品牌是随着产品的生命周期的更替而变化的品牌。

③ 时代品牌是指在某一个时代经久不衰的品牌。

3. 品牌在市场营销中的意义

（1）品牌对生产者的意义。有助于产品的销售和占领市场；有助于稳定产品的价格，减少价格弹性，增强对动态市场的适应性，减少未来的经营风险；有助于市场细分，进而进行市场定位；有助于开发新产品，节约新产品投入市场的成本；有助于企业抵御竞争者的产品

竞争，保持竞争优势。

（2）品牌对消费者的意义。有助于消费者识别产品的来源或产品制造厂家；有助于消费者避免购买风险，降低消费者购买成本；有利于消费者形成对某些品牌的偏好。

（3）品牌自身的意义在于其所具有的巨大的无形资产价值。正如可口可乐公司所说，即使其厂房被全部烧毁，只要“可口可乐”这个品牌在，消费市场就不会消失。随着中国市场经济地位的确立，同类产品种类日益丰富，市场竞争越来越表现为品牌竞争。中国市场上也涌现了许多国有品牌：健力宝、娃哈哈、联想、海尔、青岛啤酒、科龙电器、红旗轿车、乐凯胶卷等。然而，也有许多国际大品牌纷纷涌入中国市场：可口可乐、百事可乐、IBM、德国慕尼黑啤酒、飞利浦小家电、松下电器、美国通用汽车、德国大众汽车、日本丰田汽车、柯达胶卷等，都使上述的国内品牌面临着威胁。而此时，国内很多企业对于品牌战略的重要性、品牌的内涵理解不到位，对如何运用企业自身优势建设品牌感到力不从心，有些企业甚至对品牌观念淡薄，这些都不利于企业的持续经营，不利于企业在竞争中取胜。国内市场竞争需要产品品牌，国际市场竞争更需要民族品牌，品牌能够带来忠诚的顾客群，能够带来稳定的市场份额，能够带来强大的竞争力，能够带来巨大的无形价值，能够使企业持续生存。

6.2.2 产品品牌策划的步骤

产品品牌策划一般按照以下六大步骤进行。

1. 品牌化决策

品牌化决策即确定该产品是否需要品牌。在激烈的市场竞争中，使用品牌可以收到多方面的效果。但是，要使一个品牌成功地打入市场，费用往往很大，万一经营失利，便会使企业的信誉和其他产品的销路受到不良影响。有些产品，顾客对它已经有较多的认识，生产商可以不使用品牌来与其他产品相区别。品牌也具有两面性，使用品牌和不使用品牌各有其利弊。

（1）使用品牌策略。大多数公司使用品牌的目的是实施品牌战略，它在市场营销中有以下作用：树立产品形象，并成为新产品上市和推广的重要媒介；通过品牌建立较高的知名度及美誉度，有利于制定较高的价格；品牌的识别作用可以使著名品牌更容易渗透和进入各种销售渠道。

（2）不使用品牌策略。并不是所有的产品都必须使用品牌。在下列情况下，企业可以考虑不使用品牌：同质性产品，例如电力、钢材、水泥等；人们不习惯认品牌购买的产品，例如普通的原材料和零部件等；生产简单，无一定技术标准的产品；临时性或者一次性产品。

2. 品牌归属决策

当决定采用品牌后，还要进一步决定这一品牌归谁所有。对生产商而言有以下三种选择。

（1）使用生产商品牌。生产商使用自己的品牌虽然要花费一定的费用，但是可以获得自有品牌带来的全部利益。由于品牌是一种无形资产，商标是一种工业产权，享有盛誉的生产商可以将其著名品牌资产转让给他人使用，并收取一定的特许使用费。

（2）使用中间商品牌。对于资金薄弱、市场经验不足的企业，如果自身无力发展品牌，为了集中力量更有效地运用其生产资源和设备能力，可以采用中间商品牌。顾客除了依据生产商的品牌还常常依据中间商的品牌选购商品。

（3）混合品牌。生产商品牌与中间商品牌共同使用，以兼顾两种品牌单独使用的优点。有些大型商业企业想建立自己的品牌，以便更有效地控制价格，控制生产商。但为了获得顾客的信任，维持高水平的品质，不得不使用生产商的品牌。

3. 品牌质量决策

企业决定使用自己品牌时还要考虑使用何种质量的品牌，以保持该品牌在市场上的地位。品牌质量是指使用该品牌的产品质量，例如耐久性、可靠性、精确性、易于操作性和便于修理等有价值的属性。可以选择的品牌质量策略有下面三种。

（1）不断提高品牌品质。企业在考虑其生产能力及其技术工艺可行性的基础上，不断提高品牌品质，可能取得更高的投资回报和市场份额。

（2）努力保持品牌质量。若品牌初始质量经过时间的考验，仍能适应目前市场及可预测的未来市场的情况，企业可保持品牌原有的质量水平。

（3）逐渐降低品牌质量。当产品进入衰退期，淘汰已成为定局时，一般认为这是降低品牌质量的时机。

4. 品牌数量决策

企业决定使用自己品牌时还要对使用多少品牌做出决策。有以下两种做法。

（1）使用同一品牌。指一家企业的各种产品都以同一品牌推入市场。同一品牌使得推广新产品的成本降低，不必为创造品牌的接受性和偏爱性支付昂贵的广告费用。

（2）使用个别品牌。指企业根据不同的产品使用不同的品牌。该策略的主要优点是不致将企业的声誉过于紧密地与个别产品相联系，万一该产品失败，不会对企业整体造成不良的影响。

5. 品牌延伸决策

这种策略是指企业尽量利用已获得成功的品牌的声誉推出改进型产品或新产品，这是品牌使用的一种特殊策略。具体有以下两种做法。

（1）纵向延伸。先推出某个品牌，当这个品牌取得成功以后，再推出新的经过改进的该品牌品种，同时改进新的包装规格、新的口味和式样等。

（2）横向延伸。把成功的品牌用于新开发的不同产品。

6. 多重品牌决策

企业可以采用对同一产品使用两个或两个以上的品牌。

采用多种品牌的好处是，能够使得产品在零售的橱窗和货架上获得更多的陈列面积；增加零售公司对生产企业的依赖性；能够迎合部分消费者的求新心理。

采用多品牌策略的原则：是否能为新产品找到足够的说服购买的理由；新产品将会从原

来的其他品牌中夺得多少销路；新品牌的销售收入，是否足以弥补新产品的市场开发和促销费用。

案例 6-7

哈尔滨制药六厂是 1988 年由原哈尔滨制药六厂与七厂合并而成立的。在哈尔滨制药六厂 2000 年 21 亿元的销售收入中，“盖中盖”产品收入为 10 亿元，“严迪”产品收入为 6 亿元。哈尔滨制药六厂后来想将“华康”这个品牌用于所有的产品。事实上，几乎没有多少人知道“华康”，尽管它一直存在。“华康”正是该厂大部分产品的品牌，而“盖中盖”、“严迪”仅仅是注册的药名，但在该厂所有的产品广告中，一直弱化了“华康”这个品牌。据介绍，1988 年，原哈尔滨制药六厂与七厂合并成新厂后，便开始按这种方式运作广告，前期还有维生素 E 盐酸脂胶囊以及“纯中纯”纯净水等，做一个，成功一个，从未失手。一般来说，这种“卖一个产品打一个品名，不突出品牌”的单品销售策略谈不上科学性。经过 2000 年“盖中盖”广告风波之后，“盖中盖”月销售量大幅跌落，在危机之时“严迪”依托广告迅速跟进，基本维持了该厂正常的现金流。“你又不得不承认这种策略确实成功了。”该厂副厂长杜滨通说，“如果‘盖中盖’当初叫‘华康盖’，而‘严迪’叫‘华康消炎灵’之类的话，经此一劫，‘华康消炎灵’绝不可能这么快地挑起哈尔滨制药六厂的大梁”。

品牌是一个企业长期经营、沉淀于市场和顾客心中的东西，其核心不是广告有多好，而在于产品品质的优良。

6.3 产品服务策划

在日趋激烈的市场竞争中，产品服务成为各个企业的有力工具，因为它在一定程度上起到了企业与顾客之间的纽带作用，所以，产品服务策划就显得尤为重要。

1. 服务的概念

服务是指用于出售或者与产品在一起进行出售的活动、利益或满足感。可根据服务活动的本质、服务机构同顾客之间的关系、在服务过程中服务提供者选择服务方式的自由度大小，以及服务本身对顾客需求的满足程度、服务供应与需求的关系、服务推广的方法等多种标准，对服务进行分类。服务具有无形性、相连性、易变性、时间性、无权性等特点。服务市场营销组合由产品（product）、价格（price）、地点或渠道（place）、促销（promotion），以及人员（people）、有形展示（physical evidence）、过程（process）七个要素组成。

2. 产品服务策划的方法

案例 6-8

某酒店内，5 月 19 日，一位住店客人将自己的行李箱寄存后向行李员小丰询问机场大巴的时间。小丰提醒客人需要根据航班时间才能查询大巴时间。客人说：“哦，那等我买了机票再说吧！”一听到这里，小丰立即引领客人到售票处，说：“先生，这里卖机票，还可以咨询机场大巴等信息！”客人谢过小丰便在票务处买了票。细心的小丰也记住了客人明日所要乘坐大巴车的出发时间。20日下午，小丰上班核对行李时，见该位客人的行李箱依旧未取，一看表：离大巴车出发时间还有半个小时，小丰脑子立即绷了一根弦。打扫岗位卫生后，时间还剩20多分钟，客人还没来，小丰便立即根据寄存卡上的信息打电话到客人房间提醒客人，只听客人着急地说：“我知道了，我的一个行李箱忘了放哪儿了，找到后就下去退房！”小丰再次提醒：“是不是您昨日寄存的行李箱啊！”此时客人才恍然大悟！边笑边说自己一着急给忘了！为了能为客人迅速退房，小丰提前与总台和客房沟通，自己在电梯间等客人。几分钟后客人顺利退房，小丰又帮客人拖着行李，直至将客人送上大巴车！客人非常感动，上车时连连向司机感叹酒店的服务好！

酒店的服务宗旨是“宾客至上，服务第一”。许多酒店在实际经营当中，在产品与服务策划时都会将客人的利益放在首位。以上案例中的小丰，就是将“宾客至上，服务第一”的服务理念融入到了具体事务中。在进行酒店产品与服务策划时，客人的意见是至关重要的。多数时候，客人是通过一些“微小动作”来表达对酒店产品服务的意见。例如，客人觉得枕头低了，会将枕头对折使用；觉得空调不够暖和，会多使用一床被子；觉得菜肴不合口味，会不动筷子。对客人的这些小动作，只有酒店各部门中与客人接触的一线员工清楚。因而，从产品服务策划的角度来说，给员工创造一个轻松愉快的工作环境，建立一个畅通的酒店内部信息沟通系统就显得极为重要。重视员工的意见，才能真正了解顾客的意见。这样做才不会再出现前面发生的事，酒店才能更好地实现客人的利益，最终实现酒店的效益。

一流的服务来自于一流的员工与一流的条件。满意的员工创造满意的顾客。希尔顿饭店一流的设施、微笑的服务，都说明服务对企业、顾客的重要性。

6.4 产品组合策划

企业产品的广度、深度和相关性的组合与变化，能使企业不断地适应市场，满足不同的顾客需求。

1. 产品组合的概念

所谓产品组合，是指一个企业生产经营的全部产品项目和产品线的组合方式，即企业的业务经营范围。其中，产品项目是指每一个具体的产品；产品线由满足同类需求的，而规格、款式、档次不同的一组密切相关的产品构成。产品组合包括三个变化因素：广度、深度和相关性。

（1）产品组合广度。

产品组合广度也称产品组合宽度，是指企业经营多少条产品线。如某企业拥有彩色电视机、VCD视盘机、冰箱等多种生产线；另一个企业只生产冰箱，即只有一条生产线。那么，前者就比后者的产品组合要广。一般来说，产品线越多则产品组合越广；反之，就越窄。

（2）产品组合深度。

产品组合深度，是指企业经营的各种产品线上平均具有的产品项目数，多者为深，少者为浅。如果上述产品组合较广的企业生产 4 种型号的彩色电视机、2 种型号的 VCD 视盘机、6 种型号的冰箱，则这些产品线上产品项目的平均数为 4，企业产品组合深度为 4。

（3）产品组合的相关性。

产品组合的相关性，是指各种产品线在最终用途、生产条件、分销渠道等方面的相关程度。例如，某日用品公司拥有香皂、洗衣粉、肥皂等多条生产线，但每条生产线都与日用品有关，这一产品组合就具有较强的相关性。一般进行多元化经营的公司，其产品的相关程度很小，甚至毫无关联，则其产品组合的相关性就较小或不相关。

2. 产品组合策划的要点

产品组合的广度、深度和相关性不同，构成不同的产品组合。分析产品组合的这三个因素，有利于企业更好地利用产品组合进行策划。

（1）企业增加产品组合广度（增加产品大类，扩大经营范围，甚至跨行业经营，实行多元化经营），可以充分发挥企业的优势，使企业的设备技术和劳动力等资源得到充分利用，提高经济效益；此外，实行多元化经营还可以减少风险，提高企业对市场的适应能力和竞争能力。例如，我国第一拖拉机厂，充分利用加工能力和设计力量，除生产传统拖拉机外，还生产了筑路机械、建筑机械、汽车、自行车等系列产品，充分发挥了大型企业的优势，适应了市场竞争需要。

（2）企业增加产品组合深度（增加产品项目，增加产品的花色、款式、规格等），可以迎合广大消费者的不同需求和爱好，以把握与吸引更多的顾客。

案例 6-9

小王来沈阳打工已经五六年了，工作很辛苦，但每月的工资除去吃饭、房租等日常开支外却所剩无几。他所租住的小区边上有一所小学，他发现每到学生上下学时，就有许多小贩在卖炸香肠、炸鸡翅等风味食品，投资不大，却生意很好。小王狠狠心，投资几千元办理了一个串串烧小摊点。开始生意还不错，可时间一长，吃的人越来越少，急得他不知如何是好。于是，他跑到城市中其他摊点去看了好几天，终于找到了原因：①品种少，全是肉类，学生吃一两次就腻了。②而且口味单一，调味品主要是辣椒粉，没有风味。找到了症结后，他增加了各种蔬菜、海鲜品种，迎合了消费者的心理；为改变口味单一的局面，花高价买回一个配方，经过多次调试和改进，制成了一种由十几种香料组成的多味组合调料，学生们在吃的时候，可以有不同的选择，形成了自己的独特风味。小王的生意现在越做越好，他已经在几个小区门口都有了自己的串串烧摊点。

（3）企业增加产品组合的相关性（使各个产品大类在最终用途、生产条件、分销渠道等方面密切关联），可以提高企业在某一地区、行业的声誉。

6.5 新产品开发策划

企业无创新就等于坐以待毙，新产品开发是企业创新的主要表现。要保持产品优势的持续发展，就必须建立卓越的新产品开发流程。而新产品开发流程的目标是将创新的产品尽快地推向市场。

6.5.1 新产品开发的任务与原则

新产品开发要坚持“生产一代，试制一代，研究一代和构思一代”的思路，保持产品的持续升级换代，这对企业保持产品优势、开拓新市场、提高经济效益等方面起着决定性的作用，是企业在激烈竞争中赖以生存和发展的命脉。

案例 6-10

雀巢公司是瑞士最大的工业企业，也是全球规模最大的食品企业。但谁能想到雀巢公司曾经经历过一段艰难困苦的岁月。1977 年，一场消费者抵制雀巢食品的运动由美国开始并且蔓延至 10 余个工业化国家。在 1975—1980 年间，公司平均利润增长仅为 2.2%，远低于美国通用食品公司 8.3%的增长率。

1982 年，61 岁的赫尔穆·莫彻尔出任雀巢公司总裁。他根据全球食品工业新的需求，采取了一系列新产品开发战略：① 增加新品种。为解决众口难调的问题，在传统速溶咖啡的基础上，雀巢公司推出了适合不同口味的多种咖啡，如全质咖啡、特浓咖啡、咖啡知己等。② 开发速冻食品。在单身职工和双职工家庭日益增多的今天，雀巢公司大胆地推出速冻食品，并大获成功。为提高速冻食品的口味，还聘请了烹调大师担任芬达斯系列冷冻食品的监厨。③ 开发宠物食品。随着饲养宠物的家庭越来越多，对宠物食品的需求与日俱增，其利润非常可观。如今，雀巢公司已占领世界宠物食品市场的半壁江山。④ 重视食品研发。雀巢公司在世界各地设立了近 20 个研究所，专门研究适合当地居民口味的食品。而且还设置专门研究小组，研究营养成分与健康之间的关系。终于，这头世界食品工业的“睡狮”被唤醒了。

雀巢公司的崛起主要源自于采取一系列新产品开发战略。企业如果没有创新，终将会被市场淘汰。

1. 新产品的含义

新产品是指在一定地域内从未试制生产过的，具有一定新质的产品。新质是指结构、性能、材质、技术特征等方面有所改进或独创。按创新程度可分为下面三种。

（1）新产品：具有明显技术经济优势，但成本高。

（2）换代新产品：部分地应用了新技术、新材料等。

（3）改进新产品：在原来基础上进行了某些改进。

2. 新产品开发的任务

（1）以市场为导向，通过调查、预测、创新等，提高企业竞争能力。

（2）以增强企业技术素质为目标，改进企业技术储备水平。

（3）以引进为手段，开发出世界先进水平的产品。

3. 开发新产品的基本原则

（1）从满足顾客的需求为基本出发点。
（2）符合国家技术经济产业政策。
（3）坚持技术上的适宜，并适合国情与企业情况。
（4）坚持经济上的合理性，以最少的费用实现技术目标。
（5）提高通用化、标准化、系列化的水平。
（6）便于制造与使用。

6.5.2 新产品开发策划过程

一个完整的新产品开发策划过程要经历以下八个阶段。

1. 新产品构思的产生

进行新产品构思是新产品开发的首要阶段。构思是创造性思维，即对新产品进行设想或创意的过程。缺乏好的构思已成为许多行业新产品开发的瓶颈。一个好的构思是新产品开发成功的关键。企业通常可以从企业内部和企业外部寻找新产品构思的来源。企业内部人员包括：研究开发人员、市场营销人员、高层管理者及其他部门人员。这些人员与产品的直接接触程度各不相同，但他们总的共同点是熟悉企业业务的某些方面。他们对企业提供的产品与外部人员相比有更多的了解与关注，因而往往能针对产品的优缺点提出改进或创新产品的构思。企业可以寻找的外部构思来源有：顾客、中间商、竞争对手、企业外部的研究开发人员、咨询公司、营销调研公司等。

2. 新产品构思的筛选

新产品构思的筛选是采用适当的评价系统及科学的评价方法对各种构思进行分析与比较，从中把最有希望的构思挑选出来的一个过滤过程。在这个过程中，首先做到去除亏损最大和必定亏损的新产品构思，再选出潜在赢利大的新产品构思。构思筛选的主要方法是建立一系列评价模型。评价模型一般包括：评价因素、评价等级、权重和评价人员。其中确定合理的评价因素和给每个因素确定适当的权重是评价模型是否科学的关键。

3. 新产品概念的形成

新产品构思是企业创新者希望提供给市场的一些新产品的设想。新产品设想只是为新产品开发指明了方向，必须把新产品构思转化为新产品概念才能真正指导新产品开发。新产品概念是企业从消费者的角度对产品构思进行的详尽描述。即将新产品构思具体化，描述出新产品的性能、具体用途、形状、优点、外形、价格、名称、提供给消费者的利益等，让消费者能一目了然地识别出新产品的特征。因为消费者不是购买新产品构思，而是要购买新产品。新产品概念的形成过程即把粗略的产品构思转化为详细的产品概念。任何一种产品构思都可转化为几种产品概念。新产品概念一般可通过对新产品构思提出问题，再进行回答的方式来形成。对以下三个问题的回答不同，可形成的新产品概念也不同：谁使用该产品？该产品提供的主要利益是什么？该产品适用于什么场合？

4. 制定营销战略规划

对已经形成的新产品概念制定营销战略规划是新产品开发过程的一个重要阶段。该规划将在以后的开发阶段中不断完善。营销战略规划包括三个部分：第一部分是描述目标市场的规模、结构和消费者行为，新产品在目标市场上的定位、市场占有率及前几年的销售额和利润目标等；第二部分是对新产品的价格策略、营销策略和第一年的营销预算进行规划；第三部分则描述预期的长期销售量和利润目标，以及不同时期的营销组合。

5. 商业分析

商业分析的主要内容是对新产品概念进行财务方面的分析，即估计销售量、成本和利润，判断它是否满足企业开发新产品的要求。

6. 产品实体开发

产品实体开发主要解决新产品概念能否转化为在技术上和商业上可行的产品这一问题。它是通过对新产品实体的设计、试制、测试和鉴定来完成的。根据美国科学基金会调查，新产品开发过程中的产品实体开发阶段所需的投资和时间分别占开发总费用的30%、总时间的40%，且技术要求很高，是最具挑战性的一个阶段。

7. 新产品试销

新产品试销的目的是对新产品正式上市前所做的最后一次测试，且该次测试的评价主要是通过消费者的货币来反映。通过市场试销将新产品投放到有代表性地区的小范围的目标市场进行测试，企业才能真正地了解该新产品的市场前景。市场试销是对新产品的全面检验，可为新产品是否全面上市提供全面、系统的决策依据，也为新产品的改进和市场营销策略的完善提供启示，有许多新产品是通过试销改进后才取得成功的。

新产品市场试销的首要问题是决定是否试销，并非所有的新产品都要经过试销，可根据新产品的特点及试销对新产品的利弊分析来决定。如果决定试销，接下来是对试销市场的选择，所选择的试销市场在广告、分销、竞争和产品使用等方面要尽可能地接近新产品最终要进入的目标市场。第三步是对试销技术的选择。常用的消费品试销技术有：销售波测试、模拟测试、控制性试销及试验市场试销。工业品常用的试销方法是产品使用测试，或通过商业展览会介绍新产品。第四步是对新产品试销过程进行控制，对促销宣传效果、试销成本、试销计划的目标和试销时间的控制是试销人员必须把握的重点。最后是对试销信息资料的搜集和分析。如消费者的试用率与重购率，竞争者对新产品的反应，消费者对新产品性能、包装、价格、分销渠道、促销方式等的反应。

案例 6-11

1985 年，可口可乐公司在激烈的市场竞争下决定以“新可乐”取代传统可乐，并停止传统可乐的生产和销售。当年 4 月新可乐正式上市，市场反应非常好。但在新可乐上市 4 小时后，可口可乐公司接到了650个抗议电话，到了当年5月中旬，可口可乐公司每天接到的抗议电话达到5000余个。在市场上，新可乐的销量远远低于可口可乐公司的预期值，不少瓶装商强烈要求销售传统的可口可乐。市场调查部门也注意到，70%的可口可乐饮用者已不再购买可口可乐。可口可乐公司的决策者们不得不认真考虑问题的严重性，决定恢复传统可口可乐的生产。经过这一番动荡后，可口可乐公司无比地珍视这一品牌。一个拥有99年历史且广为传播的产品已不再是一种简单的商品，它已经形成了一种文化、一种象征，其价值已深深地植根于消费者内心深处。

可口可乐的新产品通过试销后，市场反映出对其的排斥与对传统可乐品牌的认知，使得可口可乐公司不得不将新可乐退市。企业在新产品开发与推广中应慎重。

8. 商品化

新产品的商品化阶段的市场营销运作，企业应在以下几方面慎重决策：① 何时推出新产品？针对竞争者的产品而言，有三种时机选择，即首先进入、平行进入和后期进入。② 何地推出新产品？③ 如何推出新产品？企业必须制订详细的新产品上市营销计划，包括营销组合策略、营销预算、营销活动的组织和控制等。

6.6 模拟“仿真训练”

BEST 训练（营销策划者的一天）

6.6.1 BEST 训练规则

（1）将学员分为 5～6 人一组的小组，各小组指定（或推荐）一名学员为负责人来组织营销策划活动，下一次活动时更换人员，力求人人都能得到训练。每个小组为一个相对独立班组，根据训练背景内容的不同，每人扮演不同的角色。

（2）训练内容与范围：各类企业的营销策划者在一天中，可能遇到的各种与背景案例及本章内容相关的问题。

（3）小组活动的总时间定为 4 小时（其中前两个小时为小组开展活动的准备时间，不在训练方案时间表中体现），由小组负责人与成员一起按照 BEST 训练标准流程讨论、制订训练方案时间表。训练方案时间表要求格式化，容许有 10%的调整弹性。

（4）训练标准流程：① 训练规则说明；② 分组及任务分解说明；③ 上任与面对问题（本章中的案例及可能遇到的各种问题）；④ 分析与创意会议；⑤ 策划方案设计；⑥ 策划方案要点讲解与小组讨论点评；⑦ 讲师点评。

（5）考核：① 从各小组中各抽出一人组成考核组；② 考核对象为每个小组、每个人（特别是小组负责人）；③ 考核内容：流程考核（小组是否按照训练流程进行训练），时间考核（小组是否按照训练时间表进行训练），角色考核（每个角色扮演的形式与实质技能考核），团队与效果考核（小组整体表现）；④ 考核形式：考核组集体打分；⑤ 考核标准：形式性考核占 40%（包括流程、时间、角色、需要的书面营销策划方案等），实质性考核占 60%（包括小组及个人的实际表现、内容掌握深度、目标实现度等）。

（6）保持各项记录。

6.6.2 BEST 训练的背景案例及场景

案例 6-12

小明学习了一些创新训练方法，其中有一种方法称做组合创新法，即：将两个以上的产品组合起来变成一个新产品。小明想把电话和各种文具等组合进行创意，得到新的产品。请帮小明进行新产品策划。

6.6.3 BEST 训练运行

按照训练的标准流程运行，各个项目内容必需的时间由各小组具体设定。

（1）训练规则说明（建议时间 10～15 分钟）。

主要包括让学员明白为何要训练、训练什么、训练目标是什么、训练规则是什么、如何进行训练、如何进行考核、谁负责、多长时间完成等训练必需的内容。

（2）分组及任务分解说明（建议时间 10～15 分钟）。

按照训练规则与班级人数分组，角色扮演。

（3）上任与面对问题（本章中的背景案例及可能遇到的各种问题）（建议时间 15～20 分钟）。

① 背景案例中小明如何创意出新产品。

② 请你帮小明设计新产品的外观、名称、商标、包装、价格等方案。

③ 请帮小明制定新产品营销策划方案。

④ 帮小明整理一下学习本章的收获。

（4）分析、创意会议与策划方案设计（建议时间 80～100 分钟）。

对以上遇到的问题召集小组会议，逐项进行分析、创意，制定策划方案，指定相应成员书写完善。

① 会议主题：

② 会议形式：

③ 时间控制：

④ 策划、创意：

⑤ 策划方案：

（5）策划方案要点讲解与小组讨论点评（建议时间 20～30 分钟）。

内容主要包括本次训练过程描述、目标任务的实现度、策划方案要点讲解、小组成员讨论点评与小组活动总结、不足之处在哪里、如何改进等。

（6）讲师点评：讲师按照练习、小结（指出正误）、再练习、再小结……直到掌握的程序，对练习进行总结讲评。

（7）对各个小组考核评价（建议时间 20～30 分钟）。

考核组对各个小组上交的材料，结合考核组对其实际记录及表现进行评价。各个小组需上交给考核组的材料主要有：训练议程安排；分组分工及角色扮演名单；所面临的问题清单；每个问题的解决方案；会议记录；各角色与小组训练活动总结报告。考核组对每个小组及每个人的实际表现、内容掌握深度、目标实现度等进行记录。

6.7 测试与评价

（1）举例说明产品各生命周期有哪些不同的特点和营销策划要点。

（2）新产品的策划原则有哪些？

（3）举例说明产品的品牌策略。

第 7 章

价格策划

学习任务与目标

❖ 了解影响价格的要素
❖ 掌握定价的常用方法
❖ 能够进行价格策划

案例 7-1

在中国说起极品冰淇淋，很自然地就会想起价格昂贵的“哈根达斯”。在中国售价超过 100 元的哈根达斯冰淇淋，在美国仅售 2.99 美元，价格相差 4 倍多。哈根达斯冰淇淋在美国属于普通大众的消费品，主要集中在超市和自动售货机销售，只有在纽约这样的大城市才有几个独立餐厅。而北京、上海等六个城市已经拥有 22 家哈根达斯餐厅。为什么同样的产品在中美两国的定价差异如此之大呢？除去哈根达斯冰淇淋 100%由美国进口的因素外，最重要的原因在于哈根达斯冰淇淋的高定价策略。哈根达斯公司认为：品质较高的产品，价格可以不成比例地提高；定价较高的产品，则会使消费者认为产品的品质较高。因此，哈根达斯冰淇淋在美国本土以外的其他国家采取了“极品餐饮冰淇淋”的营销定位。

Yahoo 公司在 1994 年成立之初，其网站提供各种免费的资讯和免费的电子邮件吸引浏览者，以此换取访问人数的增加，扩大自己网站的宣传效果。此时可以看做消费者是零价格享受 Yahoo 公司的服务。当它成为因特网上的重要网站时，Yahoo 公司便开始寻找广告商和资助人，并因此来促进企业的发展壮大，如今 Yahoo 网站以其日均 600 万人次的访问量，在网络市场中获得了与 IBM 等商业巨头合作的筹码。

两个著名的公司走了大相径庭的道路，采取两种不同的定价策略。但它们都成功了，这就是定价的奥秘。一般来说，正确定价是企业提高利润最快、最有效的方法。

7.1 定价的方法和策略

案例 7-2

为什么复印机的专利权属于纽约州罗彻斯特郡的一个无名小公司——哈罗伊德公司（即现在的施乐公司）身上，而不是当时的大印刷设备生产商？那是因为那些大生产商们当时没有看到销售复印机的可能性。他们的计算显示，买这样的机器至少得花4000美元，但是复写纸非常便宜，他们认为没有人会花一大笔钱来买一台复印机。而且，花4000美元买一台设备意味着买机器的人要写拨款申请，提请董事会批准，并附投资回报计算报告，购买程序非常复杂。仅从这两点来看，在当时买这样一台复印机来帮助秘书是不可思议的。施乐公司却不这样认为，而是逆流而上，进行了大量的技术研究工作，设计出了复印机。但是该公司的主要成就在于当时的定价策略。他们当时不是销售复印机设备，而是销售复印机设备所提供的服务：复印。复印一张纸只需5~10美分，复印费用属于办公杂费，秘书可以自行处置，不用上报。于是，施乐公司通过提供复印服务，把复印机的价格分配到复印每张纸的价格中，这就是真正的创新。随着人们对复印机的依赖度增加以及设备成本的下降，复印机这种高成本的办公设备最终走进了各种各样的办公场所。

可以看出，施乐公司的定价策略，是一种颇具创新性的营销方法。

7.1.1 定价的方法

定价的方法，是指企业为了在目标市场上实现定价目标，而给产品制定一个基本价格或浮动范围的方法。企业定价的方法一般有以下三种。

1. 成本导向定价法

成本导向定价法是一种以成本为中心的定价方法。这是我国现阶段最普遍、最基本的定价方法。最常用的有成本加成定价法和收支平衡定价法两种。

（1）成本加成定价法。

成本加成定价法是按照产品成本加一定比例的利润进行定价。生产企业以生产成本为基础，商业零售企业则以进货成本为基础，将一定的利润比率（百分比）加在成本上，从而形成产品的单位销售价格。该定价方法的基本公式是：

单位产品价格=单位产品总成本×（1+成本加成率）

例如，某服装厂全年生产衬衣10万件，产品的单位变动成本为20元，总固定成本为50万元，该企业要求的成本利润率为20%，则产品的价格为：

产品的价格=（20+500 000/100 000）×（1+20%）=30（元）

（2）收支平衡定价法。

收支平衡定价法即保本定价法，这种方法“放弃”了对利润的追求，只要求“保本”。在收支平衡定价法中，产品价格等于平均成本与单位产品的税金之和。该定价方法的基本公式是：

单位产品价格=固定成本÷保本销售量+单位变动成本+税金

2. 竞争导向定价法

竞争导向定价法是以竞争为中心的，以竞争对手的定价为依据的定价方法。常用的方法有以下四种。

（1）低价竞争法。

当战胜竞争者成为企业的首要目标时，企业则可以采用低于生产成本或低于国内市场的价格在目标市场上抛售产品，其目的在于打击竞争者，占领市场。一旦控制了市场，再提高价格，以收回过去“倾销”时的损失，获得稳定的利润。

案例 7-3

沃尔玛的天天低价战略使其成功

零售企业的竞争力应该包括三个层次：竞争的资源、竞争的能力和竞争的优势。提升零售企业竞争力也要从这三个层次入手，这三个层次每一个层次都是不可缺少的。

一是表现层，即竞争优势，它是企业竞争能力的外在表现。其要素都是顾客可以直接感知的，如产品质量、服务实现诺言、价格诚实、沟通守信、分销便利和环境舒适等。

二是中间层，即竞争能力，它是竞争优势形成的内在原因。包括业态创新能力、店铺扩张能力、营销管理能力、成本控制能力和财务运作能力等方面。

三是核心层，即竞争资源，它是竞争能力形成的关键因素。包括企业的人员、设备和企业所拥有的业务流程、制度和文化。

沃尔玛成功的原因是什么？就此问题，一些国外专家研究得出的结果是，沃尔玛的竞争优势就在于价格的优势，天天低价，不过，天天低价是价钱属性，不是产品、不是服务、不是环境，而是价格。在沃尔玛有五项竞争能力，最为核心的是成本控制能力，其他的业态创新能力、快速扩张能力、财务运作能力和营销管理能力，都是围绕着成本控制能力来运行的，这五个能力最终都在不同的方面节省了沃尔玛的整个运营成本，都是为运营成本服务的，为竞争优势服务的。在业态创新上，创新的都是围绕着低成本运营的这些业态进行组合的。如营销管理，在营销管理当中，通过天天低价这个稳定的促销手段，大大降低了促销的费用，同时增加了单位成本和每个员工销售额的增加，就是单位成本下降了。

（2）高价竞争法。

高价竞争法一般只在数量较少、品牌声誉极高的产品中采用，这需要企业拥有高品质、雄厚的资金实力、技术条件等。

（3）随行就市竞争法。

随行就市竞争法就是指企业按照同行业的平均价格水平来制定价格，是较为流行的一种方法。当企业难以估算成本，打算与同行业竞争对手和平共处，另行定价时很难估计购买者和竞争者对本企业价格的反应，经营的是同质产品、产品供需基本平衡时，采用这种定价方法比较稳妥。

（4）竞争投标法。

竞争投标法是一种买方引导卖方，通过竞争成交的方法，通常用于建筑包工、大型设备制造、政府大宗采购等。一般是由买方公开招标，卖方竞争投标，密封其价，买方按物美价廉的原则择优选取，到期公布中标者名单，中标的企业与买方签约成交。

案例 7-4

某房地产公司为其销售的商品房安装橱柜，进行公开招标，橱柜生产厂家或销售企业就在自己的成本等多方面因素考虑的基础上，着重考虑可能的竞争对手的报价，部分厂家甚至不惜派出“商业间谍”刺探对手报价，然后再制作投标书进行投标。

3. 需求导向定价法

需求导向定价法是以消费者的需求为中心的企业定价方法。其中主要的方法有以下两种。

（1）理解价值定价法。

企业按照购买者或消费者对商品及其价值的认识程度和感觉定价。

案例 7-5

“劳斯莱斯”在消费者的心目中就是顶级轿车，能体现消费者的社会地位，即便很有钱，也不一定能买到一辆劳斯莱斯轿车，那么它的定价“理所当然地”应该很高。

（2）区分需求定价法。

区分需求定价法也叫差别定价法，就是根据交易对象、交易时间和地点等方面的不同，制定出两种或多种不同的价格，以适应顾客的不同需要，从而扩大销售，增加收益。但这种价格上的差别并非以成本的差别为基础。

同一产品，对不同的消费者制定不同的价格和采用不同的价格方式，如在北京，学生乘坐公交车可以享受 5 折优惠。

同种产品由于不同的外观、款式、花色采用不同的价格，如包装、规格不同的牙膏售价往往不同。

同种产品或服务在不同的地点和位置采用不同的价格，如在小卖部 3 元能买到的啤酒，大酒店可能就要 15 元。

同种产品或服务在不同的时间提供时采用不同的价格，如几乎每个城市的出租车晚上某个时刻以后的价格都会相应提高。

案例 7-6

某城市公交车夜间线路原本比白天线路的价格要高出 25%，公交公司向物价部门提出申请增加价格，物价部门举行听证会后，发现绝大多数听证代表都表示公交车夜间运行难度和利润率都很难同白天线路相比拟，同意公交公司将差价增加至 50%。

7.1.2 定价的策略

产品定价策略有多种，现主要介绍常见的六种。

1. 新产品定价策略

新产品定价策略有三种可供选择：市场撇脂定价法（速取或高价策略）、市场渗透定价法（渐取或低价策略）、中间价格策略。

（1）市场撇脂定价法是指新产品投放市场之际，针对那些收入水平高的消费者，把价格定得尽可能高些，以尽快取得最大利润。

案例 7-7

1945 年圣诞节前夕，美国雷诺公司推出一种新型圆珠笔。虽然这种圆珠笔的制造成本仅为 0.5 美元，但雷诺公司看准美国市民为了欢度战后第一个圣诞节急切希望能够买到新颖的圣诞礼物的心理，将此种圆珠笔以 20 美元的价格投放零售市场。在销售半年后，雷诺公司收获了 15.6 万美元的丰厚利润。

雷诺公司在激烈竞争尚未出现之前，能够抓住有利时机，采取高价策略迅速收回投资，赚取利润。

（2）市场渗透定价法与市场撇脂定价法正好相反，它是新产品上市时以微利、无利甚至亏损的低价向市场推出，来吸引大批买家赢得市场份额。

案例 7-8

中国房地产十强之一的广州恒大集团，在国内房地产价格持续走高，广州房产均价超过每平方米 5 000 元时，对其新开发的几个楼盘打出“开盘必特价，特价必升值”的广告词，用每平方米仅 3 000～4 000 元的惊人价格销售，迅速占领广州房地产的中端市场。

（3）中间价格策略是介于市场撇脂定价法与市场渗透定价法两种定价法之间，指企业为了建立企业与产品的良好形象，把价格设定在适中水平的策略。

2. 阶段定价策略

这是根据产品所处生命周期的阶段而设定不同的价格的策略。可分为：试销期定价策略、畅销期定价策略、饱和期定价策略、滞销期定价策略。

3. 折扣定价策略

常用的折扣定价策略主要有：数量折扣、季节折扣、现金折扣、业务折扣。

4. 心理定价策略

心理定价策略是指企业定价时利用消费者不同的心理需要和对不同价格的感受，有意识地采取多种价格形式，以促进销售。主要有以下几种：组合定价、尾数定价、声望定价、整数定价、期望与习惯定价、安全定价、特价品定价等策略。

案例 7-9

美国安利公司的产品比同类竞争产品都要贵很多，但仍然卖得很好；中国景泰蓝瓷器在国际市场上卖到 2 000 多法郎一件，都是声望定价策略的典型；在中国价格中带“8”的产品，就比带“4”的要好卖；一些商品 10 元卖不出去，价格改为 9.99 元情况就立刻不同了，这是尾数定价策略的作用；一件衬衣标价 68 元会滞销，写上原价 340 元，现在两折出售，可能就会脱销，这就是特价品定价策略的作用。

在定价的时候要注意不能违反《价格法》和《反不正当竞争法》。

5. 相关产品定价策略

相关产品是指在最终用途和消费购买行为等方面具有某种相互关联性的产品。制造或经营两种以上商品的企业可以利用此特点综合考虑企业产品的定价。具体策略有：互补商品价格策略、替代商品价格策略。

案例 7-10

由日本人松本清发明的“牺牲商法”在世界终端市场被普遍地使用着，松本清曾经是数家连锁药房的幕后老板。一次，他将售价为每瓶200日元的补药，以每瓶80日元的超低价出售。补药卖得越多，亏损越大，但是，整个药店的经营却有了很大的起色，因为买补药的顾客大多数还要买其他药品，他们在心理上认为这个药店的东西都便宜。而药店的其他药品却是不让利的。松本清的做法使得消费者对药店产生了信赖感，药店的生意很红火。后来人们把这种通过部分商品的低价赔本销售来扩大企业知名度，留给消费者深刻印象，从而留住回头客，实现整体经营最大化的营销方法叫做“牺牲商法”，被广泛地应用于现代商战中。

6. 地区定价策略

地区定价策略是指企业根据商品的销售市场和产地市场地理位置的差异而制定不同的价格。

7.2 影响定价的主要因素与分析

案例 7-11

江苏家园集团是一家专业从事玫瑰花卉种植和深加工的企业。公司已经研制、开发并形成产品的有玫瑰鲜花汁、玫瑰鲜花酒、玫瑰花保健茶、干制玫瑰花等系列无污染绿色食品。该公司并于2000年9月通过了ISO9002国际质量体系认证及中国进出口商品质量体系认证。目前该公司拥有年产900万瓶装鲜花汁生产线及1000万听装鲜花汁生产线各一条，年产鲜花汁60万件、鲜花酒20吨、干花蕾10吨，年处理玫瑰鲜花500吨的能力。位于徐州市南郊的汉王乡，有着悠久的玫瑰花种植历史。该地区特有的微酸性土壤，适宜的阳光、气候及丘陵地貌极宜玫瑰花生长，这一气候特点也决定了玫瑰花在此地能够得到广泛的种植。汉王乡曾被提名为“全球生态五百乡镇”，被评为“中国绿色种植基地”。家园集团结合汉王乡过去种植玫瑰花的经验并与中国农科院、南京农大、无锡工学院等科研院所联合开发、研制了一些新的玫瑰花品种和新型的种植技术。

家园玫瑰鲜花汁是公司开发出来的一种新产品。它是精选天然上好玫瑰花原料，结合现代食品科学技术配以上等枣花蜂蜜精制而成，保存了玫瑰鲜花独有的天然色，具有养颜、润喉生津、健脾降火、柔肝醒胃的作用。如何给这些产品定价呢？家园集团内部有多种意见。公司经过多次调研与协商，决定按照以下因素定价：顾客愿意支付的价格、生产成本、竞争对手的产品与价格、市场状况、法律的限制、企业的营销目标与定价目标等。结果，产品销路大畅。

那么企业如何有效地制定自己产品的价格呢？

7.2.1 影响定价的主要因素

一般说来，影响企业对产品进行定价的主要因素有以下六种。

1. 产品成本

产品成本是价格构成中最基本、最主要的因素，它对价格构成的影响是最直接和重要的。它包括制造成本、营销成本和储运成本。一般情况下，商品的售价都应不低于总成本。

2. 市场需求及变化

企业要分析需求与供给的关系、消费者对产品价格与价值的感受和需求的价格弹性（主要是指产品价格变动对市场需求量的影响）。

3. 市场竞争状况

按照竞争程度的不同，可将市场结构分成四种模式，即完全竞争、垄断性竞争、寡头垄断和纯粹垄断。企业在不同的市场结构条件下，所享有的定价自由也有所不同。

（1）在完全竞争的条件下，卖主只能以买主能接受的价格来决定价格。

（2）在垄断性竞争的条件下，卖主已不是消极的价格接受者，而是强有力的价格决定者。

（3）在寡头垄断的条件下，少数几家大企业控制市场价格，而且它们相互依存、相互影响。

（4）在纯粹垄断（独家经营）的条件下，卖主完全控制市场价格，可随意定价。

总之，大多数市场都是不完全竞争的市场，在这种市场上企业必须为自己的产品确定灵活、适当的价格策略，以求取得经营上的成功。

4. 商品的特点

商品的自身属性、特征等方面的因素是企业制定价格必须考虑的因素。一般包括商品的种类，商品的易腐、易毁性和季节性，商品的时尚性，商品的生命周期。

5. 企业的营销组合策略

产品的定价要与产品的具体情况，企业的经营目标、未来发展方向、资金状况和促销组合策略相适应。

6. 其他环境因素

其他环境因素包括是否存在着通货膨胀、利率的高低，以及宏观经济环境等。

7.2.2 定价分析

定价分析是企业在既定的市场营销战略指引下，在给企业的产品定价时进行的全盘考虑。任何一个企业在给自己的产品定价时必须要考虑成本和需求，成本与需求是定价的两个基本点。企业在进行定价分析时要注意以下三个方面。

（1）在工业产品领域，成本对定价具有决定性作用。企业的成本包括固定成本和可变成本。固定成本是指在短期内不随企业产量和销售收入的变化而变化的生产费用，如厂房设备、租金、利息等；可变成本是指随生产水平的变化而直接变化的成本，如原材料费、工资、销售费用等。

案例 7-12

格兰仕微波炉之所以能在市场上以价格为武器，大打价格战，树立自己的领导品牌地位，是因为格兰仕公司执行了成本领先战略。格兰仕公司通过提升自己产品的质量，降低单位产品的成本，同时相应地降低定价，让市场的潜在进入者知难而退。

（2）企业在定价时必须了解需求的价格弹性，即了解市场需求对价格变动的反应。价格变动对需求影响小，这种情况称为需求无弹性或缺乏需求弹性。需求缺乏弹性可能是因为购买者对价格不敏感或者该商品的代用品很少甚至没有，在水利、电力等垄断行业最为明显。而对一般商品，价格变动对需求的影响大，这叫做需求有弹性。如果产品的需求有弹性，企业应采取适当降价，以刺激需求，促进销售，增加销售收入；如果消费者对商品价格的关心程度不高，则几乎没有必要采取降价来刺激需求。

案例 7-13

在中国台湾，制鞋业较发达，因而竞争也激烈。台北市的金华皮鞋公司在经营上常采用别人不敢轻易尝试的新招，并常取得意想不到的成绩。一天，地处延平北路的金华皮鞋公司门口，挂出了“不二价”的特大招牌。所谓“不二价”即不还价。这在当时的延平北路可谓风险冒得太大。因为人们到延平北路买东西，即使打心眼里喜欢某物，也还要还点价，否则就觉得吃了亏。人们已形成概念：买东西照标价付钱是最傻不过的。久而久之，厂商们索性把售价提高2倍左右，以便还价时折扣也好让买卖双方满意。金华公司实施“不二价”不久，很多顾客对某双皮鞋非常中意，可就是由于根深蒂固的“怕吃亏”心理，总觉得照标价付钱亏了，使许多眼见成交的生意吹了。金华遇到了历史上最冷清的时期。许多职工抱怨：“创什么新，干脆恢复原先的做法，制定虚泛价格，来满足顾客捡便宜的心理。”公司老板叫杨金彬，主意是他出的。听到职工们的抱怨，他想：“以自己多年经营皮鞋的经验来看，此次打出‘不二价’新招，是有点令人发寒；但从价格上看，本公司售价是依据皮鞋质料、做工、市场状况而确定的，且比别人的标价低1倍，自己没有亏待顾客。”经再三权衡，他认为“顾客会货比数家，再来金华的。”便决定挺一阵子。果然不出杨老板所料，时隔不久，金华公司门庭若市，许多顾客到可以讨价的商店购买，打折后，皮鞋价格往往仍比“金华”的高。因此，顾客们纷纷回头光顾金华。“不二价”的真正用意总算被顾客了解并接受了。职员们愁眉锁眼的脸上也露出笑颜。许多厂商看到“金华”的成功，纷纷效法，渐渐地搞起了不二价和公开标价。现在到延平北路，再也看不见以往那种漫天要价和顾客大杀价的现象。

定价策略不能同其他营销策略相分离，产品的定价可能会影响市场对这一产品的认识，也会影响与此产品一起出售的其他产品的市场情况，因此，定价过程必须与产品、渠道、促销等互相协调才能取得成功。

（3）要判断定价方案是否可行。在实际研究和制定价格策略时，企业应认真考虑竞争对手的价格水平，并综合考虑运用以客户为中心的定价方法和以企业为中心的定价方法。定价方案是否可行，企业的价格制定者和决策者应站在客户的立场上考虑和判断如下几个问题：

企业所制定的价格能否便于客户理解和接受？

所制定的价格是否体现了客户所看重的真正价值？

所制定的价格是否减轻了客户购买时的疑虑？

所制定的价格是否增强了客户对本企业的信任感？

所制定的价格是否鼓励客户多使用本企业的老产品和新产品？

所制定的价格是否鼓励客户忠诚于本企业？

现在有些企业经常用“您期望的价格是……”这个问题，来进行的网上价格调查也是一种不错的方法。

7.3 价格策划与调整

案例 7-14

19 世纪末期，大部分男士都不会使用折叠式剃刀，使用如此危险的工具让他们感觉不舒服，但光顾理发店又太昂贵，太耗时间。于是许多发明者设计了一种“自行操作”的安全剃刀，却卖不出去。因为去理发店只花 10 美分，最安全的剃刀却得花 5 美元——这在当时是一笔大数目，1 美元可是高工资者 1 天的薪水。

吉列安全剃刀并不比其他剃刀好，而且生产成本也更高。但是吉列公司并不“出售”剃刀。他们实际上贴本把剃刀的零售价定为 55 美分，批发价为 25 美分，这不到其生产成本的 1/5。但是他设计的剃刀只能使用其专利刀片。每个刀片的制造成本不到 1 美分，他以 5 美分出售。由于一个刀片可以使用六七次，因此，顾客在拥有吉列安全剃刀后每刮一次脸所花的钱不足 1 美分——是去理发店所花费用的 1/10。这样，吉列公司通过销售刀片获得了可观的利润。

价格制定并非仅看眼前利益，要从长远利益出发，更要充分考虑如何让消费者接受，或者说让消费者觉得是“划算”的价格，愿意掏钱的价格。

7.3.1 价格策划的原则与程序

价格策划是指企业为了实现一定的营销目标，而协调处理企业内部各种价格关系的活动。它不仅包括价格的制定，而且还包括在一定环境条件下，为了实现企业较长时期的营销目标，协调配合营销组合的其他各有关方面进行的构思、选择，并在实施过程中不断修正价格战术和策略，对产品进行价格决策的全过程。

1. 价格策划的原则

企业价格策划必须把握以下四项原则。

（1）价格策划的目的性。在具体的市场实践中，为了达到企业的根本目标，往往将定价作为一种战术来使用。为了达到长期的赢利目的，企业有时会在短期内通过牺牲利润来渗透市场，扩大或巩固市场占有率，同时阻止竞争对手的进入或扩张。

案例 7-15

外资零售企业的定价策略，除了切实奉行“低费用、低毛利、低价格”的经营原则之外，更重要的还在于他们着眼于消费者心理感受所形成的效应，娴熟运用定价艺术，采用高超的价格策略，实施完善的价格管理，这些均值得国内零售企业借鉴。外资零售企业往往在开业初的一段时间将商品价格定得很低，给消费者造成一种十分“便宜”的印象，此后再有计划地逐步提高某些商品价格，使消费者在形成第一印象之后不知不觉地忽略了商品价格上调的事实。先入为主是人们对一切事物形成第一印象的一般规律，而第一印象一旦形成，往往会在头脑中留下深刻烙印，形成思维定式，产生较长时间的持续效应。先入为主努力营造价格低廉的第一印象，是外资零售企业的定价策略。

（2）价格策划要出奇制胜。价格策划应该具有出奇制胜的特点和新颖性，才能先发制人地打击竞争对手，达到企业的根本目的。

案例 7-16

纽约有一家高档餐厅推出了定价为1000美元的炒鸡蛋，被媒体津津乐道地进行报道。虽然很少有消费者愿意消费这种昂贵的鸡蛋，但他们却愿意去看看。结果这道菜推出了近一年，却没有一个消费者尝试过。但餐厅的生意却特别好，原因是那些好奇的参观者还在那里用了餐。

（3）价格策划的适时变动性。保持价格的相对稳定性是商家经营的基本原则，价格变化频率过快的厂家会失去消费者的信任。但是，相对稳定并不是说不能变化，只要时机选择得合适，企业仍然能利用价格因素直接获利或达到排斥竞争者的目的。

（4）价格策划的适应性。企业定价有上限和下限，价格变化应该在这个上、下限规定的区间内变动，突破这个区间有可能带来不可预料的副作用。

案例 7-17

长城葡萄酒是红酒中的一般价位产品，如果它突然将价位拉到与法国进口葡萄酒的价位相同，消费者可能会难以接受。相反，如果将茅台、五粮液等国产名酒的价格制定为普通价位，就会降低名牌的影响力与声誉，反而会影响到销售量。

2. 价格策划的程序

企业在选择和制定定价策略时要经过一个反复调研、评估、取舍、优选的过程，这个过程包括以下几个步骤。

（1）价格策划的环境研究。企业的环境研究是指作用于企业生产经营活动的一切外界因素和力量的总和。主要包括社会经济环境、市场环境和企业营销环境。

（2）价格策划目标的确定。企业在确定价格策划目标时，必须综合考虑经营目标、期望目标、定性目标和定量目标。

（3）价格策划方案的提出。提出价格方案是价格策划内容的具体体现，它包括产品成本估计和需求的测算，以及对竞争者的价格、产品的分析。

（4）价格策划方案的选择。价格策划方案的选择必须考虑企业效益与社会效益相结合，经营风险与科学预测相结合，方案与实施措施相结合。

（5）价格策划方案的实施。价格策划方案确定以后，便要付诸实施。一方面要与实施方案的有关方面进行联系，另一方面要搜集方案实施后的信息。

案例 7-18

林昌横是一位华侨企业家。1958 年到巴黎继承父业，经过 50 多年的苦心经营，他将一个当时只有 6 名工人的小厂发展成为现今法国第二大皮件厂，产品不仅畅销法国，而且还远销德国、瑞士、以色列、非洲等地。林昌横生财有道，他制定产品销售价格的秘诀是，先算算顾客能从口袋里拿出多少钱，然后决定采取何种产品定价策略。他认为，如中低档商品定价过高，则顾客不敢问津；如高中档产品定价过低，则顾客反而认为质次也不愿意买。例如，他生产的皮带，就是根据法国人的高、中、低收入定价的。低档货适合低收入者的需要，只要 50 法郎上下，用料是普通牛、羊皮，这部分人较多，就多生产些；高档货适合高收入者的需要，在 600～800 法郎范围内，用料贵重，有鳄鱼皮、蟒皮，但是，这部分人较少，就少生产些；有些独家经营的贵重商品，定价就不封顶，因为有钱的人，只要他喜欢，价格再高他也会购买；中等货定在 200～300 法郎。这样做，既扩大了市场，又能得到较多的赢利。

3. 价格策划的风险防范

在策划某种价格方案时，采取某种价格行为后导致损失的可能性被称为价格策划风险。价格策划风险主要包括：价格难以被市场所接受、价格僵化、定价不当，定价不当影响企业形象，还可能引起竞争对手报复，甚至与国家政策法规相抵触等。为了防范价格策划风险，通常采取以下措施。

（1）遵循价格策划原则。防范价格策划风险的关键是要把握好价格策划的若干原则，如整体性原则、前瞻性原则及有效沟通原则，就可以大大地降低价格策划风险出现的可能性。

在价格策划过程中，把握整体性原则就需要充分注意了解与企业价格行为有关的政策法规，充分了解市场环境和本企业资源条件，则可以有效地防范价格行为触犯有关政策法规和定价导致企业形象受损的风险。

（2）强化预测机制。加强有关情况的预测和分析可有效地防范风险。例如，可对产品或劳务市场供求现状及其变化趋势、成本水平、竞争对手的可能性反应等进行分析和预测。

（3）选择灵活的价格制定方式。企业在考虑价格问题时，应根据合约期限的长短、市场价格走向及波幅预测、通货膨胀发生的可能性等，选择灵活的价格制定方式。

7.3.2 价格调整策划

价格调整策划是指企业根据客观环境和市场形势的变化而对原有价格进行调整的策略。企业的生产经营状况和市场形势都是在不断变动的，选择适当的时期，采取相应的措施调整产品价格，是企业为了适应市场环境变化，进行主动竞争的一种重要手段。

按照企业产品价格变动的原因和发动者，价格调整策划可以分为主动调整和被动调整两类。

1. 主动调整

企业为适应市场环境和自身内部环境的变化主动进行价格调整，分别有调高策略和调低策略两种，见表 7-1。

表 7-1　主动调整策略

策　略	原　因	方式与技巧
调高策略	产品声誉提高 产品供不应求 产品成本上升 新产品上市，采取市场撇脂定价	直接升价（直接提高产品的价格） 间接升价（减少产品分量而价格不变， 使用便宜的材料或代用品， 减少或改变产品特点降低成本， 改变或减少服务项目， 使用低廉的包装材料， 缩小产品的尺寸、规格等）
调低策略	生产能力过剩 平均成本下降 产品竞争激烈 新产品上市，采取市场渗透定价	直接降价（直接降低产品的价格） 间接降价（增加服务项目， 改进产品性能， 提高产品质量， 增加折扣、馈赠礼品等）

案例 7-19

2011 年下半年，一家大型副食品企业开始争夺东北某地区腌菜市场份额。为扩大市场，它使用电视广告和极具有竞争力的价格策略。在该地区市场上，这家大型企业将它的每斤泡菜价从 6.80 元降到 3.85 元，这个价格是低于成本的。这对原有的占该地区主要市场份额一家生产腌菜的家庭企业形成剧烈的竞争压力，这一家庭企业的主要产品就是腌菜，现在必须同销售额达几千万元的大企业展开较量。面对这家大食品公司的低于生产成本的激烈价格竞争，这个家庭企业不宜与其针锋相对，打价格战。在激烈的市场竞争中，家庭企业应积极构建自身的非价格方面的优势。例如，高质量，优质的服务，再针对缝隙市场进行一对一营销。

2. 被动调整

被动调整是指在竞争对手率先调整价格之后，本企业在价格方面所做的反应。竞争对手的调价策略也分为调高策略和调低策略，一般情况下，对调高价格的反应比较容易，主要方法是跟随提价和价格不变两种。而对调低价格的反应较为复杂，需要慎重对待，一般有维持价格不变策略、相应降价策略和部分降价策略三种类型。

7.4 模拟“仿真训练”

BEST 训练（营销策划者的一天）

7.4.1 BEST 训练规则

（1）将学员分为 5～6 人一组的小组，各小组指定（或推荐）一名学员为负责人来组织营销策划活动，下一次活动时更换人员，力求人人都能得到训练。每个小组为一个相对独立班组，根据训练背景内容的不同，每人扮演不同的角色。

（2）训练内容与范围：各类企业的营销策划者在一天中，可能遇到的各种与背景案例及本章内容相关的问题。

（3）小组活动的总时间定为 4 小时（其中前两个小时为小组开展活动的准备时间，不在训练方案时间表中体现），由小组负责人与成员一起按照 BEST 训练标准流程讨论、制订训练方案时间表。训练方案时间表要求格式化，容许有 10%的调整弹性。

（4）训练标准流程：① 训练规则说明；② 分组及任务分解说明；③ 上任与面对问题（本章中的案例及可能遇到的各种问题）；④ 分析与创意会议；⑤ 策划方案设计；⑥ 策划方案要点讲解与小组讨论点评；⑦ 讲师点评。

（5）考核：① 从各小组中各抽出一人组成考核组；② 考核对象：每个小组、每个人（特别是小组负责人）；③ 考核内容：流程考核（小组是否按照训练流程进行训练），时间考核（小组是否按照训练时间表进行训练），角色考核（每个角色扮演的形式与实质技能考核），团队与效果考核（小组整体表现）；④ 考核形式：考核组集体打分；⑤ 考核标准：形式性考核占 40%（包括流程、时间、角色、需要的书面营销策划方案等），实质性考核占 60%（包括小组及个人的实际表现、内容掌握深度、目标实现度等）。

（6）保持各项记录。

7.4.2 BEST 训练的背景案例及场景

案例 7-20

小明所在公司要求参加培训的新员工们分组走访多个超市或百货公司，对不同商家的同类电器产品进行价格调查，分析它们各自的定价策略。

7.4.3 BEST 训练运行

按照训练的标准流程运行，各个项目内容必需的时间由各小组具体设定。

（1）训练规则说明（建议时间 10～15 分钟）。

主要包括让学员明白为何要训练、训练什么、训练目标是什么、训练规则是什么、如何进行训练、如何进行考核、谁负责、多长时间完成等。

（2）分组及任务分解说明（建议时间 10～15 分钟）。

按照训练规则进行分组，角色扮演。

（3）上任与面对问题（本章中的背景案例及可能遇到的各种问题）（建议时间 15～20 分钟）。

① 背景案例中小明如何进行价格调查，帮小明设计价格调查方案并实地调查。

② 请你帮小明分析各个商家的定价策略。

③ 设想一下，如果一家商场采用降价策略，其他商家应如何应对？

④ 请帮小明整理一下学习本章的收获。

（4）分析、创意会议与策划方案设计（建议时间80～100分钟）。

对以上遇到的问题召集小组会议，逐项进行分析、创意，制定策划方案，指定相应成员书写完善。

① 会议主题：

② 会议形式：

③ 时间控制：

④ 策划、创意：

⑤ 策划方案：

（5）策划方案要点讲解与小组讨论点评（建议时间20～30分钟）。

主要内容包括本次训练过程描述、目标任务的实现度、策划方案要点讲解、小组成员讨论点评与小组活动总结、不足之处在哪里、如何改进等。

（6）讲师点评：讲师按照练习、小结（指出正误）、再练习、再小结……直到掌握的程序，对练习进行总结讲评。

（7）对各个小组考核评价（建议时间20～30分钟）。

考核组对各个小组上交的材料，结合考核组对其实际记录及表现进行评价。各个小组需上交给考核组的材料主要有：训练议程安排；分组分工及角色扮演名单；所面临的问题清单；每个问题的解决方案；会议记录；各角色与小组训练活动总结报告等。考核组对每个小组及每个人的实际表现、内容掌握深度、目标实现度等进行记录。

7.5 测试与评价

（1）价格策划的原则有哪些？

（2）心理定价策略有哪些？

（3）价格调高的原因和策略分别有哪些？

第 8 章

销售渠道策划

学习任务与目标

- ❖ 了解销售渠道的概念与结构
- ❖ 熟悉销售渠道策划的步骤
- ❖ 掌握销售渠道策划的方法

案例 8-1

在当今世界摩托车销售中，每四辆中就有一辆是本田公司的产品，如此庞大的销售网络却是从日本的自行车零售商店开始起步的。

1945 年，第二次世界大战结束，本田宗一郎把小引擎改装到 500 辆自行车上出售，很受人们的欢迎。本田宗一郎从这件事上看到了摩托车的潜在市场，随后成立了本田技研工业株式会社，一批批可以装在自行车上的光伯牌引擎被生产出来。

为了拓宽市场，建立全国性的销售网络，本田宗一郎找到了藤泽武夫作为新的合伙人。藤泽武夫建议，暂时放弃全日本的 200 家摩托车经销商店，把重点放在 55 000 家自行车零售商店。因为对这些自行车零售商店来说，经销光伯牌引擎，既扩大了业务范围，增加了获利渠道，又有利于刺激自行车的销售，加上适当的让利，就一定能取得成功。本田宗一郎听后，觉得是一条妙计，就请藤泽武夫立即去办。

于是，一封封信函雪片似地飞向日本的自行车零售商店。信中除了详细地介绍光伯牌引擎的性能和功能外，还告诉零售商店每只引擎零售价是 25 英镑，返回 7 英镑给他们。在两个星期之后，13 000 家商店做出了积极的反应，藤泽武夫就这样巧妙地为本田技研工业株式会社建立起独特的销售网络，本田公司的产品从此开始进军全日本。

满足消费者的市场需求，不仅要有适宜的商品和适宜的价格，还必须要有适宜的通道送达消费者手中。因此，企业必须认真研究自己的产品选择哪条销售渠道更有利。

8.1 销售渠道的构建与管理

销售渠道犹如人体为了维持新陈代谢，要把养分供给人体的血管一样，是商品从生产者手中转移到消费者手中所经过的通道、环节与途径。是联系生产者与消费者必不可少的纽带和桥梁。企业只有选择构建出科学合理的销售渠道，并对其进行不停的维护、管理与评价，才能真正地实现市场营销目标。

8.1.1 销售渠道的结构与面临的问题

1. 销售渠道的主要作用

销售渠道的主要作用有以下五个方面：

（1）实现产品转移，加速商品流转。

（2）提高交易效率，降低交易成本。

（3）创造有利条件，调节产销平衡。

（4）沟通市场信息，保证产销对路。

（5）规避市场风险，促进产品销售。

案例 8-2

某小区内有 10 户居民，每家都需要 8 种日用品，如果这 8 种日用品分属于 8 家企业，小区内的 10 户居民为了买到它们，就需要 10×8=80 次交易。如果在小区内设一个零售店，则只需要 10+8=18 次交易就行了。由此可以看出构建销售渠道，既提高了交易效率，又降低了交易成本。

必要的中间商能使交易费用降低。如果没有中间商，交易的次数是乘法关系，如果有中间商则是加法关系。因此，企业应视具体情况来建立适合自身的销售渠道。

2. 销售渠道的结构

销售渠道按不同的方法可分为以下三种：

（1）直接渠道与间接渠道，企业直接将产品卖给用户为直接渠道，而在企业和用户之间至少有一个中间机构的为间接渠道。

（2）长渠道和短渠道，中间机构多的为长渠道，反之为短渠道。

（3）宽渠道和窄渠道，渠道中同一层次中间商越多，渠道越宽，反之就越窄。

3. 影响销售渠道构建的因素

（1）产品特性。一般来说，鲜活易腐商品、时兴商品，宜采用直接渠道；技术复杂、专业性强的商品，用户对安装、维修、使用的要求越高，宜采用直接或尽可能短的渠道；体积大、分量重，移动不方便的商品也适合采用直接渠道，以减少中转的麻烦；中间商的利润过高，又需要充分演示或较多附加服务的商品可采用直接渠道。

（2）市场因素。市场越分散，流通成本高、耗时长，越需要中间商；反之，用户规模大，位置集中，一次性购买批量大，则可采用直接渠道或短渠道。因此，一般来说，对生产者市场的用户可采用直接渠道，而消费者市场大多需要相对较长的渠道；当零售商规模庞大时，可采取一层渠道或至多两层渠道；反之，中间环节可适当多些。

（3）企业自身因素。企业的规模大、声誉高、财力雄厚，具备市场营销所需的人员设施、技术和经验，也可采用直接渠道，或短渠道；否则，只有采用间接渠道。

4. 销售渠道面临的九大问题

（1）窜货问题。

无论是中小型企业还是知名大型企业，都常被窜货问题搞得坐卧不宁。目前常见的窜货现象有下面两种：

一是不畅销地区向畅销地区窜货，搞乱了整个市场，搞乱价格体系、网络体系，造成虚假销售，使企业、经销商利润下滑。

二是畅销地区以低价向新市场或正在启动市场窜货，导致新市场或正在启动市场一片混乱。窜货问题的发生还给假货带来了可乘之机，使厂家心惊肉跳。

企业对付窜货的办法常有以下几种：

- 严格划分区域。
- 对价格进行管理。
- 实行编码制度。
- 实行惩罚措施。
- 对品种分类区别营销（将产品从包装、规格、色彩等方面进行细分）。
- 多品牌营销（企业设计多个品牌，分别交给不同的经销商）。
- 加强督查。
- 严格实行总代理制或总经销制。

但这些方法在实际应用时效果非常有限，解决不了根本问题。

窜货引发的市场问题非常严重，不仅使企业经营受损，而且还引发了厂商关系、企业形象，甚至出现死账、烂账等诸多问题。企业不仅利润下滑，甚至有可能全面失控，失去市场，导致企业亏损直至倒闭。

（2）销售渠道成员的需求难以满足。

销售渠道成员随意向企业伸手，不断加码的各种费用以及各种要求，让企业苦不堪言，大大增加企业的营销成本及经营风险。

赊销、铺底货、上架费、陈列费、促销费、广告费、损耗补贴、各种名目的赞助、年终返利、年度公关酒会、旅游奖励、各种形式的奖励、回扣、定制产品及品牌等种类繁多，企业成了一块“肥肉”，网络渠道成员谁都想来咬一口。某商场要搞××节，要求赞助×万元，凡此种要求，屡见不鲜。

（3）销售渠道成员的忠诚度低。

各企业销售渠道成员均有流失，并且呈现流失快、多、不定时等特点。如果销售渠道成员的忠诚度低，不仅给企业增加非常多的麻烦（如库存清点、结账，另花时间去寻找新的合作者），而且常常造成企业许多机密文件的泄露，给企业造成巨大的经济损失。

（4）销售渠道成员的信用度低。

销售渠道成员的信用度低是目前销售渠道较突出的问题。不少销售渠道成员不遵守协议与约定，经常性地拖欠货款，占用或挪用货款，有的甚至卷款而逃，给企业造成极大的风险。

（5）销售渠道成员注重眼前利益。

部分销售渠道成员唯利是图，不注重长期战略性伙伴关系的建立。有些销售渠道成员看谁的返利高、政策好、广告投入大就跟谁跑，不注重品牌、产品、推广、客户关系、顾客满意等战略性问题。

（6）销售渠道成员的素质低。

销售渠道成员的经营管理及营销素质普遍偏低。包括文化素质、管理素质低，管理创新能力差等，缺乏对人、财、物的合理规划，对厂家的依赖性大，等生意上门的情况比较严重，缺乏敬业精神。

（7）销售渠道成员的策划意识缺乏。

销售渠道成员对广告的依赖性大，对品牌整合营销策划的意识普遍缺乏。由于对市场竞争、品牌、整合营销的认识停留在较浅的层面上，所以对广告的依赖性相当大，寄希望于广告的拉动，但实际上对企业的广告政策由于贪利心理作祟，而根本不认真执行。在区域市场，销售渠道成员常常不进行市场调查，不进行目标人群定位，也未制定相关营销战略等，产品销量一下滑就开始抱怨厂家。

（8）大户的问题日趋严重。

大户即所谓销售量较大的少数几户经销商。据调查，少数大户是扰乱市场的“祸源”，厂家又不敢轻易得罪大户，许多政策不得不向大户倾斜，大户如果不配合，市场问题得不到很好的解决，竞争对手就会乘虚而入。

（9）销售渠道状况混乱。

销售渠道状况呈现多样与复杂的混乱局面，难以形成以信息共享和利益共享为基础的渠道网络。混乱的渠道网络不仅导致营销资源的浪费，而且造成企业在市场计划、执行、推广、监查、反馈等方面的盲目性，从而造成极大的经营风险性，难以形成信息流、物流、财务流、促销流等的良性循环。

大多数企业的销售渠道都是良莠不齐的，造成对市场营销管理的困难。以上种种弊端足以说明，企业要构建自己的销售渠道必须要考虑多方面的因素。如何才能使销售渠道畅通呢？它是摆在各个企业面前的一个问题。

8.1.2 销售渠道的运行

（1）销售渠道的管理式运行。

企业通过委托、代理或代销的形式，与外界独立的销售机构，在促销、企业定价、库存、商品陈列和购销业务等方面进行协作，使这些外部商业机构成为企业的代理商、代销商或经销商。

（2）销售渠道的契约式运行。

企业通过契约的形式，与外界商业机构结成稳固而长期的联营或联合体，也称做联营经销商、特约经销商等。既与所有参与联营的机构签订合同，授予其经销权，也向其提供企业所有的经营诀窍，在统一的政策与计划下，按照契约达成的共同目标开展销售活动，并统一联营商店的商标、商号和其他的营业上的标志。例如，中国石化润滑油公司，对长城润滑油采用的分销渠道就有分级代理制、指定经销、特约经销、专卖店体制。

8.1.3 销售渠道的管理

（1）选择渠道成员。

对不同的企业来说，选择渠道成员的难易程度各不相同，主要取决于企业本身的声誉及产品的畅销程度。渠道成员主要包括：批发商、零售商、代理商、中介机构等。企业选择中间商的标准主要有：市场开拓能力、资金、销售能力、人员素质、商誉、经验、信用、仓储能力等。

（2）激励渠道成员。

生产企业对中间商应以“利益均沾，风险分担”的原则，密切双方的合作关系，共同搞好营销工作。对中间商的工作应及时考核，对经营效果好的中间商给予奖励或优惠待遇，让他们意识到作为销售渠道系统的一员，并非一定要在短期内从消费者手中赚钱，而要从长远利益出发，与厂家建立长期的、良好的合作关系，从厂家的长期效益中获得利润。

（3）评价渠道成员。

该项工作主要是依据与中间商签订的有关绩效标准和奖惩条件的合同条款来进行的。通常包括销售配额、平均存货水平、交货时间、促销和培训合作计划的落实、中间商向顾客提供的服务等。在经过评估后，对那些贡献较大、工作努力的渠道成员，将给予特别的关注，建立更亲密的伙伴关系。对那些不能胜任的渠道成员，必要时可做出适当调整。

案例 8-3

卡特皮勒公司是世界上最大的基建和矿山设备制造商，同时在农用机械和重型运输机械领域也占有相当地位，目前该公司的资产已超过 160 亿美元。回顾卡特皮勒公司所走过的道路，其首席执行官 Fites 认为公司的竞争优势在于有一个无与伦比的产品分销系统。在全世界范围内，卡特皮勒公司有 186 个独立经销商，他们出售公司的产品并提供产品支持和服务，成为架起在公司与顾客之间的桥梁。

但是，仅有一个形式上完善的分销体系并不足以使卡特皮勒公司在激烈的竞争中站稳脚跟，卡特皮勒公司和经销商的关系远胜于一份合同上所注明的权利与义务关系，他们之间更是一种家庭式的亲密关系。经销商不仅仅是卡特皮勒公司产品运到顾客手中的一个渠道，而且还是将顾客的意见反馈回来的一个渠道，这样，经销商的职能也不仅仅是销售产品和提供售后服务，而且还能促使公司生产出更符合顾客需要的产品。这种与经销商之间的伙伴关系的建立并不是一朝一夕就可以达到的，它是卡特皮勒公司执行一贯的原则和努力的结果。下面是 Fites 所提出的几条处理与经销商关系的原则，值得管理者们借鉴。

（1）不对经销商进行压榨。许多企业所犯的一个毛病就是当发现市场不景气时，就开始压榨他们的经销商以保证自己的利益；而一旦发现有利可图的生意时，就立即越过经销商把生意拿来自己做。卡特皮勒公司认为，如果绕过经销商，就等于在自断臂膀。

（2）向经销商提供除产品及零部件以外的其他东西。除了提供产品和零部件外，卡特皮勒公司还帮助经销商向顾客提供分期付款等信用担保，同时在存货管理和控制、物流、设备维护、工作程序等方面给经销商予以支持。

（3）与经销商经常深入而又坦诚地进行交流。Fites 认为在卡特皮勒公司和其经销商之间不存在什么秘密。所有公司的雇员和经销商的工作人员都能从计算机中得到关于销售趋势及预测、顾客满意的调查数据等即时信息。

（4）在每年卡特皮勒公司的高层管理人员都要与经销商的高层管理人员举行一些地区性的会议。在会议上，他们就每一个产品线的销售目标以及为了达到这一目标双方各应该做些什么进行讨论。另外，公司还定期邀请所有的186个经销商在公司总部所在地Peoria进行为期一星期的会议，主要是对公司的战略、产品计划和营销政策进行全面的回顾。

（5）卡特皮勒公司各个层次的人员与经销商人员之间都有着许多日常的接触。从公司中最年轻的员工一直到首席执行官都与经销商进行接触。这种频繁的互动关系使得公司能够更快地了解市场第一线的情况。

（6）把经销商留在卡特皮勒大家庭中。卡特皮勒公司通常更愿意与家族企业打交道，因为他们认为家族企业比公众企业在管理政策上更具有一贯性。之所以强调这一点是因为卡特皮勒公司的产品寿命周期一般在10～12年，有些高达20～30年。而在公众企业中，首席执行官的任期一般最多只有5～6年，从向顾客提供一贯性的服务这一点来说，公众企业有可能不如家族企业那样稳定。

（7）卡特皮勒公司还通过组织各种活动，让经销商的子女们从小就对卡特皮勒公司发生兴趣。

（资料来源：国防科技成果推广转化网）

与经销商之间建立互利甚至于更加亲密的关系，是卡特皮勒公司制胜的法宝。分销渠道运行的关键是企业和各个中间商的关系是否密切，只有关系密切、利益共享，渠道才能真正地畅通。

8.2 销售政策与渠道策划程序

有了好的市场，生产出了好的产品，如果没有好的渠道，等于没有出路。销售渠道策划对市场营销目标的实现也是很关键的。

案例 8-4

一家生产玻璃的企业，在经营过程中发现用户对其产品的评价很高，但是又不愿意购买。企业派了几位营销人员进行调查，原来厂家在各地的经销商都不负责送货；产品的外包装也不适宜多次搬运，在搬运过程中会造成较大的破损；厂家没有进行直接销售，也没有设置售后服务点等。为此企业多次与客户及经销商进行座谈，加强了外包装，降低了破损率，建立物流配送中心，设置直销店及售后服务网络，一下子使销售量大增。

不同的产品，不同的市场与顾客，在不同的时期，企业所采用的销售渠道是不同的。企业销售政策的制定需要考虑多种因素。

8.2.1 销售政策的制定

销售政策的制定，主要是解决如何迅速、优质、经济地将产品交到用户手中，实现市场目标的问题。好的销售政策对渠道而言具有以下特点：

（1）能不间断地、顺利地、快速地使产品进入到消费领域。

（2）具有较强的产品辐射功能。

（3）具有商流、物流一致性的特点。

（4）能够带来显著的经济效益。

（5）有利于实现为消费者服务，保护消费者利益。

案例 8-5

知名家电企业 TCL 集团在连续不断的市场大战中主动认识和培育市场，逐渐形成了“有计划的市场推广”、“服务营销”和“区域市场发展策略”等市场拓展新理念，建立了覆盖全国的营销网络，发展自己的核心竞争力。TCL 集团在主导产品战略转移的同时，同步营造营销渠道网络，使之成为公司扩大经营规模、提高竞争优势的重要战略组成部分。第一，集团强制推行“项目计划市场推广战略”。要求所有项目必须制订详尽的市场推广战略，自觉、主动地认识市场、培育市场和占有市场。第二，导入“区域市场推广战略”。将国内市场划分为七大区域，按“大区销售中心—分公司—经营部—经营办事处”模式构建区域分销网络，禁止跨区违规操作，规范市场开发管理。第三，实施“深耕细作”策略。按各区域网络做细经营管理，开展“千店工程”，将销售网遍布广大城乡。第四，实施营销网、服务网“双网络”拓展，产品品牌、服务品牌“双品牌”经营计划。将原售后服务部改成“用户服务中心”，并相对独立运作；建立客户档案，主动回访；在一些城市装配维修生产线，配合公司配件供应中心，提高服务效率；严格履行“三月包换、三年免费维修、中心城市上门服务”的承诺。第五，提高网络的兼容性，以家电营销服务网络为基础，整合家电网、电工网和通信产品网，方便顾客，降低成本。TCL 强大的营销网络吸引了国内外一些公司上门来要求合作。

TCL 营销网络不仅是 TCL 产品的“市场高速公路”，而且成了 TCL 最重要的一块无形资产。

TCL 集团营销政策说明，随着外界的或企业自身的变化，企业必须及时地调整渠道，才能适应时代发展，满足不断变化的消费需求。

8.2.2 销售渠道的策划程序

销售渠道的策划程序一般有以下几个环节：

（1）分析消费者需要。

（2）制定销售渠道目标。

（3）确立可供选择的渠道方案。

（4）对销售渠道进行评价。

案例 8-6

燕京啤酒已经是北京地区处于垄断地位的品牌。在创业初期，该公司只是北京顺义县的一个乡镇企业。如何站稳脚跟、开拓市场，燕京啤酒公司走出了一条其他企业从未走过的道路。建厂的时候，北京的啤酒大王是白牌的北京啤酒和历史悠久的五星啤酒，而这两家的产品是通过国家的主渠道来经销的，在市场上供不应求。燕京啤酒公司积极发掘并培养自己的分销渠道。从个体户开始做分销，这在当时是一件很被啤酒行业所不齿并有风险的举措，然而正是这些个体的批发大户担当了燕京啤酒销售渠道的主力军。燕京啤酒得以迅速占领北京市场，也正是靠了这个牢固的基础，经过多年发展后，燕京啤酒至今已一跃成为中国啤酒的品牌产品。

销售渠道策划的目的就是如何建一个通路，将企业的产品以最快、最优、最简洁的方式推到市场上，交给消费者。怎样构建渠道网络，燕京啤酒公司分析了市场上的北京啤酒和五星啤酒，直接像这两家企业一样建立主渠道是不现实的，而消费者群主要是广大的市民，广大的市民们要购买商品，会从就近的社区零售店内购买，而各类小零售店的供货来源主要是自己采购。因此，他们直接从个体户开始做分销，渠道简短，中间环节少，实现了自己的目标。

销售渠道的选择是制约产品营销过程的一个大的问题，如何减少中间环节并有效地将产品交给消费者一直是企业关注的问题，燕京啤酒勇于实践和创新，开拓新的通路，积极寻找，着力培养，为自己也为一个行业树立了一个典型，发展到今天，成为了民族产业中一支重要力量。

8.3　模拟“仿真训练”

BEST 训练（营销策划者的一天）

8.3.1　BEST 训练规则

（1）将学员分为 5～6 人一组的小组，各小组指定（或推荐）一名学员为负责人来组织营销策划活动，下一次活动时更换人员，力求人人都能得到训练。每个小组为一个相对独立班组，根据训练背景内容的不同，每人扮演不同的角色。

（2）训练内容与范围：各类企业的营销策划者在一天中，可能遇到的各种与背景案例及本章内容相关的问题。

（3）小组活动的总时间定为 4 小时（其中前两个小时为小组开展活动的准备时间，不在训练方案时间表中体现），由小组负责人与成员一起按照 BEST 训练标准流程讨论、制订训练方案时间表。训练方案时间表要求格式化，容许有 10%的调整弹性。

（4）训练标准流程：①训练规则说明；②分组及任务分解说明；③上任与面对问题（本章中的案例及可能遇到的各种问题）；④分析与创意会议；⑤策划方案设计；⑥策划方案要点讲解与小组讨论点评；⑦讲师点评。

（5）考核：①从各小组中各抽出一人组成考核组；②考核对象：每个小组、每个人（特别是小组负责人）；③考核内容：流程考核（小组是否按照训练流程进行训练），时间考核（小组是否按照训练时间表进行训练），角色考核（每个角色扮演的形式与实质技能考核），团队与效果考核（小组整体表现）；④考核形式：考核组集体打分；⑤考核标准：形式性考核占 40%（包括流程、时间、角色、需要的书面营销策划方案等），实质性考核占 60%（包括小组及个人的实际表现、内容掌握深度、目标实现度等）。

（6）保持各项记录。

8.3.2 BEST训练的背景案例及场景

案例 8-7

小明在公司的培训班里学习到销售渠道面临问题的相关案例后，培训老师要求大家据此有针对性地分析并解决本公司的渠道建设问题。（参见8.1.1列举的销售渠道面临的九大问题）

8.3.3 BEST训练运行

按照训练的标准流程运行，各个项目内容必需的时间由各小组具体设定。

（1）训练规则说明（建议时间10～15分钟）。

主要包括让学员明白为何要训练、训练什么、训练目标是什么、训练规则是什么、如何进行训练、如何进行考核、谁负责、多长时间完成等训练必需的内容。

（2）分组及任务分解说明（建议时间10～15分钟）。

按照训练规则进行分组，角色扮演。

（3）上任与面对问题（本章中的背景案例及可能遇到的各种问题）（建议时间15～20分钟）。

① 分析背景案例中所列的九大营销渠道问题，找出产生的原因。

② 针对九大渠道问题，请你帮小明找出解决的办法。

③ 根据你所熟悉的某产品，设计一份营销渠道的策划方案。

④ 请帮小明整理一下学习本章的收获。

（4）分析、创意会议与策划方案设计（建议时间80～100分钟）。

对以上遇到的问题召集小组会议，逐项进行分析、创意，制定策划方案，指定相应成员书写完善。

① 会议主题：

② 会议形式：

③ 时间控制：

④ 策划、创意：

⑤ 策划方案：

（5）策划方案要点讲解与小组讨论点评（建议时间20～30分钟）。

主要内容包括本次训练过程描述、目标任务的实现度、策划方案要点讲解、小组成员讨论点评与小组活动总结、不足之处在哪里、如何改进等。

（6）讲师点评：讲师按照练习、小结（指出正误）、再练习、再小结……直到掌握的程序，对练习进行总结讲评。

（7）对各个小组考核评价（建议时间20～30分钟）。

考核组对各个小组上交的材料，结合考核组对其实际记录及表现进行评价。各个小组需上交给考核组的材料主要有：训练议程安排；分组分工及角色扮演名单；所面临的问题清单；每个问题的解决方案；会议记录；各角色与小组训练活动总结报告等。考核组对每个小组及每个人的实际表现、内容掌握深度、目标实现度等进行记录。

8.4 测试与评价

（1）分销渠道的构建原则是什么？

（2）分销渠道成员应该如何选择？

（3）举例说明分销渠道策划的步骤有哪些。

（4）分销渠道如何进行调整？

第9章

促销策划

学习任务与目标

- ❖ 了解促销的方式方法
- ❖ 掌握促销策划的常用方法
- ❖ 能够按照促销策划方法进行促销策划

案例 9-1

“年龄=折扣，你的折扣你做主。”这是某策划者给某时尚女装品牌“三八”节设计的促销方案。活动期间，只要出示能证明你生日的有效证件，哪一年出生的就可以打几折，例如：1986 年出生的，打 86 折；1951 年出生的，打 51 折。该活动由于事前宣传到位，在当地引起了众多的议论，事中货品准备又充足，取得了巨大的成功。这个促销方式充分利用了人们爱占便宜的心理，用自己可以定价的策略大大地调动了顾客的参与热情，从而达到了倾销库存、加大正品销售的目的。事后证明，最终销售的产品大部分集中在 6～7.5 折，只有几单 5 折，没有出现 4 折，原因很简单，因为 1940 年左右出生的人已经快 70 岁了，很难出来凑这个热闹。

9.1 促销的方式及组合

促销是现代市场营销活动中使用最为广泛的一种拓展市场促进销售的方法。促销对激励消费者的购买行为，增进销售，扩大营业额，提高企业知名度等方面有着独特作用。

9.1.1 促销的含义与方式

1. 促销的含义

促销，即促进销售，是企业为了提升产品形象，将企业有关产品的信息通过各种方式传递给消费者和用户，促使其了解、信赖并购买本企业的产品，以达到扩大销售所采取的一系列活动。促销的实质是销售人员与购买者或潜在购买者之间的信息沟通。它是由“信息发布者”经过一定的“传达途径”，向“信息接收者”传达特定的“信息编码”。而“接收者”对接收的信息做出某种“反应”。而这种“反应”又通过一定的渠道“反馈”到“信息发布者”，或者“信息发布者”主动去搜集“反应信息”，以利于继续发布信息，如图 9-1 所示。

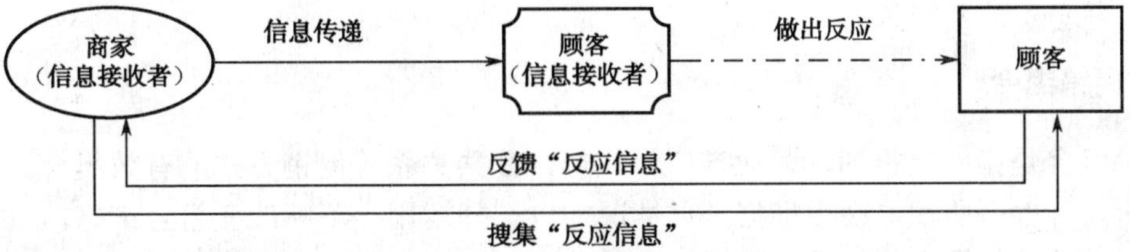

图 9-1　促销的信息流

2. 促销的方式和特点

根据促销手段的不同，促销分为广告、人员推销、营业推广、公共关系等多种方式。

（1）广告是通过新闻和其他传播媒体，把产品信息译成编码，传播给广大受众的一种促销方式。这种方式影响面广，节约人力，但不易了解受众反应，缺乏双方的互动，属被动型“拉”式策略。

（2）人员推销是企业销售人员通过面对面的交谈，以及电话、信函、传真等方式，说服和鼓动顾客或中间商购买产品的一种方式。这种方式，人情味浓，灵活机动，介绍产品性能和使用方法详尽，又便于迅速反馈顾客反应；但投入人员多，成本开支大，影响面较小，属主动型“推”式策略。

（3）营业推广是人员推销和广告的补充和延伸。一般多以临时性措施为主，采取刺激性强、吸引力大的方式，如试用样品、奖券、赠送、有奖销售等鼓励顾客购买企业产品。

（4）公共关系是促销的一种间接方式。它通过对企业有关的个人和组织的亲密关系的培养而建立良好的企业形象和声誉，获得公众的信任和赞许，从而间接地促进产品销售。

9.1.2　促销方式的组合

案例 9-2

某企业对其生产的活力凝固酸奶采用了以下促销组合策略。

（1）人员推销。由销售部开展的推销员和区域经销商共同完成推广任务。

对本公司销售部的推销员实现利润提成，每瓶 0.2 元，以调动其积极性。

对区域经销商按其酸奶销售额的 5%，当月返利。

（2）营业推广活动。对消费者开展活力凝固酸奶的赠饮活动，让他们亲自品尝这一新产品，使其今后辨认品牌购买。

（3）广告宣传。采用先铺货、后打广告的策略，以“健康人生，活力相伴”作为广告主题和宣传口号。

在媒体方面，准备采用《长春晚报》和吉林卫视、路牌、公交车发布广告，并进行媒体组合运用。

在小区进行推广时，要制作广告条幅，指定经销店店旗、广告展板、广告传单等。

（4）公关活动。面向市内经销商和零售商举办新产品上市推介会。

在“五一节”举办“向市级以上劳模献爱心”活动与《长春晚报》合办“2000 年乳品消费指南”栏目，引导消费。

1. 促销组合

促销组合是指人员推销、营业推广、广告、公共关系等促销方式的有效组合。这四种方式各有所长、各有所短，必须根据具体情况加以选择运用。不断改变组合策略，以找到一种既经济又有效的组合方法，是企业产品促销的重要方法。实际上，促销组合的运用是很复杂的，涉及的因素很多。

2. 促销组合应考虑的因素

企业在决定促销组合时受许多因素的影响和制约，一般包括以下几个方面：

（1）产品类型与特点。

（2）企业自身经济状况。

（3）“推”或“拉”策略的使用效果。

（4）现实和潜在顾客及市场的状况。

（5）产品生命周期的阶段。

总之，在充分了解各种促销方式的特点和考虑影响促销方式各种因素的前提下，有计划地将各种促销方式适当搭配，形成一定的促销组合，就可取得最佳的促销效果。

3. 不同类型产品的促销组合

不同类型的产品，面对的消费者的不同，消费者的购买目的也不同，因此，使用促销组合也不同。对于消费品和生产资料所使用的促销组合差异较大。一般说来，从事消费品营销的企业，最重要的促销方式是广告，其次是营业推广，然后是人员推销，最后是公共关系。这就是说，在全部费用中，广告所占比例最大，然后才是营业推广、人员推销和公共关系。而从事生产资料的企业则与此不同，促销经费中人员推销所占比例最大，然后是营业推广、广告、公共关系。人员推销比较适合于价格昂贵、技术性强、买主少而集中的生产资料产品，公共关系则是一个企业长期的策略。

案例 9-3

上海霞飞化妆品厂针对促销对象，设计了两种类型的促销组合：①以最终消费者为对象的促销组合。基本策略是以塑造产品形象为目标的广告宣传活动，并辅之以一定的零售营业推广活动。②以中间商为对象的促销组合。基本策略是以人员促销为主导要素，配合以交易折扣和耗资巨大的年度订货会为主要特征的营业推广活动。

该厂在制定上述两种促销组合策略的基础上，对促销组合的几个方面都做了十分广泛而深入的工作。在广告方面，广告策划历年由厂长亲自决策。①广告费投入十分庞大，占当年产值的 6%。②广告内容的制作，除聘请著名影星参与外，还把强化企业整体形象作为重点，播映一部以“旭日东升”为主题的电视广告片，同时利用中国驰名商标的优势，强调“国货精品”、“中华美容之娇”的品质。③在广告媒体的选择方面，因其目标市场是国内广大城乡中低收入水准的消费者，而电视在他们日常生活中占有重要地位，因而把70%的费用用于电视广告；20%的费用用于制作各种形式的城市商业广告和霓虹灯、广告牌；其余10%的费用用于其他形式的广告媒体。

在人员推销方面，全厂产品的销售任务由销售科全面负责，该科编制占全厂总人数的1/10。推销员实行合同制，每年同厂方签订为期一年的合同。推销员若不能完成销售指标，第二年不再续签合同。推销员的报酬实行包干制，无固定月薪收入，按销售实到货款提取0.5%的费用。推销员工作实行地区负责制，每一省区配1～3名推销员。此外，还派出推销员进驻全国各大百货商店的联销专柜，提高推销主动性。

在公共关系方面，每年大约投入120万～150万元费用。主要公关活动有：①召开新闻发布会。例如，在北京人民大会堂召开“霞飞走向世界”新闻发布会，会议地点本身就产生不小的新闻效应。②举办和支持社会公益活动。例如，赞助“全国出租车优质服务竞赛”、“上海夜间应急电话网络”等活动；针对女性对文艺活动的偏好等特点，还赞助“华东地区越剧大奖赛”。

在营业推广方面，该厂对零售环节采取一些常规性的推广活动；对批发环节则集中主要精力开展活动。主要包括：①经常性手段，如交易折扣、促销津贴等。②即时性手段，每年都举办隆重豪华的订货会，既显示企业强大的实力，同时又进行感情投资，融洽工商关系。

（资料来源：《市场营销学》吴健安）

9.2 广告促销策划

广告是指由确定的组织或个人支付费用，旨在宣传构想、产品或者服务的任何大众传播行为。广告媒体是广告宣传的载体，最主要的四种是：报纸、杂志、电视和广播。它们的优点与缺点如表9-1所示。

表9-1 四种主要媒体的比较

媒体名称	优点	缺点
报纸	传播面广，读者众多；传播迅速，更新快；简便灵活，制作方便；费用低廉	广告接触时间较短；登载内容多，分散对广告的注意力；单调呆板，不够精美
杂志	专业性强，针对性强；发行量大，宣传面广；可以反复阅读；印刷精美，引人注意	发行周期长，广告时效性差；篇幅小，广告受限制；专业性强的杂志，接触面窄
电视	形象生动逼真，感染力强；收视率高，深入千家万户；可重复播放，表现手法多样，艺术性强	播放时间短促，广告印象不深；播放节目多，容易分散对广告的注意力；编导制作复杂，费用较大
广播	制作简便，传播快；覆盖面广；通俗易懂；灵活多样，生动活泼	有声无形，印象不深；转瞬即逝，难以记忆；不易吸引消费者的注意力

9.2.1 广告的促销作用

在化妆品市场，广告在引导消费、刺激需求、促成购买方面的作用非常显著。据美国盖洛普公司对中国市场的调查分析：80%的消费者都说，他们是在前一天看了电视才来购买的。在城市，这一数字竟达到了86%。

化妆品市场的广告形式多种多样，其中电视、报纸广告占据主导地位。户外广告构筑起城市一道美丽的风景线。POP广告更具特色，漂亮的柜台陈列，大型招贴画的产品宣传美不胜收。化妆品市场的广告特色，首先表现为通过产品品牌与企业形象构成一个完整的立体信息；其次采用明星包装推广宣传，具有极强的感召力。

案例 9-4

宝洁公司采取了富有现代气息的广告模式，从“海飞丝”、“飘柔”到“潘婷”，大多数都以职业女性或男运动员做广告角色，以求调动青年人追求潇洒、美丽的感性情结。

刘德华的“首乌洗发露”给重庆奥妮公司带来了丰厚的经济回报，而且使该公司牢牢占据洗发液市场前三名的地位。在广告中，刘德华所用产品的诉求对象为年轻女性。她们在市场上充当意见领袖的角色，她们在家庭里、朋友面前起着说服、诱导、教育的作用，从而带动整个市场的消费。

在此方面，上海联合利华公司的表现也不俗，力士洗发液采用了力士香皂的一贯广告模式，请电影明星做广告，使消费者产生一种整体感，从而达到事半功倍的效果。

广告促销的费用和效果是很多策划人员所头痛的问题，投入不大没有效果，投入太大又怕浪费。不过，不管怎样，量力而行对广告主至关重要。

9.2.2 广告促销创意

广告的意图通常是激发消费者理性或感性方面的购买欲望或冲动。理性的诉求内容将通过合乎逻辑性的论据，说服消费者以特定的方式采取行动；而感性的内容则是为了增强信息的逻辑性。

案例 9-5

日本有家SB咖喱粉公司，由于企业知名度太低，产品滞销，公司入不敷出，濒临破产。新上任的公司总裁出人意料地利用日本人对富士山的特殊感情，制造出了一场耸人听闻的新闻。他为滞销的咖喱粉推出广告：“富士山将旧貌变新颜了，本公司将决定雇数架飞机，把满载的黄色咖喱粉撒在雪白的富士山山顶上，届时人们将会看到一座金顶的富士山。”这则广告犹如火烧城门，全日本舆论哗然，斥责纷起：富士山是日本的象征，不是某家企业的私人财产，岂容随意改头换面。有人强烈抗议，要对这种非法行为提出申诉。各种斥责、抗议，正中那聪明的总裁下怀。几天后，他在报纸上公开表态：“本公司原意在于美化富士山，如今考虑到社会的强烈反对，决定撤销撒咖喱粉的计划。”通过此次新闻，SB咖喱粉公司家喻户晓，产品也被争相购买。

在广告中，同样被经常运用的是正面、积极的情感诉求方式，因为它们告诉消费者要优待自己，尝试与众不同甚至是极不寻常的事物。从多种产品的广告语中可以看出这一点。例如，欧莱雅——“你值得拥有”，魅力香水——“魅力深邃、无法抗拒”，麦当劳食品——“我就喜欢”，中国移动公司动感地带移动通信服务——“我就是M族人”，都强烈地刺激着消费者的欲望。还有其他以感性元素为核心的广告语如表 9-2 所示。

表 9-2　以感性元素为核心的广告语

公　　司	广　告　语
联想公司	人类失去联想，世界将会怎样
诺基亚公司	科技以人为本
标致汽车公司	你生活的源动力
斯沃奇公司	时间因你而存在
中国移动公司	沟通从心开始
杜雷斯公司	因感觉而存在

广告的内容可能是富有创造性的，也可能是情绪化的、传统的，或者以产品为诉求核心。尽管其表达方式各异，但目的一致，都是为了说服消费者购买某种产品。不论如何，广告的设计应该能让消费者感到广告所诉求的内容与其自身存在直接的关系，如果消费者看完广告之后只记得那个明星而不知道是什么产品，就很难说广告是成功的。

幽默在日常生活中不可或缺，而将幽默巧妙地运用在广告创意中，更是会起到意想不到的效果。它不仅能加强广告的可读性，而且会使广告的诉求重点更加明确。

案例 9-6

一个十几岁的男孩站在路边吃麦当劳法式薯条，看见他的三个朋友向他走来。他并不想把薯条分给他们，于是迅速把薯条藏到了夹克衫的口袋。忽然，他发现了一个漂亮的女孩向他走过来。她对他微笑，他也回以微笑，并和她并肩离去。他注意到她有些冷，于是就将他的夹克衫披在她的肩上。但很快，他想起了他的薯条，于是他小心地伸出手想把薯条从他的夹克衫里取出来。女孩并没有发现口袋里的薯条，以为他想握住她的手。最后，是一对年轻的伴侣手挽手散步的背影。他把他那只闲着的手放在身后，用力地拽着那袋薯条，明显地他还是想偷偷拿回薯条。

对于麦当劳食品的目标消费群就是年轻人而言，这样的广告表现语言他们更容易接受，与他们的实际生活贴得更近，又很轻松，在快乐诙谐中自然地完成广告的整个信息传播的过程，不会有任何的排斥。可以看出，采用新颖的广告形式对内容信息的传播非常重要。

9.2.3　不同阶段的广告策划

1. 导入期

案例 9-7

美国宝洁公司在成立广州宝洁公司时，中国市场上普通洗发水（200 毫升）的价格几乎没有超过 10 元的，“飘柔”的价格是普通洗发水价格的两倍甚至更多，如何让消费者觉得物有所值，或者物超所值呢？飘柔洗发水广告中，漂亮空姐的那一头秀发让所有人羡慕不已，那句经典的广告词——“我只告诉了她，谁知一传十，十传百，变成了全国皆知的秘密”告诉了消费者，如何拥有一头漂亮的秀发的秘密——“那就是飘柔的秘密”。拥有美丽，绝对物超所值。

这是产品刚刚投放市场的阶段。在这一阶段，为了塑造产品的认知度，往往会投入数额庞大的广告资金。广告的作用很可能是要确保产品的名称及用途为人们所熟悉，并在目标市场上迅速地传播。此时的广告大多策划为告知型广告，着重强调产品名称和功效。为了鼓励消费者对产品进行最初的尝试，商家会在同一时间推出一些营业推广活动（比如优惠券、免费试用，以及诸如此类的活动）以配合广告目的的实现。

这一阶段可能是压力最大的一个广告宣传时期，因为此时广告费用非常庞大。但早期的销售至关重要，一般策划人员都不会吝惜广告费用，其目的是尽可能早地创造一些投资回报，最终的目标是确保购买者能感受到产品对自己的意义并刺激他们充分地了解其用途或者进行消费。

案例 9-8

“状元红”酒作为历史名酒，从明末清初至今，已享誉 300 多年，其生产厂家是河南上蔡酒厂。这种酒不但颜色红润晶莹，醇香可口，而且具有调血补气的功能。自从 1980 年获得河南省优质产品证书后，“状元红”酒一直畅销北方地区。在该厂做出向上海推销“状元红”名酒的决策后，首批“状元红”酒运至上海试销，结果却大失所望，几乎没有人买。

“古老名酒”的牌子，又按古配方生产，为什么在上海遭冷遇？在北方供不应求的畅销货，为什么进军上海后全军覆没？该厂进行了市场调查，发现有这样几个原因造成了“状元红”酒的不走红：首先，目标市场不明确，既不知道哪些消费者会购买，也不知道消费者真正喜欢喝的是什么样的酒，认为只要凭“状元红”的名气，到上海就可以旗开得胜。其实这是错误的，尽管“状元红”在北方享有盛誉，在上海的知名度却很低，消费者一看颜色，误以为是单纯的药酒，年轻人就不来购买了，而中老年人也不图“状元”的名声，因而“状元红”没有顾客需求。其次，商标与包装陈旧。“状元红”进上海之时，上海瓶装酒市场品种繁多、竞争激烈；而该产品包装一般，陈列在货架上很难吸引购买者。此外，销售渠道单一，只通过特约经销单位销售，宣传面较窄，难以产生强烈的广告效果。为此，该厂决定以三新（产品新、式样新、商标新）取胜。

具体措施为：第一，将原来的一斤装改成一斤装与一斤半装两种瓶装式样，在瓶子外边加一个精致的盒子，再配上尼龙丝网套，满足了美观、便利的要求。第二，在零售酒中附上说明书，介绍历史名酒及其功能，增强顾客的信任感，从而起到促销的作用。第三，一改过去的单一销售渠道，在上海南京路各食品店全面投放，并通过报纸、广播进行广告宣传。这样，消息一传出，立即引来了争相购买的顾客。2008 年春节前，“状元红”酒二进上海，第一批近 5000 瓶“状元红”投放市场，在几小时内全部售完。据南京路各零售商店粗略统计，这年春节期间，“状元红”酒的销售量占瓶装酒总销量的 11％，其销售额占瓶装酒总销售额的 60.7%。

2. 成长期

产品在此阶段开始拥有自己的上升动力，消费者可能已开始重复购买，前一时期广告轰炸的滞后效应已开始显现，所以广告宣传在这一阶段的压力会有所缓和。在广告策划中强调认知度和介绍新产品的信息也相对减少，诉求重点转变为塑造企业形象，鼓励重复购买，以及发展长期的客户关系和建立有效的顾客忠诚度等方面。

在此阶段竞争行为可能初显端倪，竞争对手会推出其他品牌的类似产品。广告策划的任务重点就要放在如何使消费者能区分不同的品牌。例如，吉林某公司的“新肤螨灵霜”在投入期广告的重点是让消费者认识“螨虫”，知道“新肤螨灵霜”的作用。当进入成长期后，诸多除螨产品进入市场后，如果还沿用原来的广告就等于为他人做嫁衣。

因此，广告在成长期将被用来提供差异化的信息。在这个阶段性目标的指导下，企业形象成为广告所寻求传递的主要信息。企业也可能为了确保他们的顾客能够了解到产品的独特之处，而规划实施竞争性的广告策略。

案例 9-9

某品牌纸巾在入市之初期用的广告词是“关键时刻还是好家风”，采用幽默的风格进行表现，进入成长期后，对广告进行了修改。广告画面先是一位母亲随手拿起一张纸巾想给孩子擦嘴，“你想把细菌带给孩子吗？”一位“专家”问。母亲惊讶地看着自己手里的纸巾，似乎想问为什么。接着出现了该纸巾和未经过消毒的纸巾在显微镜下的对比，“好家风纸巾经过450℃消毒，让你放心地给孩子使用。”

3. 成熟期

在产品成熟期这个阶段，市场上可能存在大量的竞争对手，这使得特定企业的市场份额面临严重的威胁。广告的重点将完全集中在如何保持顾客对该产品的记忆。提醒消费者使用该企业的产品，或者告诉他们购买的地点；在产品的淡季提醒他们，维持企业的知名度等，从而使消费者在需要的时候，关于这方面的信息便能在脑海中出现。

一般看来，提醒广告的播放频次较多，但多是15秒以内的超短广告。例如，在2004年雅典奥运会期间，中国石油润滑油公司对昆仑润滑油的提醒广告采用了轮番轰炸的方式。不绝于耳的“昆仑润滑油，与您共赏雅典风云”的广告语，不断地提醒着观看奥运项目的受众。

当产品处于成熟期阶段，虽然消费者已有一定的消费习惯，但由于新产品不断涌现，产品受到的冲击也不小，这时提醒性广告不仅起“提醒”作用，更重要的是起“强化”作用。许多企业也会采用公共关系的方式进行强化。

案例 9-10

麦当劳非常重视公共关系，大力在报纸上寻找刊登消息的机会，这些消息有的是由人力制造出来的微不足道的消息，有的则是精心设计，显示麦当劳威力的资料，如早年在美国的宣传“所使用的面粉已可填平大峡谷”、“所用的番茄酱已相当于密西西比河的水量”以及后来的“将所卖的汉堡包连接起来，可来回月球几次”等。

麦当劳还主动创造记者采访机会，参加公益活动，获得公众注意。在麦当劳的公关手册中，还提到在各个不同市场应采取的不同手段，如在以家庭为主的市场可将汉堡包所得捐给当地的学校做乐队制服，手册还指导加盟者如何争取报纸报道各店的活动，如何争取照片上报等。麦当劳每年捐出4%的营业所得，约5000万美元用于各项赞助活动。

在连锁店的公共关系中，社会关系是相当重要的一环，由于连锁店各分号一般以一定区域的居民为目标顾客，它便需要和所在地的政府、社会团体或单位以及全体居民保持和睦的关系，根据各分店附近的商圈特性，人潮特性制定公关策略。麦当劳要求各连锁店主参加当地的公益活动，如学校乐队，童子军医院等。坐落在北京王府井的麦当劳分店还组织员工打扫天安门附近的地面。麦当劳还专门设有“麦当劳叔叔之家”，大部分建于儿童医院附近，专门提供免费或低价的住宿环境，招待病童的父母。

4. 衰退期

如果一个产品进入衰退期，在通常的情况下销售量下降已无可挽回了。此时期一般要尽量减少新的广告投入以减少广告费用，达到降低成本尽量收回资金的目的。为此，大部分的广告与促销活动要建立在提醒和巩固购买的广告和促销活动的基础之上，从而尽量延长旧产品的生命周期。

9.3 人员推销策划

人员推销是当今国内外产品促销的重要手段，而且人员推销的费用支出占各种促销活动费用的主要部分，很少有产品销售不用这种方法的，这主要是人员推销有着其他促销方法不具备的优点或作用。例如，人员推销的针对性强，推销员可以针对不同顾客灵活地采用各种手段和方法；人员推销的服务好，推销员可以针对顾客不同的需求进行售前、售后服务，帮助顾客解决各种疑难问题；人员推销的成功率高，推销员可以直接面对顾客交谈、说服，从而创造需求。乔·吉拉德因售出超过13000辆汽车创造了商品销售最高纪录而被载入吉尼斯大全。他曾经连续15年成为世界上售出新汽车最多的人，其中有6年平均每年售出汽车1300辆。乔·吉拉德的业绩充分证明了人员推销的作用。

人员推销是指企业派出人员直接与消费者或客户接触，目的在于达到销售商品或服务和宣传企业的促销活动。推销员通过自己的声音、形象、动作，或拥有的样品、宣传册或图片等直接向顾客展示、操作、说明。人员推销在化妆品市场的作用尤为突出。在化妆品柜台前，经常可以看到一些训练有素的促销小姐笑容可掬、耐心地解答消费者提出的问题，并且现场示范。而消费者面对那份热情，剩下的只有掏腰包了。

案例 9-11

美国一位名叫乔治·赫伯特的推销员，成功地将一把斧子推销给了小布什总统。布鲁金斯学会因此将刻有“最伟大的推销员”的一只金靴子赠与了他。

他告诉前来采访的记者：我认为，将一把小斧子推销给小布什总统是完全可能的，因为布什总统在得克萨斯州有一个农场，上面长着许多树。于是我给他写了一封信，‘有一次，我有幸参观你的农场，发现上面长着许多矢菊树，有些已经死掉，本质已变得松软。我想，你一定需要一把小斧头，但是从你现在的体质来看，这把小斧头显然太轻，因此，你仍然需要一把不甚锋利的老斧头。现在我这里正好有一把这样的斧头，它是我祖父留给我的，很适合砍伐枯树。假若你有兴趣的话，请按这封信里所留的信箱，给予回复……’最后他就给我汇来了 15 美元。

乔治·赫伯特这位伟大的推销员能够发掘各种推销机会，成功地将一把斧子推销给了小布什总统，不得不令人叹服！

人员推销的策划包括发掘各种推销机会，确定合理的推销结构，以及决定合适的推销规模三个方面。

1. 发掘各种推销机会

常见的推销方式有以下几种：

（1）地毯式推销，1～3 个推销员地毯式地去寻找目标顾客去推销产品。

（2）电话推销，通过电话对顾客进行征询性的推销，再对有意购买者进行上门推销。

（3）电邮推销，通过电子邮件向目标顾客邮寄产品宣传材料，收到反馈后再进行派员推销。

（4）社区推销，通过社区或行业协会，派推销小组集中向一个顾客群进行推销。

（5）会议推销，企业举行产品推销会议，邀请目标顾客参加会议，集中在会议上推销产品。

（6）试用推销，让目标顾客试用产品，在了解产品优点的基础上建立信任度，从而对其他产品产生排他性，进而达到推销的目的。

（7）培训班推销，举行新产品使用免费培训班，吸引目标用户的技术人员前来了解新产品，并建立联系，达到推销新产品的目的。高技术产品的推销采用这种方式最为合适。

（8）研讨会推销，邀请使用新产品或新技术的单位技术负责人参加，通过研讨技术，推销新技术产品。

选择好推销时机是很重要的。在进行推销前，以下一些情况需要考虑：

（1）会计师最忙的是月头和月尾。

（2）医生最忙的是上午，下雨天比较空闲。

（3）股票行业最忙的是开市时间。

（4）公务员不宜在午饭前后和下班前。

（5）教师最好是下午放学后，不宜在上班时间和中午。

2. 确定合理的推销结构

（1）地区型结构。

地区型结构是划分地区的分片包干式推销结构。此结构具有责任明确，地界清楚，不致重复派遣，易考察推销员的业绩，易调动推销员的积极性，促使其与顾客建立良好的关系，推销费用相对较省。如果企业属于产品种类单一、顾客类型也较单一的情况，就适宜采用这种结构。例如，某银行设备生产厂家在 N 市的推销结构就属于地区型结构，它将推销员划分为几个小组，每一小组负责向自己的固定区域内的所有银行进行推销，禁止跨区域推销。

（2）产品型结构。

产品型结构是按产品种类进行分工的推销结构，即每一位推销员负责一种或一类产品，而不分地区进行推销。这种结构分工有利于推销员对产品的性能特点更加熟悉，有利于更好地为顾客服务。在企业产品的技术程度复杂、各种产品之间的相互关联性不大时，采用这种结构是比较合适的。

但此结构推销成本高，与顾客建立良好关系的可能性减弱，特别是可能会出现一家企业同时派出两组人员到一个目标顾客那里去推销不同产品这种“撞车”的情况。

（3）顾客型结构。

顾客型结构是指企业将其目标市场按顾客的属性进行分类，不同的推销员负责向不同类型的顾客进行推销活动的形式。顾客的分类可依其产业类别、顾客规模、分销途径等来进行。

很多国外企业都按用户类型和用户规模来安排推销组织结构，使用不同的推销员。这种结构的好处是推销员易于深入了解所接触的顾客需求状况及所需解决的问题，有利于在推销活动中有的放矢，提高成功率。其缺点是当同一类型的顾客比较分散时，会增加推销员的工作量，影响推销绩效。因而，顾客型结构通常用于同类型顾客比较集中时的产品推销。

（4）综合型结构。

如果企业面对的目标顾客群比较复杂，产品种类较多，且销售地区又比较集中，在设计人员推销结构时可采用综合型结构。按照“地区及产品”、“地区及顾客”、“产品及顾客”兼顾，或者“地区、产品及顾客”三者兼顾的原则。这种结构的推销成本最高，且市场培育需要较长的时间。

3. 决定合适的推销规模

设计人员推销的规模时，应当充分考虑到企业自身的经济条件以及企业产品的性质和特点，尽量以最低推销成本获得最好的效果。

（1）可以建立自己的销售队伍，使用本企业的推销员来推销产品。在西方国家，企业自己的推销队伍的成员叫做推销员、销售代表、业务经理、销售工程师。这种推销员又分为两类，一类是内部推销员，他们一般在办公室内用电话等来联系、洽谈业务，并接待可能成为购买者的人员来访；另一类是外勤推销员，他们开展旅行推销，上门访问客户。此种方法对于企业的资金实力要求比较高。

案例 9-12

麦德龙（METRO）公司在广州开业前三个月就雇用了一批推销员，一部分作为内部推销员，一部分作为外勤推销员。外勤推销员主要负责公司会员卡的推广，外勤人员的数量大约是内部推销员的10倍，而支付给每个外勤推销员的酬劳也相应地比内部推销员的要高。

（2）企业可以使用专业合同推销员。例如，制造商的分级代理商、销售代理商、经纪人等，按照其代销额付给佣金，西方国家的大公司甚至雇用国内外退休的高级官员当推销员。这种方法节省了对推销员的培训，能充分利用有经验的推销员或专业的推销员进行推销。例如，中国大多数的房地产开发商都采用这样的策略，开发商将商品房建好以后全权委托给专业的房地产销售商进行销售，开发商根据其销售额支付佣金。

（3）企业可以雇用兼职的售点推销员，在各种零售营业场合用各种方式促销，按销售额比例提取佣金，方式如产品制作演示、现场模特、咨询介绍等。一般称这种推销员为售点促销小姐或促销先生。这种方式适合在各种中、大型超市或商场使用，成本较为低廉。

9.4 营业推广策划

案例 9-13

日本一家“家庭服务公司”一夜之间关门倒闭，宣告破产。这家公司主要经营“寄存食品”，即将各种食品集于一箱，“寄放”在顾客家里，顾客不必先付钱，却可随意取用。一个月后结算一次。这是一种方便顾客的推销方法，并且填补了日本经营方式中的空白。经营伊始，公司从上到下，人人觉得这个主意新鲜而富有创新，为老百姓着想，一定能成功。经理也兴奋不已，身先士卒，顽强维持自己的业务。一箱又一箱的“寄存食品”走进了数以百计的家庭，其中茶叶、速食面、味精、糖、醋、油……应有尽有，质量上乘。一个月后，用做投资的300万日元化成为了箱箱食品，分居在各家各户。公司开始派员逐家检查存货，收回款项，补充食品，可结果却大出人们的预料？送去的食品箱都原封不动。公司顿时陷入困境。几个月后，公司囊空如洗，不得不黯然关门。这家公司为什么会遭此惨败呢？就在于他们没有做到准确地分析顾客的心理，投其所好，日本妇女婚后大多呆在家里，处理家务、带养孩子，生活颇为单调。逛街购物虽辛苦，但在她们的眼里并非一项负担，而是一种具有乐趣的活动，因为这样能使她们涉足外部世界，呼吸新鲜空气，猎取轶闻趣事。所以，她们并不欣赏“家庭服务公司”的这种做法。因此，营业推广必须要吃透顾客心理。

营业推广是指能够迅速刺激需求，鼓励购买的各种促销措施，是一种追求短期促销效果的行为。包括直接邮寄、展览会、赠送或试用样品、有奖销售、减价折扣销售或在大量购买中给予优惠等。营业推广是促进商品销售的有效途径，它针对性强，促销效果明显。

营业推广的对象是：消费者，中间商，制造商，推销员。

对消费者进行营业推广的方式有：赠送样品，赠优惠券，返款，特价包装，赠送礼品，给予奖励，累计购买奖励，免费试用，产品保证，联合推广，等等。

营业推广策划是对营业推广活动的前期规划，是在营业推广活动前所进行的创造性思维活动。

1. 营业推广策划的重点

（1）营业推广策划的重点是迅速促进当前的商品销售。在既定的市场上，营业推广策划要考虑如何加速商品的销售，这就要求在策划过程中，始终围绕迅速激发消费需求，强化顾客购买动机这一中心来进行。针对不同产品的策划重点如表9-3所示。

表9-3 不同产品的策划重点

产品类别	策划重点
新产品	如何迅速提升产品的知名度
畅销产品	如何强化顾客的购买动机，并吸引潜在顾客
滞销产品	如何迅速脱手，迅速回笼资金

（2）营业推广策划的关键是发掘新颖独特的创新性思维。要根据企业所处的客观环境、市场态势和企业自身的条件，创造性地进行分析、判断、选择、组合并创造强烈而新颖的诱导刺激措施，使之能迅速吸引顾客的注意力，唤起并强化顾客购买该产品的利益动机。

案例 9-14

利用热加工品尝扩大销量，也是一种非常有创意的食品营业推广的方式。烟熏圆火腿是北方地区比较流行的低温肉制品，但在导入湖南市场后，销售情况很不理想。

经销商分析原因，主要有两点：一是消费者对产品不熟悉，甚至不知道怎么吃。有些顾客将产品买回去加热食用，改变了产品低温食用的口味与风格；二是产品不适合湖南人的特殊口味要求。

经过研究，经销商决定在商场搞热加工品尝活动。他们首先与商场商量好，找来一口电热锅，将烟熏圆火腿切片后进行热加工，然后在现场放置湖南人爱吃的辣椒酱，让消费者用烟熏圆火腿沾着辣椒酱品尝。此法大受消费者的欢迎。促销员一边搞现场品尝，一边进行销售，一天能销售 40 多件，每件 70 多元。品尝促销期间，每天仅烟熏圆火腿一个产品的销售额就达 3000 元以上。

（3）营业推广策划应与其他营销策划相结合。从全面系统的角度看，营业推广策划与其他营销策划进行有机组合，能发挥更有效的作用。

2. 营业推广策划的程序和内容

（1）确立推广目标。进行营业推广策划，首先要明确营业推广的目标何在，换言之，通过对营业推广进行策划并付诸实施之后，企业应达到什么样的目的。

在确定目标时要尽量进行量化，目标最好能具有可测量性，并规定具体的时间期限。例如，某公司期望通过某次营业推广活动扩大销售量，因此规定每名推销员在该次营业推广活动中销售量达到 50 万元，推销员可提成 4%，超过部分按更高比例提成。也就是说，推销员只要达到了销售量 50 万元就可提成 2 万元，卖得越多提成越多。这样，所有的推销员都清楚了这次营业推广的目标，并具有一个共同的想法：把东西卖出去！

（2）选择推广方式。营业推广方式是多种多样的，主要有服务促销、租赁与互惠经销、订货会与展销、折扣促销、物质与精神奖励、竞赛与演示促销、赠品促销和优惠券促销。

在进行营业推广策划时要反复分析，根据各种方式的不同特点灵活选择，同时要考虑推广目标、竞争条件、经济环境，以及推广预算等具体因素。

大规模的样品派送一般只有财力雄厚的大企业才可能考虑实施。其目的是要在消费者中造成很高的试用率，使试用者尽量成为实际的购买者。样品派送一般只适用于与同类产品具有明显的差异性，试用一两次就能明显感觉出来，价格低、重复购买率高，新产品上市且销售旺季即将到来的产品。

（3）制定推广策划方案。制定推广策划方案首先要考虑刺激强度，营业推广作为对消费者的刺激手段，刺激强度越大，消费者购买的反应也会越大；其次要确定推广对象，也就是要明确推广的目标消费群；再次要根据推广目标要求组合运用多种推广方法；最后要把握推广时机，选择合理的时机，营业推广就能达到事半功倍的效果。

在具体实施过程中，由于涉及的部门和人员较多，为了能够加强协调、统一行动，要制订“工作时间及人员安排表”，严格执行。地点比较分散的，可以设立“市场督察员”以加强监督和跟踪调查，随时反馈具体情况。

（4）评估推广效果。在策划过程中，要对策划方案实施的效果进行评估，为调整方案以及进一步展开推广活动提供依据。

9.5 公共关系策划

案例 9-15

在 1989 年初，美国总统布什访华前夕，一位高雅的美国外交官夫人来到某葡萄酒厂，要求见一见厂长。原来这位驻华使节的夫人有中国血统，她很希望中国能够富裕起来，希望中国产品能走向世界。她在华期间发现该厂新研制的一种葡萄酒味道醇美、口感颇佳，很适合欧美人的口味。她的祖籍又与该厂坐落在同一片土地上，很愿意帮忙搭桥，使该酒名扬四海，为民造福。她建议把该酒拿到布什总统访华的国宴上去，让各国使节和众多的来宾、记者们感受一下这佳酿的风采，为它进入国际市场打开大门。可是，这位厂长“太会做生意了”。他一方面满口答应，一方面又在送夫人离开前提出一个条件：先付 2000 美元。这位夫人表示回去反映一下，便离开了该厂。其结果正如大家所了解的那样，随着布什总统的来访，飞鸽车作为礼品名扬四海，而摆上国宴并因此扬名的却是另一个厂家的新产品——长城干白葡萄酒，这家被拜访的葡萄酒厂失去了一次极好的机会。

公共关系是指企业为树立、传播和维护自身的形象，通过直接或间接的渠道保持与企业外部的有关公众的沟通活动。在促销组合中，人员推销、广告、营业推广都带有短期性目标，而公共关系则主要着眼于长期性的目标，是一种以长期性为主的间接促销手段。

公共关系活动主要通过新闻宣传、公共关系广告、企业自我宣传和人际交往等方式，来争取对企业有利的宣传报道，帮助企业与有关各界建立和保持良好的公共关系，树立和保持良好的企业形象，或者消除和处理对企业不利的谣言、传说和事件。

案例 9-16

一个将要步入青春期的少女从哪里获取一些必需的有关生理方面的知识？传统的答案是母亲和书本。然而在她月经初潮之前，中国的母亲基本上是不会告诉她相关的知识，或者说有的母亲也不见得有正确的相关知识，而少女自己更不会想到应该要去了解这方面的知识。中国人很“含蓄”，美国人却很“开放”，美国宝洁公司的护舒宝卫生巾做了“第一个吃螃蟹的人”。它来到中国的中学校园里，向初中女生免费派发青春期知识读本“少女必读”、“妈妈必读”和试用装的卫生巾。告诉女学生那些她们应该懂得的青春期知识和即将面临的事情，以及应该怎么处理这些事情。相信会让所有的女孩子们在懂得那些必需的知识的同时也记住了“护舒宝”。“护舒宝”通过公关在庞大的潜在消费群那里“赢在了起跑线上”。

公共关系策划是指企业运用公关方法、技能和智慧，对公共关系活动形成可操作性的整体战略、策略和运筹规划，是在公共关系活动之前进行的创造性思维活动。

1. 公共关系策划的步骤

公共关系策划是一项综合性的复杂工作，它必须遵循一套科学的程序和步骤。这些步骤可以归纳为搜集公关信息并进行研究，确定公关目标，分析公关对象，制定公关策略并实施公关计划，反馈和评价公关效果等。公共关系策划的主要步骤如表 9-4 所示。

表 9-4　公共关系策划的步骤

步　骤	主 要 内 容
搜集公关信息	搜集政府决策信息、新闻媒体信息、立法信息、产品形象信息、竞争对手信息、消费者信息、市场企业信息等，然后对所搜集的信息进行处理、存储
确定公关目标	公关目标有长期目标、近期目标、一般目标、特殊目标等，其主要内容有：提高企业知名度、信誉度和美誉度；使企业与公众保持沟通，并完善其渠道；当社会环境变化时，改变和调整企业的行为；建立良好的产品形象并提高产品的市场占有率
分析公关对象	企业处于不同的行业，分别有不同的目标顾客，公关策划首先要对公关对象进行分析，找出其共性和个性，分别采取一般性和特殊性的对策
制定公关策略	公关策略是为实现企业的公关目标所采取的对策和方法，其主要策划方式有：不以赢利为目的的社会性公关策划；保持良好的企业形象，稳定企业发展的维系性公关策划；矫正企业偶然失误或受到挫折给社会各方面造成不良影响而进行的矫正性公关策划等

2. 公共关系策划的技巧

企业要有效地实施公关计划，实现公关宣传的目标，就必须善于运用各种公关活动方式。常用的公关宣传活动方式有下面几种。

1）制造新闻。

“制造新闻”很难有一套固定不变的原则和方法，只能凭借策划者广博的知识、丰富的想象和实际经验。但通过对大量公关案例的分析，仍能找出一些带有普遍性的技巧。

（1）利用产品实物。

案例 9-17

在 2009 年的一天，沈阳市有一居民小区发生火灾，由于抢救及时没有造成人员伤亡，只是小区中的一栋住宅楼的建筑物和居民家中财物损毁严重。火灾过后，各级领导去慰问，到其中一户居民家中查看时，男主人指着一台外壳烧的变形的电视说：“这个 TCL 的电视还可以看”。这则新闻在电视上播出后，TCL 公司马上做出积极反应，给该居民家里赠送了一台公司新推出的大电视，并将整个赠送过程录下来，在各地电视台播出。一时间 TCL 电视“烧不坏”的广告家喻户晓。TCL 电视销量大增。

（2）抓住“新”、“奇”、“特”三要素制造新闻。

案例 9-18

美国雷诺公司本是一家小公司，它决定从阿根廷引进新产品圆珠笔到美国，碰到两家大公司捷足先登，买了专利。雷诺于是请工程师设计了一种新型的利用地球引力自动输送墨水的圆珠笔，然后拼命去推销。由于无钱扩大宣传，他想出一计，毫无根据地到法院起诉这两家大公司，说他们违反了反托拉斯法，阻挠雷诺公司的生产和销售，要求赔偿100万美元，引发两家大公司反控告从而更引起传媒大肆宣传，雷诺公司因此一举成名。

（3）利用名人效应。有意识地把名人与零售组织或品牌联系起来，并以此制造新闻。权威人士、社会名流本身就是新闻人物，新闻媒体对他们的活动往往进行跟踪报道。如能请到这些人参加本店的公关促销活动，新闻价值和公关效果便同时产生。有些名不见经传的店铺正是借此逐渐发展成为区域性品牌的。

案例 9-19

合资企业康丽公司在成立初期的一次公关活动，可谓别出心裁，棋高一着。为树立企业形象，打开市场销路，公司经营者精心选择了一个公关题材——义务清洗位于鹤壁市中心东方红广场的毛主席塑像。这尊领袖像位于市区主干道，面向东方巍然屹立。东方红广场因有这尊领袖塑像而一直成为鹤壁市人民心目中的圣地。几十年的风雨沧桑，已使塑像局部变色，个别地方开始锈斑剥落。人民看到领袖的高大光辉形象，崇敬之余不免有些忧虑和遗憾。市有关部门听说康丽公司义务清洗毛主席塑像的消息后，表示大力支持，市领导还为清洗工作提出了“高质量、高标准、高速度”的要求。清洗当天，工作人员在塑像四周挂起醒目的大红标语：“太阳最红，毛主席最亲，康丽与全市人民心连心”。广大群众被康丽公司的义举深深打动。清洗后的毛主席塑像揭幕当天，东方红广场成为鹤壁市万众瞩目的地方，人山人海。市领导率领全市各有关部门的领导出席揭幕仪式。市委书记发表了热情洋溢的讲话，并对康丽公司热心公益事业的壮举给予高度评价。

康丽公司利用名人效应策划的公关活动档次很高，在短时间内，迅速成为社会舆论的中心，赢得了政府和市民的支持，是一次成功且有很高格调的公共关系策划活动。

（4）巧借传统节日、纪念日开展公关促销活动，易于制造新闻。

案例 9-20

美国拉蔡食品公司在中国农历新年来临之际，用幻灯片介绍了以各种拉蔡食品为配料烹调的美食，以“全家齐动手，共享天伦之乐”为主题推出，于是，一直没什么新闻素材的该公司在当年春节期间获得新闻界的注意，其拉蔡食品也受到了居民的欢迎。

（5）利用公众关注的社会事件制造新闻。

案例 9-21

2006年2月17、18日晚，南方电视台“今日一线”节目连续报道了广州一位陈先生的感人事迹，他不离不弃地照顾了一个患白内障的老阿婆多年。老阿婆无儿无女，已经80多岁了，前几年还帮人做保姆，自从患了白内障以后就无法工作，只有睡在天桥底下。当记者去采访他们时，一个表示只要自己还有一口气在就会一直照顾阿婆到去世，一个表示没有什么心愿，只希望可以治好自己的白内障，可以自己养活自己不做寄生虫。电视台对此事报道后，广大市民纷纷对陈先生的义举和老阿婆的骨气所感动，也都非常关注老阿婆的情况。这时，广州某医院看了这则新闻后，非常感动，2 月 19 日免费为阿婆做了白内障手术。记者追踪报道了阿婆在该医院的手术进展情况，关注阿婆的健康与恢复情况，同时也让广大市民记住了该医院。

2）借助公关广告。

通过公关广告介绍与宣传店铺，树立店铺形象。公关广告的形式和内容可以概括为下面三种类型。

（1）致意性广告。向公众表示节日致庆、感谢或道歉等。例如，“新春之际，海尔向国内外新老朋友、广大客户致以节日的问候”。

（2）倡导性广告。店铺率先发起某种社会活动或提倡某种新观念。

案例 9-22

某年，在我国四川省箭竹大面积开花死亡，国宝大熊猫的生命受到极大威胁时，南京无线电厂联合五家以“熊猫”为商标的企业，打出“熊猫厂倍爱熊猫，救国宝更应尽力”的广告语，倡导为救助大熊猫捐款。

（3）解释性广告。就某方面的情况向公众介绍、宣传或解释。例如，肯德基公司在遭遇“苏丹红事件”后，在各大主流媒体刊登了解释性的广告。

3. 危机公关

危机公关是指企业面对危机事件采取的公关行动。危机事件的出现，对企业形象及各方面工作都十分不利，影响重大，涉及面广。危机处理不当，轻则正常工作受到干扰，效益下降，形象与声誉受损，重则导致企业破产倒闭。

当危机来临的时候，首先应沉着冷静，在最短的时间内将事件控制在最小的范围内，然后迅速调查清楚事实的真相，根据“有理、有利、有节”的原则进行处置，切不可惊慌失措，争取化“危机”为“机会”。

案例 9-23

家乐福集团，欧洲第一大零售商，世界第二大国际化零售连锁集团。2011 年 1 月中旬，据经济之声《天天 315》节目连续报道家乐福玩价签戏法，价签上标低价，结账时却收高价；明明是打折，促销价却和原价相同。家乐福超市虚假促销，被消费者质问却百般狡辩。此次家乐福欺诈消费者的事件，引起国家发改委的高度重视，经查实，家乐福在一些城市的部分超市确实存在多种价格欺诈行为。虽然家乐福多次发表声明，但难以挽回消费者的信心，仍有多家店关闭。根据危机公关 5S 原则，危机出现后应按照以下五个原则进行公关：①承担责任原则；②真诚沟通原则；③速度第一原则；④系统运行原则；⑤权威证实原则。但是，家乐福集团在事件发生后没有直面承担责任，没有认真与客户真诚沟通，没有快速进行处理，公司内部没有系统的应对危机的措施，也没有公司的权威机构给予证实，因此，在本次危机中处理失当，使得公众对其失去了信任。

9.6 模拟“仿真训练”

BEST 训练（营销策划者的一天）

9.6.1 BEST 训练规则

（1）将学员分为 5～6 人一组的小组，各小组指定（或推荐）一名学员为负责人来组织营销策划活动，下一次活动时更换人员，力求人人都能得到训练。每个小组为一个相对独立班组，根据训练背景内容的不同，每人扮演不同的角色。

（2）训练内容与范围：各类企业的营销策划者在一天中，可能遇到的各种与背景案例及本章内容相关的问题。

（3）小组活动的总时间定为 4 小时（其中第 1～第 2 小时为小组开展活动的准备时间，不在训练方案时间表中体现），由小组负责人与成员一起按照 BEST 训练标准流程讨论、制订训练方案时间表。训练方案时间表要求格式化，容许有 10%的调整弹性。

（4）训练标准流程：①训练规则说明；②分组及任务分解说明；③上任与面对问题（本章中的案例及可能遇到的各种问题）；④分析与创意会议；⑤策划方案设计；⑥策划方案要点讲解与小组讨论点评；⑦讲师点评。

（5）考核：①从各小组中各抽出一人组成考核组；②考核对象：每个小组、每个人（特别是小组负责人）；③考核内容：流程考核（小组是否按照训练流程进行训练），时间考核（小组是否按照训练时间表进行训练），角色考核（每个角色扮演的形式与实质技能考核），团队与效果考核（小组整体表现）；④考核形式：考核组集体打分；⑤考核标准：形式性考核占 40%（包括流程、时间、角色、需要的书面营销策划方案等），实质性考核占 60%（包括小组及个人的实际表现、内容掌握深度、目标实现度等）。

（6）保持各项记录。

9.6.2 BEST 训练的背景案例及场景

案例 9-24

为了学会促销策划，培训老师要求小明等学员进行以下训练：分成小组，组内成员轮流扮演推销员和顾客，在练习中要求顾客给推销员设置并提出各种难题，而推销员要克服困难完成推销任务，如设计某商店开业的策划方案，为自己熟悉的某产品设计一个广告，编制一份自己熟悉的某产品的促销策划方案。

9.6.3 BEST 训练运行

按照训练的标准流程运行，各个项目内容必需的时间由各小组具体设定。

（1）训练规则说明（建议时间 10～15 分钟）。

主要包括让学员明白为何要训练、训练什么、训练目标是什么、训练规则是什么、如何进行训练、如何进行考核、谁负责、多长时间完成等训练必需的内容。

（2）分组及任务分解说明（建议时间 10～15 分钟）。

按照训练规则进行分组，角色扮演。

（3）上任与面对问题（本章中的背景案例及可能遇到的各种问题）（建议时间 15～20 分钟）。

① 完成背景案例中组内成员轮流扮演推销员和顾客，推销员克服困难完成推销任务训练。

② 请你帮小明设计一个某商店开业的策划方案。

③ 请帮小明为某产品设计一个广告策划方案。

④ 请帮小明编制一份自己熟悉的某产品的促销策划方案。

⑤ 请帮小明整理一下学习本章的收获。

（4）分析、创意会议与策划方案设计（建议时间 80～100 分钟）。

对以上遇到的问题召集小组会议，逐项进行分析、创意，制定策划方案，指定相应成员书写完善。

① 会议主题：

② 会议形式：

③ 时间控制：

④ 策划、创意：

⑤ 策划方案：

（5）策划方案要点讲解与小组讨论点评（建议时间 20～30 分钟）。

主要内容包括本次训练过程描述、目标任务的实现度、策划方案要点讲解、小组成员讨论点评与小组活动总结、不足之处在哪里、如何改进等。

（6）讲师点评 ：讲师按照练习、小结（指出正误）、再练习、再小结……直到掌握的程序，对练习进行总结讲评。

（7）对各个小组考核评价（建议时间 20～30 分钟）。

考核组对各个小组上交的材料，结合考核组对其实际记录及表现进行评价。各个小组需上交给考核组的材料主要有：训练议程安排；分组分工及角色扮演名单；所面临的问题清单；每个问题的解决方案；会议记录；各角色与小组训练活动总结报告等。考核组对每个小组及每个人的实际表现、内容掌握深度、目标实现度等进行记录。

9.7 测试与评价

（1）促销组合应该考虑的因素有哪些？

（2）不同的广告媒体的优缺点是什么？

（3）危机处理的原则有哪些？营销危机发生后，企业应当如何公关？

第 10 章

市场竞争策划

学习任务与目标

- ❖ 了解市场竞争的一般战略
- ❖ 掌握市场竞争策划的常用方法
- ❖ 能够按照市场竞争策划方法进行策划

案例 10-1

美国戴尔公司进入中国以后，因地制宜调整了自己的销售策略。在世界上其他国家，DELL 均采用直销方式，即机器量身定制、产品直接送达客户、没有中间商。从而保证价格低于任何对手，并且只有 4 天库存。但在中国再想要采用直销方式却行不通了，因为，中国消费者习惯看到东西才付钱。于是 DELL 在商场举办现场体验促销、货到付款。联想现在也想学习 DELL 的直销模式，但又无法打破“依靠渠道、依靠代理”的现有模式。DELL 确实难学，IBM 和 Compaq 曾试图模仿 DELL 的模式，但都失败了。联想直到 ERP 系统成功运转后，才达到平均 22 天库存。其实，DELL 的核心竞争力在于它的低成本、高效率的配件供应与装配系统，而不是直销模式。为控制库存，DELL 采取了一个统一的 ERP 系统（i2），对于公司任何一条生产线，每 2 小时就做出安排——公司只向工厂提供足够 2 个小时使用的物料。物料成本在 DELL 的运营收入中占大约 74%，而对于联想等国内 PC 厂商，物料成本甚至高达 89%。

美国某航空公司提出的三倍里程信贷计划很快地就被其他航空公司所仿效。例如，“飞行三次获得免费旅程一次”活动刚一推出，竞争对手就立刻推出了类似的活动，结果是所有的航空公司都遭到损失，甚至还有几家航空公司破产，如泛美航空公司、东方航空公司、环球航空公司、大洋航空公司、美国西部航空公司。

当今世界竞争可谓无处不在，它促使企业主动调整自身战略以随时迎接挑战。竞争策略的使用将直接决定本企业甚至整个行业的发展。

10.1 识别企业的竞争对手

有一个古老的寓言故事“盲人摸象”：一个摸到大象腿的盲人认为大象像个柱子，摸到大象鼻子的盲人说大象像大蟒蛇，摸到大象身子的盲人说大象像堵墙……在认识企业竞争对手的时候，人们往往容易从局部的观点看待问题，就会犯一叶障目的错误。如果认识不正确、不到位，很难相信企业能在竞争中处于不败之地。

10.1.1 确定竞争对手

最明显的竞争对手就是以类似的价格提供类似的产品和服务给相同的客户的其他企业。例如，美国的可口可乐公司将百事可乐公司作为其主要的竞争对手；通用汽车公司将福特汽车司作为主要竞争对手。但竞争对手的范围越来越广泛，公司应将制造相同产品或同级产品的企业都视为竞争对手，注意避免“竞争者近视症”。

案例 10-2

美国西南航空公司采取低价策略击败了许多对手。在进军加州的时候，西南航空公司从旧金山到洛杉矶之间的单程机票只有 59 美元，而其他航空公司则是 186 美元，其他竞争对手虽然不甘服输，但他们无法做到这样。更令人吃惊的是，西南航空公司竟认为自己的竞争对手包括汽车和私人轿车。公司总经理凯勒赫这样说：“我们不是和飞机比赛，和我们竞争的是汽车。我们制订票价要针对福特、尼桑、丰田这样的汽车制造商。公路早就有了，但那是在地上，我们把高速公路搬到了飞机上。”西南航空公司对同样的航程可以降价 60%，这令其他对手鞭长莫及。由此可见，价格制订是否具有竞争力，是否能吸引顾客，将会直接影响产品的销售量或者服务的受欢迎程度，进而影响品牌建立的进度。

具体地说，企业可以从以下两个方面去探讨如何确定企业的竞争对手。

（1）从行业方面看，企业要想在本行业处于领先地位，就必须了解本行业的竞争模式，以确定竞争者的范围。

（2）从市场方面看，企业的竞争对手是为与本企业相似的顾客群服务的企业。例如，航空公司的竞争对手不仅是别的航空公司，也可以是使用其他交通工具的公司。分析可口可乐公司的主要竞争对手，如从行业方面看，可口可乐公司的竞争对手是百事可乐公司；而从市场方面看，顾客需要的是软饮料，因此，可口可乐公司的竞争对手也可以是果汁、矿泉水等饮料厂商。

从以上两个方面剖析竞争对手，可以开阔企业的眼界，使企业不仅看到现存的竞争对手，而且可以看到潜在的、未来的竞争对手，有利于企业在市场竞争中获胜。

10.1.2 识别竞争对手

分析竞争对手就是在确定现实竞争者、潜在竞争者的基础上，对其进行信息收集和分析，了解他们可能采取的战略行动，判断行动成功的可能性，其他竞争对手可能采取的应对措施，以及导致产业环境变化的可能性及其程度等，如图 10-1 所示。

为了制定有效的竞争策略，企业必须尽可能寻找有关竞争对手的资料，经常与那些实力相当的竞争对手在产品、价格、渠道、促销方面进行比较。一般要对竞争对手进行如下几方面的分析。

1. 分析竞争对手的情况

在一般情况下，企业在分析它的竞争对手时必须注意三个变量：市场份额，即竞争对手所拥有的销售份额情况；心理份额，即认为竞争对手在心目中排名第一的顾客所占的份额情况；感情份额，即认为竞争对手的产品是最喜爱的产品的顾客所占份额。

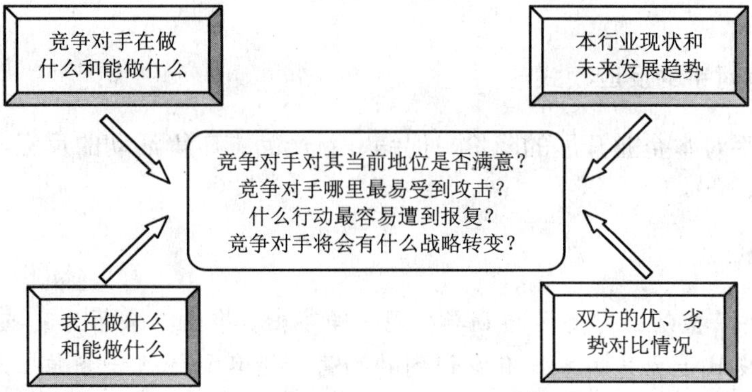

图 10-1　竞争对手分析内容

2. 确认竞争对手的目标

竞争对手在市场里寻找什么？竞争对手行为的驱动力是什么？这是进行竞争者分析的重点。每一个竞争者都有一个目标组合，每一个目标都有其不同的重要性，如获利能力、市场占有率及其成长性、现金流量、技术领先、服务领先等。企业应建立一定的监控手段，了解竞争对手目前的获利能力、市场占有率等。

3. 确定竞争对手的策略

在对竞争对手进行分析时，要具体了解每一个竞争对手的产品质量、产品特色、产品组合、顾客服务、价格策略、经销范围、销售人员策略、广告和促销方案等。了解各个竞争对手的现状与发展趋势，调查竞争对手在制造、采购、财务及其他方面的策略，以便本企业制定有针对性的竞争策略。例如，美国通用电器公司和惠尔浦公司都是提供中等价格的电器产品，他们可以视为同一策略群体的竞争对手。

4. 确认竞争对手的优、劣势

“避其锋芒，攻其虚弱。”竞争者的优、劣势将影响并最终决定竞争者是否能实施其策略并完成其目标。

案例 10-3

日本佳能复印机在打进美国市场时，面对的最强大的竞争对手是施乐公司。施乐公司势力强大，财力雄厚，科技开发能力强，尤其是它的售后服务深入人心、家喻户晓，全国有 25 000 多名售后服务人员，24 小时全天候服务。这么一个势力强大的企业很难找出什么明显的弱点，但佳能公司“在鸡蛋里面挑骨头”，硬是从人人皆看做优点的售后服务中找出了弱点。他们认为：施乐公司所以需要这么多的售后服务人员，只能说明他们对自己的质量还不自信。佳能公司以此为突破口，强化质量管理，宣称不要售后服务，谁能找出佳能复印机的质量问题，佳能公司愿意付高额赔偿费。

在佳能公司巨大的宣传攻势下，施乐公司穷于应付，节节衰退，佳能公司就这样占领了美国市场。

5. 确定竞争对手的反应模式

了解竞争对手对本企业开展的降价、促销、新产品推广等活动的反应，以不断地调整本企业的竞争策略。

案例 10-4

在香皂大战中，宝洁公司为了与利华公司一争高低，推出以杀菌为突破口的舒肤佳香皂。许多人为了清除皮肤上原先根本没有意识到的细菌，指名要舒肤佳香皂，大大动摇了力士美容香皂的霸主地位。然而，利华公司以牙还牙地推出了“卫宝”，打破了舒肤佳香皂独霸杀菌香皂天下的美梦。针对卫宝香皂的上市，宝洁公司明确指出，唯有舒肤佳香皂取得中华医学会的认可，其暗含的贬低对手的意图不言而喻。在广告中，医生的现身说法，为舒肤佳香皂摇旗呐喊。

6. 确定企业的竞争策略

由于企业的情况各异，因而进入各策略群体的难易程度也不相同。一般小企业适合进入壁垒较低的群体，而实力雄厚的大企业则可以考虑进入竞争性强的群体。企业进入某一策略群体后，应先确定主要的竞争对手，在准确分析竞争对手的基础上，然后再决定本企业相应的竞争策略以实现其竞争目标。

10.2 一般竞争战略策划

一般竞争战略是指无论在什么行业或什么企业都可以采用的通用性竞争战略。一般竞争战略的基本观念是，竞争优势是一切战略的核心。一个企业要获得竞争优势，就必须对争取哪一种竞争优势和在什么范围内争取竞争优势问题做出选择。虽然一个企业与其竞争对手相比可能有许多长处，但一般来讲，可以拥有两种基本的竞争优势，即低成本或差异化。两种基本的竞争优势与企业谋求获得优势的活动范围相结合，可以得到以下三种策划方式。

1. 成本领先战略策划

成本领先战略也称低成本战略，是指企业通过有效途径降低成本，使企业的全部成本低于竞争对手的成本，甚至是在同行业中的最低成本，从而获取竞争优势的一种战略。在一般情况下，企业首先采取低价制胜的策略。

案例 10-5

在 2012 年的 8 月 15 日，作为中国家电行业的三家零售商，京东商城、苏宁电器、国美电器拉开了家电价格大战的序幕。一时间狼烟四起，几乎所有的家电企业都被卷入这一战场。海尔公司、长虹公司、TCL 公司、康佳公司彩电产业等都先后加入。在众多企业的价格大战中最终比拼的还是谁的综合成本最低，综合实力最强，谁才能最后取胜。因此，企业在进行价格战之前应首先考虑自己企业的成本是否能领先于他人。

企业采取成本领先战略的途径有两条：采取各种措施进行成本控制或者采用先进设备实现规模化生产，提高劳动生产率来降低生产成本。要降低成本而不降低产品质量，企业必须苦练“内功”，提高经营管理水平，提高设备利用率、产品合格率，降低库存率，控制费用开支。

总成本领先在市场竞争中能获得超出正常利润的高额利润，即使在十分激烈的市场竞争中，这类企业也能呈现出较强的竞争力。

案例 10-6

格兰仕集团是一家世界级品牌家电制造企业，立志于“建百年企业 造世界品牌”。1978 年 9 月 28 日至今，格兰仕由一个 7 人创业的手工作坊发展为一个拥有 4 万名员工的国际化经营企业，在广东顺德、中山拥有国际领先的微波炉、空调、生活电器及日用电器研究和制造中心，在中国香港、韩国首尔、北美等地设有分支机构。现在，世界上每两台微波炉中，就有一台出自格兰仕；格兰仕自主开发的空调、冰箱、洗衣机及电烤箱、电饭煲、电磁炉、电水壶等小家电也源源不断地为全球 170 多个国家和地区的消费者提供便利。格兰仕建企以来保持持续快速发展的现象，被国内外经济专家、学者及媒体称为“格兰仕现象”、“格兰仕奇迹”。

格兰仕公司的规模优势→成本优势→价格优势→销量优势→规模优势的循环模式，使它发展成为规模最大的微波炉生产企业。

2. 差异化战略策划

差异化战略是指为使企业产品与竞争对手产品有明显的区别，形成与众不同的特点而采取的一种战略。这种战略的核心是取得某种对顾客有价值的独特性。差异化可以从多方面体现出来，如产品质量特色、外观造型、包装、品牌形象、独特的服务等。

案例 10-7

同样是补血产品的红桃 K、血尔、东阿阿胶、朵而、美媛春等品牌，通过不同的广告诉求突出了产品的差异：“红桃 K”宣称“红桃 K 补血快!”；“血尔”却倡导“补血功效更持久”；“东阿阿胶”具有“牌子老，疗效好”的特点；“朵而”告诉女人们“以内养外，补血养颜”，道出了爱美女性的心思；“美媛春”树立了“女性调血专家”的鲜明形象。

差异化战略策划的目的，就在于创造和渲染企业及其产品的个性化特色。因为在今天这个产品多得令人眼花缭乱的时代里，到处都可以遇到相同的产品，企业的产品或服务能否在市场上脱颖而出，关键看企业能否为其产品赋予鲜明的特色与个性。若做到了这一点，就掌握了出奇制胜的王牌。

差异化战略策划并不是忽视成本，因为通过降低成本获利并不是唯一的战略，同时降低成本的难度有时会很大。世界上有许多名牌产品之所以在激烈的市场竞争中“独领风骚”，就在于其鲜明的产品特色。

3. 集中化战略策划

集中化战略是指企业内部的经营活动集中于某一特定的购买者集团、产品线的某一部分或某一地域市场上的一种战略。集中化战略也称聚焦战略，也就是说企业策划的重点像照相机镜头聚焦一样，集中到市场中的某一特定细分市场。在这个范围的目标市场中，企业追求低成本或差异化的优势。

案例 10-8

当年美国苹果公司放弃其他市场，集中力量策划“麦金考”计算机而取得的成功就是典型的例子。又如美国 AFG 玻璃公司，其战略策划集中在强化玻璃和彩色玻璃上，它们只生产三种玻璃，其中用于微波炉炉门的玻璃、淋浴室门的玻璃和天井顶部镶板玻璃的市场占有率分别为 70%、75%、75%。

集中化战略策划既具有成本领先战略以低价获取市场的谋略，也具有差异化战略以满足消费者特殊需求而占领市场的思考。集中化战略策划不谋求在全行业中达到目标，而追求在一个比较狭窄的市场上取得其地位和利润。

10.3 企业竞争战略策划

案例 10-9

阿迪达斯公司一直是世界体育用品王国的至尊。到了 20 世纪 70 年代后期，决定运动鞋市场的外部因素越发显得重要，人们变得越来越关心自己的健康与体质，成千上万的人开始寻找锻炼身体的途径。于是，跑步的人开始增加了，同时有关跑步的杂志销量猛增，这样就为运动鞋的广告市场提供了一个新的机会。在迅速到来的市场竞争热潮中，阿迪达斯公司却满足于吃老本。而新发展起来的耐克公司迅速抓住阿迪达斯公司竞争上保守的弱点，在传媒与销售等领域频频发动攻势，占据了大部分的市场份额。一直到 20 世纪 90 年代，阿迪达斯公司才开始呈繁荣景象，但先前的地位已难找回。阿迪达斯公司痛失王位，遭受巨大损失。很明显，阿迪达斯公司低估了市场需求的同时，也低估了耐克公司的竞争实力。

面对市场竞争的加剧，企业应该采取怎样的竞争战略？众所周知，这是一个企业领导人每每必问的一个核心问题。

竞争战略是在企业确定业务组合后，针对其中的每一项具体业务，明确应当选择什么样的竞争方式，建立什么样的竞争优势，怎样建立竞争优势，怎样建立与之相应的核心竞争能力，怎样卓有成效地与竞争对手展开竞争活动。选择正确的竞争战略将使企业最有效地分配、组织和利用有限的资源，更快地建立起核心竞争能力和竞争优势，始终把握竞争的主动权，有力地支持发展目标的实现。

案例 10-10

在啤酒业内盛传着这样一句话：得济南者得山东，得山东者得天下。对某啤酒公司来说，济南确实是一个颇令其尴尬的地方。在这个地方，在某啤酒公司的家门口，该啤酒公司却屡战屡败、屡败屡战。1997 年，该啤酒公司向济南啤酒总公司发动了第一场“战争”。当时该啤酒公司推出了低价位的大众啤酒，一瓶比趵突泉啤酒便宜一毛钱左右，意图通过价格优势占领市场，但战事只持续了一个夏季，该啤酒公司便“铩羽而归”。2001 年，该啤酒公司再杀回马枪，使出“火锅城攻势”战法，即该啤酒公司在济南的部分火锅城里派出啤酒推销员，试图以此来打开济南啤酒市场的缺口。2004 年 4 月初，该啤酒公司对济南市场发动了第三轮攻势。这一次，该啤酒公司的策略是“花钱买店”，即在大中型酒店中推行“啤酒专卖店”。该啤酒公司的此次进攻可以说不惜血本，投入空前，但这次煞费苦心的运作又是失望而归。

业内人士分析认为，该啤酒公司的三次市场营销运作在战略上存在着严重的失误。第一个失误是过于轻敌，造就了低水平的市场营销策略。应当说该啤酒公司在市场营销运作中都是非常努力的，但在目的上过于急切，对济南市场没有进行认真的调研分析，就想当然地认为与别的市场一样，凭借自己的优势一定会不战而胜。

第二个失误是对消费者心理的把握不足。在该啤酒公司的第三次攻城时，花巨资买店，采用高额返利、独家专营的方式控制客户终端，全面封杀趵突泉啤酒，让酒店只经营单一产品，强行剥夺消费者的选择权，靠人为力量去改变口味，消费者决不肯轻易“买单”。这可以说是该啤酒公司市场营销的失误，只想着争夺市场份额，而对消费者的感受理解不足，忘记了市场的裁判是消费者，消费者会用手中的货币进行投票。

第三个失误市场是营销策略的不足。在该啤酒公司发动进攻时，曾在济南当地媒体上发布大量广告，称产品为“咱省城人自己的啤酒”，这个广告未免过于浅陋，显然难以让济南消费者接受，消费者的认同来源于体验和感受。

第四个失误是战术执行失误，体现在中档酒进攻了高端市场。在该啤酒公司的买店行动中，进攻市场的主力产品是清爽型啤酒，在市场上属于中档产品，但在酒店中却以高档酒的价格出售以便加大对酒店的返利，保持酒店对专卖的积极性。但是啤酒价格最终转移到了消费者身上，由此引起消费者的不满。

根据企业在行业中所处竞争位置的不同，企业在进行竞争战略策划时，可选择市场防御、市场进攻、市场追随、市场补缺四种策略。

1. 市场防御策划

在市场中采取防御姿态，就是面对市场挑战的主动进攻稳扎稳打，保持自己的市场份额。在竞争中采取防御战略的大多是市场领先者，因为它们处于市场领先地位，必须时刻防备竞争者的挑战，保卫自己的市场阵地，如信息行业的 IBM 公司、汽车行业的通用汽车公司、摄影行业的柯达公司、软饮料行业的可口可乐公司、快餐行业的麦当劳公司等。市场防御一般有以下六种方式。

（1）反击式防御。

当市场领先者受到攻击时，反攻攻击者的主要市场，逼迫其回师自保是一种有效的防御措施。

案例 10-11

日本松下公司一旦发现竞争对手采取新的促销措施或降价销售时，立即就会增强自己的广告力度或者进行更大幅度的降价，这种反击式防御使松下公司得以在主要家电产品如电视机、录像机、洗衣机市场上占据领先地位。

（2）先发制人式的防御。

在竞争者尚未进攻之前，先主动攻击他，是一种先发制人式的防御。具体做法是，当竞争者的市场占有率达到某一危险的高度时，就对其发动攻击或者对市场上的所有竞争者全面攻击，使得竞争者人人自危，或者在竞争者的新措施或策略实施前就针对性地发起攻击。

案例 10-12

南京菲亚特公司的派力奥轿车下线前一天，上海通用公司有针对性地推出了一款价格只有9.28万元的新版赛欧轿车。同时对赛欧系列车型全线下调价格5000～10000元。到第二天，派力奥轿车以8.49万元的最低价格向外公布时，被上海通用公司的调价消息淡化，达不到原来预期的轰动效应。这一先发制人的策略成功地将上海通用公司救出险境，从而使赛欧轿车在市场的销量一直上升。在随后广州本田公司推出奥德赛轿车的同日，上海通用公司使用了同样的一招：将原来最低价格为34.5万元的别克GL8轿车改成标准版，定价与广州本田公司的奥德赛轿车一样都为29.8万元。上海通用公司屡屡在关键时刻以先发制人式的防御策略给予竞争对手沉重的打击。

（3）阵地防御。

阵地防御就是在现有市场四周筑起一个牢固的防御工事，防止竞争者的入侵。采取这种防御方式的典型做法是向市场提供较多的产品品种和采用较大的分销覆盖面，并在同行业中尽可能地采取低价策略。这种防御属于被动型防御和静态型防御。如果一个企业把它的全部资源用于建立保卫现有产品上，是相当危险的。

案例 10-13

福特汽车公司为了防御其他公司的竞争，花费巨资研制T型车，正因为对T型车的“近视”造成了严重后果，使得有着10亿美元现金储备的著名大企业从顶峰一度跌落到濒临崩溃的边缘。

案例 10-14

美国强生公司的纸尿布曾在市场上占据主导地位。宝洁公司为此专门推出了质量更好的“乐肤爽”，向强生公司发起进攻，强生公司无法以竞争性产品取得防御性的成功。本着“打不赢就走”的原则，没有负隅顽抗，于当年撤出了美国纸尿布市场。强生公司为此损失了近1500万美元。但这毕竟为强生公司赢得了喘息之机。

只有适当的撤退才有继续竞争的机会，明知不可为而为之，孤注一掷地守卫和保护应放弃的市场，必定要走向失败。

（4）侧翼防御。

侧翼防御是指市场领先者除保卫自身的阵地外，还应建立某些辅助性的基地作为防御阵地，或在必要时作为反攻基地。

案例 10-15

在国内许多大型的商业区内，一方面是琳琅满目的时尚商品，另一方面，商家又会在寸土寸金的商业区设置“免费儿童游乐区、免费休闲吧”，目的不言自明。

（5）运动防御。

这种战略不仅防御眼前的阵地，同时也扩展新的市场，作为未来防御和进攻的中心。这种方法主要通过市场扩大化和市场多角化的创新活动来进行，形成一定的战略深度。

案例 10-16

宝洁公司的经营特点：一是种类多，从香皂、牙膏、漱口水、洗发精、护发素、柔顺剂、洗涤剂，到咖啡、橙汁、烘焙油、蛋糕粉、土豆片，再到卫生纸、化妆纸、卫生棉、感冒药、胃药，横跨了清洁用品、食品、纸制品、药品等多种行业。二是许多产品大都是一种产品多个牌子，以洗衣粉为例，该公司推出的牌子就有汰渍、洗好、欧喜朵、波特、世纪等近十种品牌。要问世界上哪个公司的牌子最多，恐怕是非宝洁公司莫属了。

（6）收缩防御。

收缩防御就是在所有市场阵地上，全面防御有时会得不偿失，在这种情况下放弃企业较弱的领域，把力量重新分配到较强的领域。

案例 10-17

可口可乐公司在20世纪80年代放弃了曾经进入的电影娱乐业和房地产业，以集中力量来应付当时饮料业的激烈竞争，这使得可口可乐公司进入90年代以来一直经营业绩良好，在软饮料行业中，其市场份额一直居于前列。

2. 市场进攻策划

在确定了战略目标和进攻对象之后，作为挑战者可以选择以下几种进攻战略。

（1）正面进攻。

正面进攻应该是集中全力向对手的主要阵地发起进攻，而不是攻击其弱点。正面进攻的成败取决于双方力量的对比。使用这种战略时，挑战者必须在产品、广告、价格等主要方面超过对手，才有取得成功的可能性。正面进攻的另一种方式是投入大量的研究与开发经费，降低产品成本，然后以降低价格的手段向对手发起进攻，这是建立持续的正面进攻战略的最有效的手段之一。

案例 10-18

中国联通公司对中国移动公司发起的进攻就是毫不留情的正面进攻，中国联通公司针对性地采用明星广告策略、降低话费、推出各种优惠套餐等方法，来迅速扩大自己的市场份额。

（2）侧面进攻。

侧面进攻是集中优势力量攻击对手的弱点，可以分为两种情况：细分性进攻和地区性进攻。细分性进攻旨在寻找主导企业尚未占领的细分市场，在这些小市场上迅速填补空缺；地区性进攻则意在寻找对手力量相对薄弱的地区，在这些地区发起进攻。侧面进攻符合现代市场营销观念，即发现需要并设法满足它。

案例 10-19

百事可乐预料到七喜公司对“无咖啡因”可乐的大肆宣传，会对百事可乐在美国的软饮料市场的领导地位造成巨大影响，因此，百事可乐迅速完成了99%的“无咖啡因”可乐的研制，配合 1%的广告宣传，成功地推出了针对挑战者的产品，抵御了七喜公司的侧面挑战，保卫了其市场领先的地位。

侧面防御成功实施的关键在于，是否能够有效地预防到挑战者未来行动的方向和进攻的强度，并积极地采取对策，防止事态的发展。

（3）包围进攻。

包围进攻是利用突然袭击方式夺取对手大片阵地的一种进攻战略。当进攻者相比于对手而言具有资源优势，并确信围堵计划的完成足以打垮对手时，可以采用这种战略。

（4）迂回进攻。

迂回进攻是一种最间接的进攻策略，即避开对手的现有市场而旨在争夺新市场。具体办法有三种：一是发展无关的产品，实行产品多元化；二是以现有的产品进入新的市场，实行市场多元化；三是发展新技术、新产品取代现有产品。国内手机生产厂商采用的就是这样一种策略，各厂家在不同机型、功能上做文章，使自己的产品具有领先性，而不是从正面直接攻击对方的产品。

案例 10-20

摩托罗拉公司在21世纪初推出了四个手机品种：天拓、时梭、V和心语。其中“人缘比我好，个子比我小”——一只圆头圆脑的小狗在电视屏幕、报纸杂志、户外广告牌等媒体上频频亮相，使许多人一下子记住了摩托罗拉心语 T189 手机。

（5）游击进攻。

游击进攻是指对不同的领域或竞争对手进行间歇性的小型打击，其目的在于瓦解竞争对手的士气，逐步提高自己的市场地位。游击进攻的特点是灵活机动，突然性强，加上“打不赢就走”的策略，使竞争对手很难进行防范。

3. 市场追随策划

如果在目标市场上已有先进入的品牌，但是企业还没有建立领导地位，则市场追随策划最简单也最有效的策略为采取“我也是”的市场定位策略，也就是明白地说——我也站在时代潮流的前列，就算不是最前列。

对许多企业来说，领先进入市场并不是最好的选择。某些企业总是要想方设法地打败其他企业成为市场领先者，那么后进入市场的企业怎样同领先者或者说是同当前主宰市场的对手进行竞争呢？市场追随策划可以分为以下三类。

（1）紧密跟随。

紧密跟随是指在各个细分市场和营销组合方面尽可能地仿效领先者，这种跟随者有时好像是挑战者，但只要它不从根本上侵犯到主导者的地位，就不会发生直接冲突。

案例 10-21

这其中的典范是美国的艾飞斯公司。那时，美国汽车出租业的老大是赫兹（Hertz）公司，在艾飞斯公司经营汽车出租业务连续 13 年亏损的情况下，艾飞斯公司更换总经理，并打出这样的广告：“在出租业艾飞斯是第二位的，那为什么还租用我们的车？因为我们更努力工作呀！”这种真实而又使人同情的广告，大大地获得了消费者的好感，使艾飞斯公司在做此广告的第一年就赢利 120 万美元，第二年赢利 260 万美元，第三年达到 500 万美元。

（2）选择跟随。

选择跟随是指在有些方面紧跟主导者，但在另一些方面保持独立。有选择地跟随，不是盲目地跟随，在跟随的同时还要发挥自己的独创性，从而避免直接的竞争。采取选择跟随时必须集中精力去开拓适合本企业的那些市场，这样才可能赢得丰厚利润，甚至超过市场主宰者。

案例 10-22

面对国内饮料行业巨头们纷纷推出橙汁饮品，强调“维 C”营养时，某公司采用了选择跟随的竞争方式，也推出橙汁——果粒橙，这是一种含有大量果粒的橙汁。这不是盲目地跟随主导企业生产完全相同的橙汁，而是在跟随的同时发挥自己的独创性，加入了大量的果粒。

（3）距离跟随。

距离跟随是指在市场营销的各主要方面跟随市场主导者，但又与其保持某些差距，这样领先者并不会过于注意模仿者，模仿者也不会进攻主导者。

案例 10-23

宝来计算机公司向来主动分析和集中市场，有效地研究和开发新产品，看重赢利而不注重市场份额，并进行较好的生产经营管理。尽管其在当地的市场份额不到领先者的 1/2，但其投资回报率资本净值却超过了本行业的平均水平，甚至超过领先者。

4. 市场补缺策划

在市场竞争中，有些企业的规模小，竞争能力差。他们有优势的地方并不多，这类企业可采用见缝插针式的市场补缺性策略。一般做法是避开竞争对手的主战场，寻找与开辟竞争对手还没有涉及的市场机会，争当在小区域或在某一方面的第一名。

市场补缺者的战略目标是能在一个较小的领域内获得较大的市场份额。市场补缺者的战略特点是利用分工原理，专门生产和经营具有特色的、市场需要的产品和服务。市场补缺策划的关键在于专门化，厂商必须依据市场、顾客、产品或营销组合来确定一条专门化的路线或方向。

（1）特定产品或服务。如某些酒吧，规模不大，装修不豪华，但打出“营造适合文化人的情调”作为与众不同的特点；又如哈雷公司就是专门生产豪华型的摩托车。

（2）特定的使用机会。如某些茶馆、咖啡馆在做广告宣传时突出“夜间营业”，来迎合有夜生活习惯的消费群体。

（3）顾客规模专业化。专门为特定规模的顾客提供服务，许多补缺者都倾向于为小客户、小公司或个体消费者提供服务或产品。

（4）地理区域专门化。专门在营销范围集中的较小地理区域内提供产品或服务，特别是在那些相对偏僻、交通不便的地区，更适合市场补缺者。

市场补缺要随时注意自己所从事的补缺业务是否被别人成功地挤占，或补缺市场被大企业列入其细分市场而不再有“缺”可补。因此市场补缺者要增强危机意识，保护补缺市场，想方设法使自己从事的业务具有不可替代的特色优势，成为其他竞争者无法与之匹敌的领域，同时扩大和创造补缺市场，增加市场需求量，不断地满足新的社会需求。

案例 10-24

维珍（Virgin）是英国公认的著名品牌，其品牌认知度达到了 96%，从金融服务业到航空业，从铁路运输业到饮料业，消费者公认这个品牌代表了质量高、价格廉，而且时刻紧随时尚消费。从 1970 年到现在，维珍公司成为英国最大的私人企业，旗下拥有 200 多家大小公司，涉及航空、金融、铁路、唱片、婚纱等。维珍公司总是选择已经相对成熟的行业，给消费者提供创新的产品和服务。可以说，在它进入的每一个行业里，维珍公司都成功地扮演了市场补缺者的角色，它提供给目标顾客的是那些主导企业没有想到或者不愿意去做，而消费者其实很欢迎、很需要、能够从中得利的产品和服务。

10.4 模拟“仿真训练”

BEST 训练（营销策划者的一天）

10.4.1 BEST 训练规则

（1）将学员分为 5～6 人一组的小组，各小组指定（或推荐）一名学员为负责人来组织营销策划活动，下一次活动时更换人员，力求人人都能得到训练。每个小组为一个相对独立班组，根据训练背景内容的不同，每人扮演不同的角色。

（2）训练内容与范围：各类企业的营销策划者在一天中，可能遇到的各种与背景案例及本章内容相关的问题。

（3）小组活动的总时间定为 4 小时（其中前两个小时为小组开展活动的准备时间，不在训练方案时间表中体现），由小组负责人与成员一起按照BEST训练标准流程讨论、制订训练方案时间表。训练方案时间表要求格式化，容许有10%的调整弹性。

（4）训练标准流程：① 训练规则说明；② 分组及任务分解说明；③ 上任与面对问题（本章中的案例及可能遇到的各种问题）；④ 分析与创意会议；⑤ 策划方案设计；⑥ 策划方案要点讲解与小组讨论点评；⑦ 讲师点评。

（5）考核：① 从各小组中各抽出一人组成考核组；② 考核对象：每个小组、每个人（特别是小组负责人）；③ 考核内容：流程考核（小组是否按照训练流程进行训练），时间考核（小组是否按照训练时间表进行训练），角色考核（每个角色扮演的形式与实质技能考核），团队与效果考核（小组整体表现）；④ 考核形式：考核组集体打分；⑤ 考核标准：形式性考核占40%（包括流程、时间、角色、需要的书面营销策划方案等），实质性考核占60%（包括小组及个人的实际表现、内容掌握深度、目标实现度等）。

（6）保持各项记录。

10.4.2 BEST训练的背景案例及场景

案例 10-25

小明利用暑期在学校边上的肯德基店打工，接触到一些关于如何与麦当劳竞争的培训。培训主管要求：每位参加培训的员工都必须搜集肯德基与麦当劳公司在中国市场的营销策略资料，具体包括产品策略、价格策略、渠道策略、促销策略、人员推销、广告宣传、公共关系、营业推广等竞争情况；根据搜集的资料分析与探讨肯德基与麦当劳公司市场竞争战略策划的要点，撰写分析报告；根据分析报告设计一份肯德基竞争方案。请你代小明完成。

10.4.3 BEST训练运行

按照训练的标准流程运行，各个项目内容必需的时间由各小组具体设定。

（1）训练规则说明（建议时间10～15分钟）。

主要包括让学员明白为何要训练、训练什么、训练目标是什么、训练规则是什么、如何进行训练、如何进行考核、谁负责、多长时间完成等训练必需的内容。

（2）分组及任务分解说明（建议时间10～15分钟）。

按照训练规则进行分组，角色扮演。

（3）上任与面对问题（本章中的背景案例及可能遇到的各种问题）（建议时间15～20分钟）。

① 请按照背景案例中要求，帮小明完成肯德基与麦当劳公司在中国市场的营销策略资料搜集。

② 请你帮小明的朋友进行目标市场选择策划。

③ 请你帮小明撰写肯德基与麦当劳公司市场竞争战略的分析报告。

④ 根据分析报告请你代小明设计一份近期肯德基的竞争方案。

⑤ 请帮小明整理一下学习本章的收获。

（4）分析、创意会议与策划方案设计（建议时间80～100分钟）。

对以上遇到的问题召集小组会议，逐项进行分析、创意，制定策划方案，指定相应成员书写完善。

① 会议主题：

② 会议形式：

③ 时间控制：

④ 策划、创意：

⑤ 策划方案：

（5）策划方案要点讲解与小组讨论点评（建议时间 20～30 分钟）。

主要内容包括本次训练过程描述、目标任务的实现度、策划方案要点讲解、小组成员讨论点评与小组活动总结、不足之处在哪里、如何改进等。

（6）讲师点评：讲师按照练习、小结（指出正误）、再练习、再小结……直到掌握的程序，对练习进行总结讲评。

（7）对各个小组考核评价（建议时间 20～30 分钟）。

考核组对各个小组上交的材料，结合考核组对其实际记录及表现进行评价。各个小组需上交给考核组的材料主要有：训练议程安排；分组分工及角色扮演名单；所面临的问题清单；每个问题的解决方案；会议记录；各角色与小组训练活动总结报告等。考核组对每个小组及每个人的实际表现、内容掌握深度、目标实现度等进行记录。

10.5 测试与评价

（1）一般竞争战略主要有哪些？各有什么特点？

（2）当企业选择市场防御、市场进攻、市场追随、市场补缺四种策略时，主要考虑的因素是什么？

（3）作为市场领导者，可以从哪些方面来进行市场防御？

（4）市场进攻策略有哪些？利用策划的基本要素设计一份改善校园环境的方案。

第 11 章

企业 CIS 导入策划

学习任务与目标

- ❖ 了解企业 CIS 导入概念
- ❖ 掌握企业 CIS 导入策划的方法
- ❖ 能够进行 CIS 导入策划

案例 11-1

早在 20 世纪二三十年代，IBM 公司内部就形成了切合自身实际的企业文化。多年来随着 IBM 公司文化的兴衰，其企业形象也在不断地发生着变化。自从 1914 年老沃森接任 IBM 公司总裁后，他刻意创造一个由忠贞之士组成的组织，认识到 CIS 导入的重大意义。开始只在墙上贴一些励志口号，如“失去的时间永远找不回来”、“我们决不能自满”等。同时在公司内部制定了严格的员工行为准则，如要求业务代表注意仪容，身着暗色西装，鼓励结婚等。还制订了公司理念的培训计划，以便系统地把公司的经营管理理念、使命、目标、精神等灌输给全体员工，尤其是新员工。还创立了一所完整的学校，用来培训公司的职员。

20 世纪 50 年代初期，IBM 公司因未能大胆地在电子计算机领域创新投产，而败北于意大利的奥尔维帝公司。1956 年小沃森继任总裁后，进行产品转换与组织结构改革，同时产生了一个全新的思路，认识到：要跻身世界大企业的行列，角逐于国际市场，必须改变公司 40 年来的旧形象，树立独特响亮的且具有“前卫、科技、智慧”等特征的企业形象。在公众心目中，IBM 公司应建立一个组织制度健全、充满自信、有良好的行为规范和公司个性特色，永远走在计算机科技尖端的国际性公司的形象。

在工业设计大师诺依斯的建议下，IBM 重新确立公司的商号，即将公司全称 International Business Machines 简化成 IBM，把 IBM 设计成具有强烈视觉冲击力的粗体黑字作为公司的标志，以便引起公众的注意。当时经调查发现，大约有 70%的消费者选购的计算机都是 IBM40 型蓝色外壳计算机，IBM 的蓝色设计最受欢迎。IBM 既是公司的标志，也是公司商标和标准字，同时确定蓝色为标准色，以此象征公司的高科技性质和实力。另外两名工业设计家蓝德和依姆斯还为 IBM 设计了标准化的产品外形。视觉一体化的系统设计和实施突出了 IBM 公司的特色，统一了公司对内与对外的形象。从此，IBM 公司的社会知名度与美誉度大增，市场占有率迅速扩大，“蓝巨人”的高大形象在公众中树立了起来。

以上这些都说明塑造企业精神、企业文化、企业形象的重要意义，IBM 公司是众所周知的开创现代 CIS（corporate identity system，企业识别系统）的先河，那么，当今社会，企业怎样让公众在多如星辰的环境中记住你？怎样在众多企业中脱颖而出？怎样提高企业的知名度、美誉度？树立良好的企业形象和品牌形象？这些就是CIS要解决的问题。

在塑造企业形象的过程中，最重要的是把企业的经营理念、行为和视觉要素通过一些信息渠道传播给社会公众，企业应选择好CIS导入的时机，同时遵循导入程序与原则，掌握导入技巧。

11.1 企业CIS导入程序与原则

CIS是运用统一的视觉识别设计来传达企业特有的经营理念和活动，从而提升和突出企业形象，使企业形成自己内在独特的个性，最终增强企业整体竞争力。它是企业经营战略的重要组成部分，是企业的无形资产。它代表着企业的信誉、产品质量、人员素质，是企业文化对内、对外传播的一条主要途径，将企业文化与经营理念等统一设计，利用整体表达体系传达给企业内部与公众。企业CIS导入使公众对企业产生一致的认同感，以形成良好的企业印象，使消费者很容易区分出企业的差异性，最终促进企业产品和服务的销售，树立企业品牌形象。

当今国内外市场竞争激烈，企业参与竞争的焦点已从商品数量、质量、服务的竞争，逐步进入企业形象竞争；突出从全方位、广角度、宽领域展开的高层次综合实力的竞争。CIS涵盖了企业知名度、产品美誉度及企业形象力等诸多要素。企业积极导入CIS战略，通过理念识别系统，在观念上革故鼎新；通过行为识别系统，展示企业风采；通过视觉识别系统，凸显企业形象，进而让企业形象长久留在公众心中，使企业立于不败之地。

现代企业注重可持续性发展，所以越来越多的企业认识到CIS是企业持续发展的“指路明灯”，似乎可以解决企业发展过程中存在的一切问题。企业导入 CIS 是一项策略性极强的系统工程，人力、物力、财力投入很大，仅凭满腔热情、一哄而上是不够的。一项成功的企业CIS导入工作需要以长期、全局的观点，结合企业自身实际，把各种资源进行最佳整合，确定CIS导入目标，讲究导入的技巧和策略，开发设计出可行性导入方案。

11.1.1 企业CIS导入程序

CIS是由企业理念识别（mind identity，MI）、行为识别（behavior identity，BI）和视觉识别（visual identity，VI）三个层次系统构成的，是三者的统一体。

MI是指企业经营过程中的经营理念、企业使命、企业目标、企业精神、企业哲学、企业文化等的统一体，是企业的“想法”。

案例 11-2

金蝶国际软件集团有限公司的企业理念包括以下几方面。

企业使命：开发和利用世界上先进可靠的信息技术构建企业应用软件产品，成为卓越的企业信息系统解决方案供应商，帮助世界范围内的企业强化因特网时代的管理竞争力，帮助顾客获得成功。

短期目标：成为中国最强大的软件供应商。

长期目标：跻身世界应用软件供应商十强行列。

商业哲学：帮助顾客获得成功。

企业精神：创新、团队、职业、服务。

管理模式：激情管理+数字化管理。

核心价值观：爱心、诚信、创新。

BI是指企业在实际经营过程中所有具体执行行为与操作的规范化、协调化，以达到经营管理的统一化，是企业的“做法”。

VI是指视觉信息传递的各种形式的统一，是企业的“脸面”。

在CIS战略中，MI是CIS系统的灵魂，是CIS的精髓所在，也是CIS运作的原动力；BI是CIS系统的骨骼和肌肉，是企业理念付诸实施的行为方式；VI是CIS系统的外表形象，是连接理念识别和行为识别的纽带，是从视觉着手对视觉因素进行全面统一的设计，包括名称、标志、造型、色彩等基本要素和广告环境、场地等应用要素，通过各种要素的开发产生强烈的视觉冲击力，通过重复刺激加深印象，提升形象传播效果。三者构成一个有机整体，三者互相联系，互相制约，互相补充，互相渗透，缺一不可。只有三者共同协调发挥作用，才能塑造出一个完美的、良好的企业形象。

CIS导入与实施是一项循序渐进的计划性工作，要按照理论和预定时间，循序地进行作业，以便达到所期待的成果。所以想获得良好的CIS效果，就必须制订理想的程序。那么，如何制订适合的企业CIS导入程序呢？关于这个问题，CIS委员会必须充分检查与制订合乎企业目的和方针的程序。一般而言，CIS程序通常以CIS导入计划的形式表现。整个工作的开展首先是要确立CIS导入目的，预算CIS导入效益，确定CIS导入重点，在此基础上，必须分阶段按计划推进。具体导入过程可分为调研、策划和实施三大步骤。

（1）企业CIS导入准备（实施调研）阶段。导入前策划者必须把握企业的现状和外界的认知环境，并从中确认企业给人的形象认知状况。采取的形式有：与经营者或高级主管个别访谈和沟通，选择部分客户和员工开展问卷调查，对内、外部经营环境和经营内容进行实地查看，总结和分析调研情报与资料。具体工作包括以下三方面。

① CIS导入提案的开始和确认。

② CIS导入的机构设置，成立CIS导入工作委员会或工作小组。

③ CIS导入前的各项调研工作：目的、指导思想、现状、调查表、实地考察、企业内部的信息传递、访谈、企业理念的发表、视觉传达审查、各类质询会议等。

（2）形象概念确立和设计作业展开阶段。以上述调研结果为基础，分析企业内部与外界认知、市场环境与各种设计系统的问题，找出企业形象上存在的问题，确定出企业的定位、价值与应有的形象等基本概念，并转变成具体可见的信息符号，形成企业CIS导入可行性报告或计划、策划方案，即导入标题、目标、理由、背景、步骤、具体实施细则、费用等，经过反复测试和调研，确立出完整的、符合企业实际的识别系统。CIS设计要以企业标志为核心，将企业的经营理念全面系统地体现在企业的视觉识别系统中，便于企业进行全方位、系统化和规范化的管理。具体工作包括以下八方面。

① 企业形象的定位。

② 企业理念识别系统的构建。

③ 企业行为识别系统的建立。

④ 企业视觉识别系统的创建。

⑤ 企业 CIS 导入方案的策划。

⑥ 法律上的核定。

⑦ 对外发表导入计划。

⑧ 应用设计开发。

（3）导入阶段。重点在于排定导入实施项目的优先顺序，策划企业的广告活动，筹备成立 CIS 执行工作小组和管理系统，并将策划完成的识别系统制作成为标准化、规格化的手册或文件。具体方法有：召开信息发布会，对执行者进行教育，在企业内部全面系统地推广，开展员工培训，制作对内外的宣传资料，订立发表时间和形式，充分利用大众传媒对外传播。具体工作包括以下五方面。

① 制作 CIS 导入手册。

② 对内发表新的 CIS 导入系统。

③ 员工教育。

④ 对外发表 CIS 导入系统。

⑤ CIS 管理系统的运行。

（4）监督与执行评估阶段。企业 CIS 导入策划仅仅是前置性的计划，如何落实和实施还必须经过市场监督与评估，以确保符合原设定的企业形象概念，如发现原有策划存在不足之处，应不断地提出修正与改进措施。主要做法：成立 CIS 管理工作组，建立 CIS 监督与执行评估机制，在定期评估与效应统计后提出改进执行方案。监督评估指标主要有：是否按 CIS 导入计划完成？目标销售量或销售额是否达到？企业利益是否得到增长？本阶段主要由专家团负责对企业导入 CIS，对实施经营战略方案的过程和效果等进行评估、咨询和监督，并撰写 CIS 导入效果评估报告和经营战略实施评估报告。

各企业的 CIS 导入计划，会依企业特性和问题特点而有所不同，但其原则性的程序则大致相同，均可划分为调研、策划和实施三大步骤。调研工作必须把握现状、观测事实，并加以分析。许多企业在导入 CIS 时，事前调研作业不够充分，因此无法掌握现状，常做出缺乏依据的 CIS 导入策划；这种策划内容不合理，根本无法获得良好的成效。

导入方案的策划必须以调研结果为基础，配合基本思想，根据政策方向和表现重点而提出构想，同时为了有利于实施作业，最理想的策划是明确指出具体的可行步骤。CIS 的实施阶段是根据策划内容，以新思想为基础而开发出新的识别系统，并且将此新系统向企业内外发表。CIS 的作业流程计划有其预定的实施期限，且包括许多复杂的项目，必须循序渐进，才能得到合理的结论和优秀的视觉系统。此外，为了配合企业目的，在策划阶段应注意如下几个问题。

（1）进入实施成果阶段不可太仓促。在企业确认 CIS 的导入方针后，如果匆忙而机械地勉强制订计划，反而会产生反面效果。有些企业的总经理或高级主管不了解这一点，一定要按照排定的期限，订立勉强的流程计划，以便配合企业周年纪念日的庆典等情况。如果在某期限内办理的事项很多，例如，“方针的确定”、“企业名称的确定”、“企业标志的确定”、“基本设计系统的确定”、“对外界发表 CIS”、“适用设计的相关事宜”等，计划把那么多的工作在仓促的时间内勉强完成，则容易变成一份难以执行的 CIS 计划表。

（2）设计开发作业的时间不可太仓促。在 CIS 的设计开发作业中，为了让大家能提出优秀的构想，做设计造型的探索等，就要安排充分的检查时间；在进入实际作业时，也要有足够的时间，不可制订机械性的不合理计划，强迫设计者仓促赶工，使得实施作业困难重重。

（3）重视逻辑性而循序推进 CIS 作业。CIS 的策划过程、背景、导入的必然性和成果等结论，以及 CIS 开发的过程，都必须利用对内、外发表的机会加以反复说明，绝对不可以马马虎虎地推进 CIS 作业，失去企业本身对员工和外界人士的说服力。尤其在推进 CIS 计划时，有关企业问题的探索、调研工作以及根据调研结果而做判断的过程，如果进行得不理想，日后便很难对内部员工或外界人士说清楚，同时也会使得 CIS 的成效不明显。因此，不论企业的情况如何特殊，CIS 作业都必须重视逻辑性而循序渐进地执行。

（4）变更企业名称、品牌时，必须办理法律手续，安排充足的作业时间。企业名称的变更一般须通过股东大会的决议，而品牌商标的更新也须办理有关的法律手续。因此，事先必须考虑周详，才能制订出实用性强的 CIS 计划。

（5）发现 CIS 计划不合理时，应尽快重新制订 CIS 计划的流程安排，必须考虑前后作业之间的关联性，因为前面的作业结果必然会影响到下一步作业。根据调研结果，有时也必须安排追加调研；综合性的检查结果，有时会产生需要变更企业名称的情况；识别系统的策划，也会影响设计开发的条件；有些设计须先做各种测试，或重新进行设计开发作业。因此，负责的相关人员应时常考虑实际状况，出现必须追加或删改的重要作业时，应毫不犹豫地重新制订适当的计划。

11.1.2 CIS 导入原则

（1）以企业文化为本。CIS 在不同文化的地区导入的侧重点也不一样。CIS 在西方国家注重色彩的运用和视觉上的冲击，但是到了日本和中国则更侧重于理念和精神等文化内涵。CIS 导入必须以民族文化为本，以企业文化为本。在导入 CIS 过程中，要与企业的经营理念、经营哲学、精神文化、道德风尚等保持一致，并且要通过企业领导层贯穿到全体员工中去。

（2）以公众为中心。导入 CIS 本身是通过一些信息渠道将企业的经营理念、行为和视觉要素等企业形象传播给社会公众。社会公众是企业形象赖以生存的“空气”。以公众为中心的原则，并不是不顾一切去迎合公众，而是要努力做到满足公众的需要，尊重公众的习俗，正确引导公众的行为观念。

（3）个性化原则。CIS 导入与策划必须突出企业和产品的个性，使其在消费者和社会公众的心目中形成强烈的印象。“与众不同，独树一帜”是策划者要铭记于心、见之于行的指导原则。

（4）全方位推进原则。企业导入 CIS 是一项长期而全局性的战略工程，是涉及企业内外各条线、各方面的一件大事。因此，必须从企业内部与外部环境、CIS 内容结构、组织实施、传播媒介等方面综合考虑，以利于全面地贯彻落实。

（5）统一性原则。为了达成企业形象对外传播的一致性与一贯性，应该用完美的视觉一体化设计，将信息与认识个性化、明晰化、有序化，把各种形式传播媒介上的形象统一，创造能储存与传播的统一的企业理念与视觉形象，这样才能集中与强化企业形象，使信息传播更为迅速有效，给社会大众留下强烈的印象与影响力。对企业识别的各种要素，从企业理念到视觉要素进行标准化，采用统一的规范设计，采用统一的对外传播模式，并坚持长期一贯的运用，不轻易变动。

（6）经济效益与社会效益兼顾原则。企业是社会的经济细胞，在追求经济效益的同时，也要积极追求良好的社会效益。CIS 导入必须合乎事物的发展规律，体现社会公德，内容与形式符合国家的路线、方针、政策以及法律法规的要求和精神。

11.2　企业 CIS 导入策划方案

CIS 导入是一个全局性的系统工程，要按照导入程序和导入原则循序渐进地开展，而导入前的各项基础性工作——调研和在调研的基础上形成的可行性分析以及导入策划方案尤为重要，它将关系到企业 CIS 导入的成功与否。

11.2.1　企业 CIS 导入策划调研

首先要对企业的实际状况调研，其次要对企业形象的定位进行调研。包括市场形象、外观形象、技术形象、未来性形象、经营者形象、综合形象等。

1. 企业形象调研

企业形象调研是指全面了解社会公众对本企业的已有行动和政策的意见、态度，以及本企业在社会公众心目中的地位及其实际评价。

企业形象调研可以采用文献分析法、公众访谈法、实地视察法、问卷调查法、通信调查法、追踪调查法等方法。在信息调查的基础上，要进行信息研究和分析。企业形象分析可遵循以下三个步骤。

（1）汇总、识别和整理信息。汇总信息是将各种渠道的调查结果汇集到一起。识别信息就是对信息去粗求精、去伪存真、选择重点信息的过程。整理信息就是对汇总起来的重要的有用信息进行分类、组合、排序，编写信息目录检索卡。

（2）确定企业形象存在和面临的问题。经过对调查资料的分析和研究，对照企业形象各要素进行检查与分析，得出基本结论：哪些形象需要改进，哪些有关企业形象的重大问题亟待解决。

（3）排列问题等级。根据对调查资料的分析与研究，排列出已发现问题的迫切性等级和重要性等级，并预测潜在的问题，以确定形象塑造的主攻方向或突破口。

2. 企业形象定位

企业形象定位就是确定一个企业在其公众心目中应有的特殊形象和位置。随着竞争的日益激烈，特别是商业、服务业，单靠设施、服务项目、服务价格等方面来竞争，已经很难有显著效果了。只有塑造出具有独特风格特征的、个性化的、差别化的企业整体形象，才会赢得顾客的青睐。

案例 11-3

广州的“美的”集团以“创造完美”作为集团CIS的核心，作为集团的企业精神、经营理念和行为准则。这一崇高理念，表达了“美的”人的企业价值观。这种价值观要求“美的”人在自己的工作岗位上，要以高度的责任感和一丝不苟的工作精神，充分发挥才能施展才华，为顾客创造出品质优秀，近乎完美的产品，给消费者带来美的感受，为世界再增添一份美。这种形象定位在一定程度上能感染消费者，从而在竞争激烈的家电市场上占有一席之地。

企业形象的定位过程，要经过以下几个步骤。

（1）形象审视。包括对同行业竞争者的形象特征，本企业形象塑造的有利和不利条件的审视，为进一步的形象定位工作提供可靠依据。

（2）形象切入。在对企业塑造形象的客观条件有把握的基础上，寻找形象切入点，也可能是其他企业的薄弱点或尚未进入的形象，也可能是本企业的制高点，或者是本企业经过精心分析寻找到的新角度。

（3）形象定位。一旦从某个独特形象点切入，就要迅速占领这个形象制高点，集中企业的全部人力、物力、财力为形象定位服务。在形象定位问题上不能四面出击，对看准的定位领域就要全力以赴，准确到位。

（4）形象扩散。形象一旦到位，就要变静态形象为动态形象，使企业已经定位的形象扩散并深入到公众心目中。

企业形象定位不仅是企业自我期望、自我规划、自我确定的形象塑造目标，而且更重要的是要使其定位在公众心目中。企业要利用各种时机和条件，通过各种传媒及精心策划的公共关系活动，通过日常的企业文化建设和形象战略实施这四大途径，使定位形象扩散到社会公众中去，最终扩大企业的影响。

11.2.2 企业CIS导入策划方案的构成

策划方案的构成：企业实际状况调研结果分析，策划作业，实施管理作业。

企业CIS导入策划方案包括：标题，本方案要实现的目的，CIS导入背景和理由，导入计划，具体实施细则、办法和流程，CIS计划的推动、组织和协调者，实施CIS计划所需要的费用和时间安排。

案例 11-4

如下为厦门华夏大酒店CIS导入策划方案纲要介绍。

1. 华夏理念识别系统（MI）

（1）企业精神：华夏是我家，我是华夏人。

（2）价值观念：我与华夏同发展，实现自我；华夏为我创机遇，超越自我。

（3）经营信条：宾客第一，员工第一。顾客永远是对的。

（4）经营准则：设施抓质量，以质取胜；经营重特色，以特引客；服务讲感情，以情动人；环境求优雅，以雅迎宾。

（5）广告语：行遍天下，华夏是家。

2. 华夏行为识别系统（BI）

（1）培训立基础。强化员工的教育，狠抓培训工作，要求管理者具备四个方面的素质：讲道德、会创新、能敬业、守信用。对全体员工要从服务态度、服务水准、技能技巧、文明礼貌等各个方面进行系统的培训。

（2）管理重用人。在人力资源管理和应用上贯彻“能者上，平者让，庸者下”和“奖优罚懒”的方针。

（3）激励扶正气。激励员工，团结一致。对有突出贡献的员工和拾金不昧、助人为乐等好人好事进行表彰奖励。

（4）店歌发号召。谱写店歌（向社会征集，也是一个很好的营销宣传策划活动）。

（5）经营抓特色。贯彻经营准则，突出经营特色。在各种媒体上进行广告宣传活动，发布新闻消息，组织各种展销、促销活动。

（6）公关树形象。开展公关活动，树立企业形象。结合社会热点和各种节假日，举办丰富多彩的社会性活动，增进酒店与客户的情感交流。

3. 华夏视觉识别系统（VI）

（1）对华夏大酒店的标志赋予丰富的内涵。华夏标志由英文字母H和X配合构成，取象于中国传统的民间绳系方法——“同心结”。充分体现了华夏大酒店“宾客第一，员工第一”、“以质取胜，以情动人”的经营信条和经营准则，以华夏为圆心，连接酒店与客户，连接酒店与员工。

（2）标志应用。酒店所有办公用品、交通工具、衣着制服、招牌旗帜、餐厅用具等全部采用统一的视觉识别符号，但有一个原则必须遵守：设计要符合美学原理，做到美观、大方、实用。

（3）标志的规范与改进。酒店的客房、餐厅、会议室、大堂改造装修必须按统一的视觉特色科学地进行。对于一些不统一、不和谐、不美观的设施要逐步改造调整。

11.3 企业CIS导入的开发与设计

由于CIS是以塑造企业形象为主，是彻底运用视觉上设计系统的一种技法，因此，在以往所做的调查、策划，最后都要以视觉开发计划的方式来表现。

在企业的最高负责人批准CIS策划方案后，即可展开CIS的作业。此时企业内部最关心的，当然是导入CIS后“企业问题”能否解决，以及用什么方法来推行CIS等。因此，企业可能会设置“推行委员会”，并派遣专人来负责此事。

当进入CIS的设计开发阶段后，前面各项作业所设定的识别概念、经营理念，都将在这个阶段中转换成系统化的视觉传达形式，以具体形式表现企业精神、企业文化。

11.3.1 企业CIS开发与设计的要素与内容

在CIS开发设计上，必须从企业基本要素的开发着手。

（1）基本要素各自的定义和考虑的重点有如下几个方面。

① 企业标志：代表企业全体的企业标志；对生产、销售商品的企业而言，是指商品上的商标图样；抽象性的企业标志，具体性的图形标志、字体标志。

② 企业名称标准字：通常是指企业的正式名称；以全名表示，或者省略“股份有限公司”“有限公司”等情况；依企业的使用场合，来决定略称和通称的命名方式。

③ 品牌标准字：原则上是以企业所在地区的官方语言来设定，用以代表企业产品品牌。

④ 企业的标准色：用来象征企业的指定色彩（如富士胶卷的绿色、柯达胶卷的黄色等）。通常采用1～3种色彩为主，也有采用多种颜色的色彩体系。可以考虑让这种传达企业气氛的色彩经常出现，或利用辅助色彩制造更佳的色彩。

⑤ 企业标语：对外宣传企业的特长、业务、思想等要点的短句；与企业名称标准字、企业品牌标准字等组合使用的情形。

⑥ 专用字体：包括企业主要使用的文字、数字等专用字体；选择主要广告和促销等对外宣传品印刷所使用的字体，规定为宣传用的文体；商品名称、品牌、企业名称，对内与对外宣传用的文字。

（2）CIS的应用设计，包括企业章类（如名片、旗帜、徽章等）、文具类（如文件、信封、信纸、便条纸等）、车辆运输工具类，服装制服、企业广告、宣传品、征聘人才广告等宣传媒体类。

CIS的设计与开发，包括以下三个方面。

① 设计开发的委托方式：包括总括委托方式、指名委托方式、指名设计竞赛方式、公开设计方式。

② 设计开发的作业分配方式：包括基本设计要素及基本设计系统，应用设计要素及应用设计系统。

③ CIS设计开发的程序包括下面一些步骤：

a．制作设计开发委托书，委托设计机构，明确设计开发的目标、主旨等。

b．说明设计开发要领，依调研结果订立新方针。

c．探讨企业标志要素概念与绘制挑选草图。

d．企业标志设计方案的展现。

e．选择设计方案及测试设计方案，包括对外界主要关系者和内部员工进行意见调查等。

f．企业标志设计要素的精致化。

g．展现基本要素和系统提案。

h．编辑基本设计要素和系统提案手册。

i．企业标准应用项目的设计开发，包括名片、文具类、招牌、事务用名等的应用设计。

j．一般应用项目的设计开发。

k．进行测试与打样。

l．开始新设计的应用。

m．编辑设计应用手册。

案例 11-5

以黄色“M”字为标志的麦当劳公司，在世界各地拥有6500多家连锁店，是世界上最大的饮食企业。麦当劳公司的企业识别有三大特点：①企业理念很明确；②企业行动和企业理念具有一贯性；③企业外观设计的统一化。

麦当劳公司在美国现代社会中具有强烈的存在意义，其企业理念是QSCV，即优质（quality）、服务（service）、清洁（clean）与价值（value）。

优质，麦当劳公司的品质管理十分严格，当食品制作后超过一定期限，就舍弃不卖。这并非是因为食品腐烂或食品缺陷，麦当劳公司的经营方针是坚持不卖味道差的食品。这种做法重视品质管理，使顾客能安心享用，从而赢得公众的信任，建立起高度的信誉。

服务，包括店铺建筑的舒适感、营业时间的设定、销售人员的服务态度等。在美国，麦当劳公司的连锁店和住宅区邻接时，就会设置小型的游园地，让孩子们和家长在此休息。“微笑”是麦当劳公司的特色，所有的店员都面带微笑，活泼开朗与顾客交谈、做事，让顾客觉得亲切，忘记了一天的辛劳。

清洁，麦当劳公司要求员工要维护清洁，并以此作为考察各连锁店成绩的一项标准，树立麦当劳公司“清洁”的良好形象。

价值，麦当劳公司的企业理念一度只采用了“Q”、“S”、“C”三个字母，后又增加了“V”即价值，它表达了麦当劳公司“提供更有价值的高品质物品给顾客”的理念。现代社会逐渐产生商品品质化的需求，而且消费者的喜好也趋于多样化，如果企业只提供一种模式的商品，消费者很快就会失去新鲜感。

麦当劳公司虽已被认为是世界第一大饮食企业，但它仍需适应社会环境和需求变化，否则也无法继续生存。麦当劳公司强调价值，即要附加新的价值。

麦当劳公司忠实地推行它的企业理念。而且渗透到整个现实组织内，推出具体的企业行动，这就是麦当劳企业识别的优点。在现代社会中，大多数企业都提出自身的企业理念，但能使之行动化的不多。所以，麦当劳公司的作风赢得了良好的评价。

麦当劳公司的视觉传达也独具特色，企业标志是弧形的“M”字，以黄色为标准色，稍暗的红色为辅助色，标准字设计得简洁易读，宣传标语是“世界通用的语言：麦当劳”。这个标语没有设计成“美国口味，麦当劳”，实在是麦当劳公司的成功之处。

麦当劳公司的视觉识别中，最优秀的是黄色标准色和“M”字形的企业标志。黄色让人联想到价格普及的企业，而且在任何气象状况或时间里黄色的辨别性都很高。“M”形的弧形图案设计非常柔和，和店铺大门的形象搭配起来，令人产生走进店里的欲望。从图形上来说，“M”形标志是很单纯的设计，无论大小均能再现，而且从很远的地方就能识别出来。

麦当劳企业识别的优越性就在于企业理念实施得非常彻底，为了达到这个目的，麦当劳公司进行员工教育、发行编制相当完备的行动手册，同时，还完成了非常优秀的视觉识别设计。

11.3.2 企业 CIS 导入应注意的问题

（1）企业要正确认识CIS对企业发展的作用，既不能有CIS无用的观点，也不能将其作为企业扭亏增盈的唯一法宝，应在策划的同时系统考虑企业的综合管理问题。

（2）要切合实际，包括企业内部及外界各种环境的现状。企业CIS导入虽然是突出企业个性，但也要与周边环境等相称。

（3）导入CIS必须与企业文化建设相结合。企业导入CIS，就其实质而言，是一种企业文化的整体营造与重塑。从CIS的本身要求看，它不仅不能以视觉识别代替CIS的全部，也不能简单地理解为"理念统一＋行为统一＋视觉统一"，而要把它们具体化为企业文化不同层面的构成要素，从而最大限度地提高其完整性、统一性和可操作性。具体讲就是导入CIS必须与企业文化建设结合在一起，实现如下构成要素的协调与统一。

第一是企业精神文化上的"理念统一"。其实质是形成一种为大家所普遍接受和认可的企业价值观念。

第二是企业制度文化、行为文化上的"行为统一"。企业行为的统一，实质上是企业规范的统一。企业规范是企业和企业员工的行为规则系统，它是企业价值观的具体化，它支撑着企业理念的统一。一个企业为公众所认知，总要通过企业特有的物质文化作为外部公众的有效交往，进一步传播企业的信息以赢得社会公众的认同，再现企业的经营理念。由此可见，导入CIS必须与企业文化建设相结合，正是CIS本身的要求。

企业导入CIS的障碍，主要有观念上的障碍和行为上的障碍两大方面。从观念上看，首先是竞争意识薄弱。市场经济就是竞争的经济，企业必须面对市场，敢于在企业内部和企业之间展开竞争，以获取尽可能大的市场占有率。高层次的企业竞争表现为"企业形象竞争"。在国外一些发达国家，企业的形象和产品的商标变得比产品本身和价格更为重要，"形象战略"已成为企业竞争的中心内容。其次是营销观念落后，名牌意识错位。企业竞争，是企业产品实力的竞争。真正的名牌产品不仅是指产品的优质，还包括产品的外形和服务。CIS的导入则有利于名牌产品的创立。我国许多企业仍然处于传统的"生产观念"或"广告推销观念"阶段，缺乏现代整体营销观念，名牌意识不强，或者有牌无名，或者有名无牌。这些落后观念的存在，自然影响企业不可能自觉地去导入CIS。上述两方面企业观念的障碍，可以通过企业文化建设加以排除。竞争意识、名牌意识等都是现代意识的反映，而企业文化建设中企业精神的树立，实际上就是现代意识与企业个性相结合的一种群体意识的树立。所以排除企业观念上的障碍，导入CIS，必须与企业文化建设相结合才有可能。企业导入CIS是企业苦练内功的一个持久的过程，需要相当长的时期。

总之，在论述CIS时要研究它与企业文化之间的关系，目的就在于要求导入CIS时，必须注意与企业文化建设相结合，不能仅仅把它当做一种广告宣传策略。只有这样做，才是真正的、完整的CIS，这才符合我国企业的实际情况。太阳神公司等企业导入CIS之所以取得神话般的成功，其主要原因也正在这里。

11.4 模拟"仿真训练"

BEST训练（营销策划者的一天）

11.4.1 BEST 训练规则

（1）将学员分为 5～6 人一组的小组，各小组指定（或推荐）一名学员为负责人来组织营销策划活动，下一次活动时更换人员，力求人人都能得到训练。每个小组为一个相对独立班组，根据训练背景内容的不同，每人扮演不同的角色。

（2）训练内容与范围：各类企业的营销策划者在一天中，可能遇到的各种与背景案例及本章内容相关的问题。

（3）小组活动的总时间定为 4 小时（其中前两个小时为小组开展活动的准备时间，不在训练方案时间表中体现），由小组负责人与成员一起按照 BEST 训练标准流程讨论、制订训练方案时间表。训练方案时间表要求格式化，容许有 10%的调整弹性。

（4）训练标准流程：①训练规则说明；②分组及任务分解说明；③上任与面对问题（本章中的案例及可能遇到的各种问题）；④分析与创意会议；⑤策划方案设计；⑥策划方案要点讲解与小组讨论点评；⑦讲师点评。

（5）考核：①从各小组中各抽出一人组成考核组；②考核对象：每个小组、每个人（特别是小组负责人）；③考核内容：流程考核（小组是否按照训练流程进行训练），时间考核（小组是否按照训练时间表进行训练），角色考核（每个角色扮演的形式与实质技能考核），团队与效果考核（小组整体表现）；④考核形式：考核组集体打分；⑤考核标准：形式性考核占 40%（包括流程、时间、角色、需要的书面营销策划方案等），实质性考核占 60%（包括小组及个人的实际表现、内容掌握深度、目标实现度等）。

（6）保持各项记录。

11.4.2 BEST 训练的背景案例及场景

案例 11-6

小明学习了企业 CIS 导入的方法后兴奋不已，认为企业 CIS 导入策划对自己的营销策划能力提升有很大帮助。小明所在的大学城周围有一家叫华安的美容美发店，小明和同学们经常光顾。最近，华安决定在某社区（近 6 万人）成立美容美发连锁店，并开发设计 CIS。小明想帮华安做 CIS 导入策划。现有的条件是：已有竞争对手某发艺和某美发厅。该发艺以价廉、服务态度好、速度快、质量高而赢得近半数居民的欢迎，每到周末或节假日会出现“一边倒”现象，即发艺呈现排队理发、美发的情况，而另一美发厅顾客则寥寥无几。请根据以上情况，结合美容美发行业的特点，帮小明为华安即将成立的连锁店开发设计 CIS，塑造出一个全新的连锁店形象来（写出导入 CIS 的一般流程和方案）。

11.4.3 BEST 训练运行

按照训练的标准流程运行，各个项目内容必需的时间由各小组具体设定。

（1）训练规则说明（建议时间 10～15 分钟）。

主要包括让学员明白为何要训练、训练什么、训练目标是什么、训练规则是什么、如何进行训练、如何进行考核、谁负责、多长时间完成等训练必需的内容。

（2）分组及任务分解说明（建议时间 10～15 分钟）。

按照训练规则进行分组，角色扮演。

（3）上任与面对问题（本章中的背景案例及可能遇到的各种问题）（建议时间 15～20 分钟）。

① 背景案例中，小明该如何着手进行 CIS 导入设计？请帮他拟订一份 CIS 导入设计的流程提纲。

② 请帮小明为华安即将成立的连锁店开发设计 CIS 方案。

③ 请帮小明分析此 CIS 导入设计方案的优缺点。

④ 请帮小明整理一下学习本章的收获。

（4）分析、创意会议与策划方案设计（建议时间 80～100 分钟）。

对以上遇到的问题召集小组会议，逐项进行分析、创意，制定策划方案，指定相应成员书写完善。

① 会议主题：

② 会议形式：

③ 时间控制：

④ 策划、创意：

⑤ 策划方案：

（5）策划方案要点讲解与小组讨论点评（建议时间 20～30 分钟）。

主要内容包括本次训练过程描述、目标任务的实现度、策划方案要点讲解、小组成员讨论点评与小组活动总结、不足之处在哪里、如何改进等。

（6）讲师点评：讲师按照练习、小结（指出正误）、再练习、再小结……直到掌握的程序，对练习进行总结讲评。

（7）对各个小组考核评价（建议时间 20～30 分钟）。

考核组对各个小组上交的材料，结合考核组对其实际记录及表现进行评价。各个小组需上交给考核组的材料主要有：训练议程安排；分组分工及角色扮演名单；所面临的问题清单；每个问题的解决方案；会议记录；各角色与小组训练活动总结报告等。考核组对每个小组及每个人的实际表现、内容掌握深度、目标实现度等进行记录。

11.5 测试与评价

（1）举例说明企业 CIS 导入程序。

（2）企业 CIS 导入的原则有哪些？

（3）企业 CIS 导入应注意哪些问题？

第 12 章

创新思维与自主策划

学习任务与目标

❖ 了解创新思维的方法
❖ 能编写出创新策划方案
❖ 能够按照营销策划的程序进行策划

案例 12-1

国外一家出版公司想打造一本畅销书。为了一炮打响，他们请策划专家出谋划策。专家出了这样一个主意：书的名字叫《你也能写一本书》。这本书除了封面、扉页之外，里面既不印字，也不印图，全是白纸。凡是购书者只要将自己想写的东西写在上面，然后寄回公司，公司将会派专人认真审阅，并从中选出几部最佳作品出版。此举一出，全国轰动。几十万册“书”很快被抢购一空，为公司赢得了丰厚的利润。记者采访策划专家为什么会有这样出奇制胜的创意，策划专家微笑着说：“只有不把书当书卖才能卖得比书更好。”“那你把这本书当什么卖呢？”“我把它当本子卖。”

现实中越想把某件事情干好，就越在这件事情上下工夫，结果却越跳不出传统思维的圈子，事情也就越干不好。这个案例揭示了一个思路，那就是创造性的思维，打破常规性的思维。优秀的策划人员一定是一个有超常思维和创新能力的人。

12.1 创新思维训练方法

案例 12-2

董事长年事已高，想找人接班，可又拿不定是让位给大儿子还是二儿子。董事长突然有了主意，他告诉两个儿子：前边有两匹马，黑的是大儿子的，白的是二儿子的，谁的马最后到达终点，就由谁来接班。大儿子听后在考虑如何比慢，而二儿子却飞身跨上黑马，迅速赶往终点。结果当然是二儿子最终接了班。

没有思路就没有出路。思路决定出路，观念就是财富，不同的观念产生不同的效果。在知识经济、智能经济的时代，每一个人都要学会创造性思维。通过训练不断地掌握创造性思维的技能，通过不断锻炼逐渐地形成创造性思维品质，通过不断实践逐步地养成创新能力。

案例 12-3

陈阿土是某地方的一个农民，从来没有出过远门。攒了半辈子的钱，终于参加一个旅游团出了国。国外的一切都是非常新鲜的，关键是陈阿土参加的是豪华旅游团，一个人住一间标准套房，这让他新奇不已。早晨，服务生来敲门送早餐时大声说道："Good morning!"陈阿土愣住了。这是什么意思呢？在自己的家乡，一般陌生人见面都会问："您贵姓？"于是陈阿土大声叫道："我叫陈阿土！"如是这般，连续三天，都是那个服务生来敲门，每天都大声说："Good morning!"而陈阿土也大声回道："我叫陈阿土！"但他非常生气——这个服务生也太笨了，天天问自己叫什么，告诉他又记不住，很烦的。终于他忍不住去问导游，"Good morning!"是什么意思，导游告诉了他，天啊！真是丢脸死了。陈阿土反复练习"Good morning!"这句话，以便能体面地应对服务生。又一天早晨，服务生照常来敲门，门一开陈阿土就大声叫道："Good morning!"与此同时，服务生叫道："我是陈阿土！"

陈阿土开始是习惯性的思维，结果闹了笑话。由于思维惯性的培养，服务生在后面也闹了笑话。由此可以看出，人的思维会随着环境而变化，更可以有目的地来培养。创新思维的培养主要是通过不断的训练和经常的实践养成的。创新思维训练的方法常见的有如下几种。

（1）一日一设想法。它是由创造工程学的创始人、美国的奥斯本首先倡导并身体力行的。按照心理学规律，一个习惯如果连续坚持 21 天就会初步养成，因此你只要坚持每天一个设想，创新思维的习惯就能养成。绩效优异的 IBM 公司，在世界各地的工作人员桌上，都摆着一块"Think"的金属牌，目的就是要他们都动脑筋。

（2）想象振奋法。想象力是一切创造的原动力，它包括了梦想、联想、幻想等。人类如果没有梦想和幻想，就不可能有阿波罗登月和人类在太空的翱翔。心理学家用实验表明：任何两个概念词语经过四五个阶段都能建立起关联关系。如"天空"和"茶"，只需要四步联想，天空——土地，土地——水，水——喝，喝——茶。想象振奋法可以利用"如果思考法"来进行想象，人们看电视时想，如果不用起身就能换台就好了，结果就发明了遥控器。如果不用火就可以煮东西，结果就有了电磁炉。

（3）角色扮演法。就是站在别人的立场上去思考问题的一种方法。我们常常被小说、电视剧的故事情节及主人公的行为所感动，为什么呢？主要是我们有意无意地把自己放进了故事里，把自己假想为主人公了。"假如我是顾客"是目前许多企业在进行创新与员工培训时所采用的方法。例如，企业经销的产品是以家庭主妇为对象的厨具，营销人员就可以假设我就是家庭主妇，我的兴趣、爱好、习惯、思维等对产品有无影响，在进行营销策划时处处把自己看成家庭主妇，就会有更多的创意。那么，假如我是小学生、假如我是老人……你在营销策划中将更清楚顾客的需求。

（4）相似类推法。中国有一种拳叫形意拳，就是拿形体相似的东西创造出拳路与技巧来。相似类推法就是用形体相似的东西来刺激自己产生构想的方法。飞机设计的基础，其灵感来自天空的飞鸟；钉鞋的发明来自动物的脚掌。以此类推，只要你平时善于观察和思考，通过自然界的各种现象来激发出各种构想与创意。

（5）逆向思维法。就是从完全相反的方向来思考问题，例如，缝纫机针的发明就是逆向思维法，把针孔放在针尖而不是放在针尾上。

案例 12-4

一般的企业经营者在进行思维时大多是按供应→生产→销售的流程来安排生产经营活动的。日本的丰田公司却倒着来制订生产流程。从最后一道工序开始一直推到第一道工序，这样一来下一道工序是上一道工序的顾客，不可能接受不合格的产品，于是发明了“看板管理法”，极大地节约了成本，提高了效率。又如，20 世纪 90 年代，我国出口到欧洲的一批绣花拖鞋由于其品质上乘而受到消费者喜爱，但销量一直没有太大的突破。营销人员想了许多办法，效果还是不理想。企业请教了一位从欧洲来的华侨，这位华侨讲：你们的产品真是太好了，所以就卖不动了。为什么呢？与欧洲人的习惯有关系。你生产的拖鞋质量太好了，一下穿不烂，欧洲人又有节约的习惯，所以他就不买新的了。企业很快就设计出品质稍低，只能穿一两个月而价格更低的花样更多的拖鞋，结果效益大增。在传统企业的词典中可能没有专门将产品质量生产得差一点一说，但逆向思维法却打破了这种传统的思维，将产品质量的内涵表现到极至。

（6）化繁为简法。就是把繁杂的东西简单化的方法。现在商界常用的分割营销法、分段承包制等均是化繁为简法。例如，卖羊肉的将肉分成剔骨肉、骨头、羊腰、羊心、羊肝、羊肚、羊头等分别来卖，创造出更多的卖点。大型的工程项目非常复杂，在技术、管理、人员、时间等方面的跨度非常大，如何解决呢？组织者多采用分段承包的方法。

（7）焦点法。是运用联想力来思考的一种方法，由于它联想思考的时候就像照相机对准焦点照相一样，所以称为焦点法。

案例 12-5

公司要开发床类的新产品，其思考过程可以是这样的：首先必须找一个与床无直接关系的东西来思考，假设为“电视”。接着你一边分析电视的特性，一边根据电视的特性来联想：电视是带电的，可不可以造一种可电动的床；电视有遥控器，可否造一个可遥控的床；电视是可看的，能否造一个带电视的床；电视有声音，可否造一个带不同音乐的床；电视有背投式，能否造一个可挂起来的床；电视有多个频道，可否造多功能的床。当你在如何能造出新床的联想中，可以电视的特性为焦点展开联想，也可以其他的物品如书柜、皮包、船等任何东西为焦点进行联想。

（8）列举法。也是运用联想力来思考的一种方法。它是先列举出产品的各属性或类别后，再进行组合或改变的方法。如书本的属性：形状、材料、封面、字体、颜色、大小等，对属性进行改变与组合。形状的改变，原来为长方形的可否变为正方形、扇形、椭圆性、柱形、梯形等。字体可否变为手写体。材料可否用皮制品、木制品、金属、化纤、丝绸等。颜色可否用红、蓝、绿、黄、黑或各色的组合、搭配等。大小可否有各种规格。又如将产品的类别一一列举出来，再进行组合就得到新的产品。

（9）头脑风暴法。就是在会议中运用集思广益的方法。会议主持刺激每一个人动脑，对问题进行全力思考，集思广益后就会得到一组奇思妙想。例如，怎样使我们的学习轻松起来，大家在规定的时间内，只讲他人没想到的，不否定别人的想法等，就会得到许多好的想法。

（10）和田法。它是上海市和田路小学的师生创造的一种方法。就是在原有产品上“加一加”、“减一减”、“反一反”、“倒一倒”等。在电话机上加一个录音设备为录音电话、加上视频设备为可视电话等。

创新思维培养与训练的方法很多，需要我们在实践中逐步地积累与培养。

12.2 创新能力培养

养成创新能力的基础是打破常规。不论做什么，都有成功的可能和失败的危险，多数人习惯于按照常规办事，因为有失败的教训成为了禁锢创新能力的枷锁。

案例 12-6

动物园里有一头大象。大象还很小的时候，就被管理员用一根绳子拴住了，小象向往着森林里无拘无束的生活，它拼命地挣扎，脖子鲜血淋漓了却仍没能够挣断绳子，于是小象就放弃逃跑了，小象在动物园里慢慢长大成了大象。后来，动物园里发生了一场大火，大象也被活活烧死在拴它的柱子上。大象被过去的失败经验限制住了，尽管长大了且在危险关头，但也放弃了逃跑的努力。

如何才能打破常规呢？首先就要使自己不自卑，相信自己有创新能力。人的大脑有 140 亿个脑细胞，真正被利用的少之又少，“创造力人皆有之”已是 20 世纪心理学的重大成果之一。其次是开拓你的视野，改变思维的习惯。

案例 12-7

一位顾客进了地毯商店，商店老板立即热情地接待了他。顾客看上了一款地毯便询问道：“这种地毯多少钱？”老板回答：“每平方米 24 元 8 角。”顾客嫌贵，走了。商店老板的一位朋友在旁边观察后说：“你的待客方法太陈旧了，应该换一种方法。”现在假设你是顾客，我来介绍：“先生，这种地毯不贵。让你的卧室铺上地毯，一角多钱就够了。我给你解释一下：除去床与柜子，卧室不过 10 平方米左右，约为 248 元；地毯的寿命为 5 年左右，计 1 800 多天，每天不就是一角多钱吗？一支香烟钱都不到。”商店老板一拍大腿，高兴地说：“高！你这一招一定灵。”果然，换了一句话，商店立即就顾客盈门了。

创新能力是通过创新思维习惯养成的。一个有创新思维习惯的人，对待事物总是能打破现有习惯，善于观察，善于思考，给大脑插上想象的翅膀，利用各种资源产生创意并解决问题。

下面是一些优选的策划案例，通过对这些案例的学习与思考，可以培养大家的创新能力。

案例 12-8

格兰仕公司营销人员约有 160 人，人均销售超过 3 500 万元。格兰仕公司的营销模式是“厂商专业分工协作，采用区域多家代理制”。为了避免价格混乱和冲货，格兰仕公司做了“两手硬”的准备，一方面坚持只按代理商的实际消化能力签代理协议，每年的订货会，格兰仕公司的一项工作惯例是把泡沫协议挤干，要的是实打实的预期销量，为的是大家都量力而行；另一方面运用价格及奖励政策，坚决鼓励代理商“夯实自留地”，“绝不让老实人吃亏”。如何管理这支营销队伍？常见的现象是一个区域经理辞职，企业对这个市场的驾驭能力也就崩盘。格兰仕公司把营销系统分解为一条“管理流水线”。原来各区域经理“占山为王”的格局被打破，各地办事处只负责管理当地代理商的日常销售和服务工作，策划、调研、广告、促销、结算等职能收缩到总部直接管理，并按流程分解到不同的部门、不同的岗位完成。由调研、推广、结算等部门的各班人马分别组成“流动工作组”，在各区域市场“鱼贯而行”。每个工作组从不同的角度发现问题、汇报问题、解决问题。这种管理流水线客观上形成了一种多重监督的机制，“压力就在身边”，但每一个员工又“孤掌难鸣”，营销队伍因此形成一个团队，创造了骄人的业绩。

案例 12-9

营销策略的滞后是健力宝集团走下坡路的重要原因。健力宝从建立以来一直实行的是代销制，凡事都靠总部与代理商之间直接联系，不但浪费了大量的人力、物力和财力，而且销售体系异常混乱。“同一市场上低价竞争”和“不同区域市场的相互冲货”现象时有发生。而健力宝总部对这些一概不知，他们认为把产品交给代理商，再让代理商把产品分销给各零售商就万事大吉了。但结果通常是产品只停滞在代理商的仓库里，消费者无缘与其见面。“两乐”（可口可乐、百事可乐）经过多年销售渠道的研究与实践，均形成了一套科学的渠道管理方式，通过对代理商、经销商、零售商等各个环节的服务与监控，使得产品能够及时、准确地通过各种渠道，迅速到达零售终端。同时，公司除通过代理商、经销商对零售商终端进行监控和服务外，自身也定期对零售商进行调查访问，以收集零售商关于产品各方面的反馈信息。这样，一方面对代理商、经销商起到一种辅助销售的多重效果，另一方面可根据零售商提供的信息改进产品质量与服务水平，一举多得。健力宝集团则认为产品进入零售店与自己无关，导致市场要么缺货，要么脱销，在终端市场的铺货率相当低。健力宝对产品在零售店的摆放、陈列、POP 广告的张贴漠不关心，却仍拿出大把的钱做广告。尽管近几年健力宝在市场上一直处于低迷状态，但在各大城市仍然看得到健力宝大幅的路牌广告。从“要想身体好，请喝健力宝”到“动起来，更精彩”，健力宝所有的广告都犯着同样一个错误，就是仅仅进行了品牌宣传或告诉消费者又出了个新产品，至于新产品究竟有些什么特别之处则不得而知。健力宝的知名度应该早在几年前就已经家喻户晓了，如今再做品牌形象宣传提高知名度无异于一拳打在空气里。更可悲的是健力宝打了太多的广告，消费者在零售店却见不到产品。宝洁公司的销售培训手册中有这样一条：“世界上最好的产品，即使有最好的广告支援，除非消费者能够在销售点买到它们，否则，销不出去。”我想，用这句话来描绘健力宝的广告误区再恰当不过了。

案例 12-10

一个成功的销售人员在向用户推荐产品时，往往会具有其本身的特色。我们将销售人员的销售过程分为三种境界：“术、法、道”。精通“术”，即灵活掌握销售理念的种种技巧，对于一个刚开始从事销售工作的销售人员而言，可能会采取的方式是模仿前辈的做法，从中掌握销售的技巧：完善体现“法”。即成功应用销售理念中的法则，销售是一种有规则的游戏，因此成熟的销售人员往往会将技巧归纳成规则，并与现实背景有效结合；最高境界则是“道”，也就是所谓做销售即做人，将做人的准则应用于销售，以真诚打动用户。在电信业中有这样一个实际案例，一位女销售人员在得到需求信息时发现，她得到的信息比较晚，在她之前用户已经接触了很多家厂商。为了打动略显刻板的客户，这位销售人员对客户的资料进行了充分地分析，发现这位客户与其瘫痪的妻子之间有着非常深厚的感情。但因为在日常的生活中，需要同时肩负家庭和事业的双重责任，所以身心倍感疲惫。在了解到这一情况之后，这位销售人员便以公司的名义送给客户一个微波炉，满足了这位客户经常无法回家做饭的苦恼，令客户非常感动，从此为双方的合作打下了良好的基础。长于推销的日本人有一句极经典的话：买卖是爱。在今天的社会中，联系人与人的不仅仅是物质利益，更重要的是情感。这同样是营销的真谛。

案例 12-11

华帝的销售人才要求有三能。能说，要有煽动力，能说服经销商；能写，擅长写营销报告、促销活动策划书；能干，要有实战经验，要有丰富阅历。建立起一支优秀的营销队伍，是做好营销的关键，再完美的策略，也需要有具备相应能力的人去完成。对于人才，与珠江三角洲其他企业不同，华帝不急功近利，不从同行业中招人，不搞近亲繁殖，所招聘的销售人员要求必须在大企业做过营销，有大学本科以上学历，有高水平营销观念的积累，还要有三能。招聘一个业务员，既要面试，又要笔试，既考理论知识，又要实践经验，还要有适合公司的个性和良好的悟性。在销售人员的管理上，华帝采取营销段位制，由高到低，从E段到A段，E段是实习段位，所有业务代表从D段入职，A、B段代表才有资格担任首席代表和分公司经理。其任职条件严格而又明确：A级：两年以上大型企业分公司经理工作经验，大学本科以上学历，具有较高营销策划和市场运作能力，经B级考核期晋升。B级：大学本科以上学历，三年以上营销工作经验，具有独立操作市场和市场运作能力，经C级考核期晋升。C级：大学本科以上学历，三年以上营销工作经验，具有一定的营销策划能力和管理水平，经D级考核期晋升。D级：大专以上学历，三年以上营销工作经验，具有一定的营销策划能力和经验，经E级考核期晋升。E级：大专以上学历，三年以上营销工作经验，具有较好营销素质和潜力。所有等级人员试用期为3个月。“既要马儿跑，又要马儿不吃草”是不行的，华帝各段代表工资由800元～7000元不等，段位越高，待遇和报酬越高，B、E段代表的工资与业绩挂钩，其中60%为固定部分，40%为目标考核部分，年终超额完成目标对业务代表的奖励上不封顶。日报、周报、月报、年终评比的赛马机制，让业务代表一直保持积极向上，追求卓越的精神，在前进的道路上永不停歇。

案例 12-12

日本东京的美佳西服店，准确地抓住顾客的购买心理，有效地运用折扣售货方法销售，获得成功。具体方法是：先发一公告，介绍某商品的品质性能等一般情况，再宣传打折扣的销售天数及具体日期，最后说明打折扣的方法，即第一天打九折，第二天打八折，第三天、第四天打七折，第五天、第六天打六折，……到第十五天、第十六天打一折。这种销售方法的实践结果是前两天顾客不多，来者多半是打探虚实和看热闹的。第三天、第四天人渐渐地多了起来，在打六折时，顾客像洪水般地拥向柜台争相抢购。以后连日爆满，还没到一折售货日期，商品早已售缺。

案例 12-13

山东的秦池集团在广告营销上所犯的经典错误给企业界提供了一个学习案例。当秦池用天价在中央电视台夺取标王的时候，何等风光，销售直线上升，增长5倍到6倍。这时秦池做出了品牌提升的决策，在所谓“策划大师”、“点子大王”的诱导下，公司投入数百万元资金，运用当时世界上最先进的三维动画技术拍摄了形象广告片，画面很精致，气势也颇为浩大，但完全缺乏个性，缺乏起码的商品营销功能，可以说是一些毫无商业推广信息的美术片。当在各家媒体出现的“秦池白酒是用四川酒勾兑”的系列新闻以后，秦池一下子陷入了深渊。《经济参考报》的记者找到了向秦池供应散酒的中小酒厂，暴露了秦池一年只能生产3000吨原酒的事实，立即无数报刊转载了《经济参考报》的报道。而秦池对于这样的危机竟没有应对措施。新华社记者吴晓波总结秦池的教训，说秦池得了“炒作依赖症”，一语中的。秦池长期身处新闻的焦点中心，就像终日身处无数聚光灯的下面，脸上的、身上的毛病自然会被观众一览无余。媒体还有一个习惯：如果大家都说好，慢慢就没有新闻可炒作了，自然会有记者出来找找你的毛病，他的文章就成为热点。如果秦池两次夺取标王以后，就处世低调一点，从新闻的聚光灯下面退出，把更多的精力投入到营销网络的建设和新产品的开发推广上去，把已有的广告效益沉淀为经济效益。

案例 12-14

在美国，比萨饼外卖店十分普及，市场竞争也非常激烈，然而比萨饼在质量上的差距并不明显，史玛特比萨饼也并不比其他公司出名多少。随着竞争者逐渐增加，史玛特公司的日子也越来越难过。为此，史玛特公司决定从客户服务入手来提高产品的市场占有率。史玛特公司意识到，在激烈的市场竞争中，他们必须确立响亮的品牌，而这一品牌不仅以比萨饼的质量为基础，而且还以比萨饼的服务为基础。因此，该公司向外界推出了一条新规定：如果在客户规定的时间内没有送货上门，公司就对客户分文不收，同时，如果送到的比萨饼不是热的，客户也可以拒绝付款。在新规定出台后，史玛特比萨饼在当地空前地火爆起来，史玛特比萨饼的市场份额也得到迅速的提升，并成为当地最著名的比萨饼品牌。

案例 12-15

宝洁公司是靠生产一种普通的肥皂发家的，这种肥皂与普通肥皂在功用上并无多大区别，只是它是白色的，而其他肥皂多为黄色、绿色等。创始人普洛斯特深谙商道，了解人们的购买心理。他们给这种白色香皂取了一个源于《圣经》的名字“象牙肥皂”，意喻洁白如玉。既迎合人们的心理，又辅以铺天盖地的广告。特别是，他在广告中故意加入化学家的一些权威数据，使象牙肥皂更具诱惑力。

宝洁公司和它的产品象牙肥皂，在大量广告的宣传下，名声越来越大。人们纷纷放弃传统的肥皂，抢购又白又漂亮的象牙肥皂，特别是那些爱美的妇女。曾有一段时间，几乎全美的儿童都在搜集象牙肥皂或精美的包装纸：只要有15张这种包装纸就可以换得一本图画本和一个写字板。这个广告手段使象牙肥皂成了非常紧俏的商品，更大大提高了其知名度。

宝洁公司就是靠普洛斯特别出心裁的广告取得了成功。100 多年后的今天，宝洁公司已发展成一个规模非常巨大的国际性集团，其经营的拿手好戏除了广告还是广告，如今宝洁公司的洗涤用品已享誉全世界。

12.3 创新策划能力测试

当你完成本书各章的训练内容后，你会发现自己已经拥有了一定的创新策划能力。为了验证自己的创新策划能力，以下有50道并不复杂的问题需要你回答，但是千万不要去猜测一个富有创造力的人可能会怎样回答这些问题，而要根据本人的实际情况，尽可能准确、坦率地回答。在每道题后用字母如实地说明你同意与否的程度。

A：非常赞同（分值–2分或+2分）。

B：赞同（分值–1分或+1分）。

C：犹豫，没有看法或不知道（分值0分）。

D：反对，不同意（分值–1分或+1分）。

E：坚决不同意，坚决反对（分值–2分或+2分）。

其中对分数的正负值的判断取决于该题是否有助于创新。如果有就为正，否则为负。总分在50分以上时表示有较强的创造力，在50分以下时创造力较低。

（1）工作时如遇到一些特定的问题，我总认为自己是按着正确的步骤去解决的。

（2）如果提问不可能得到答复，那么我认为这样的提问就是浪费时间。

（3）对于问题，最好的办法是按逻辑步骤去解决。

（4）在小组会上，我偶尔会提出一些不受欢迎的意见。

（5）我花大量时间去考虑别人是如何看待我的。

（6）我感到我可以为人类做出特殊的贡献。

（7）对我来说，做我认为正确的事比企图赢得别人的赞赏更为重要。

（8）我瞧不起那种缺乏信心和犹豫不决的人。

（9）对难题，我能旷日持久地盯住不放。

（10）偶尔，我对有些事过分热情。

（11）我经常会在无所事事时冒出好主意。

（12）我能凭直觉去判断一个问题，从而得出是对还是错的结论。

（13）在解决问题时，我分析问题较快，而综合所搜集的资料信息较慢。

（14）我有搜集各种东西的癖好。

（15）我的好多重要发明来源于幻想和刺激。

（16）除了我的本职工作外，如要我必须在两种职业中进行选择的话，我宁可当医生而不愿当探险家。

（17）如果一些人与我的社会地位相同而又是同行，我就比较容易与他们相处。

（18）我的审美观特别强。

（19）我认为单凭直觉去解决问题是靠不住的。

（20）我对提供新的建议比企图把这些建议介绍给他人更感兴趣。

（21）当面临不利的局面时，我倾向于持回避的态度。

（22）在评价信息的过程中，我对资料的来源要比内容本身更为重视。

（23）我喜欢遵循“工作第一，休息第二”的原则。

（24）一个人的自尊比得到别人的尊重更为重要。

（25）我认为争做完人的人并不聪明。

（26）我喜欢做能对他人施加影响的工作。

（27）我认为“物有其位、物在其位”是十分重要的。

（28）那些喜欢出怪主意的人是不切实际的。

（29）一些新建议即使没有实施价值，我也愿意思考和推敲一番。

（30）当解决问题受阻时，我常能迅速重新考虑其他方案。

（31）我不愿意提出显得无知的问题。

（32）我能较容易地改变我的兴趣去适应工作或职业的需要，而不是去改变工作来适合我的兴趣。

（33）无能力去解决问题常常是由于提出了错误的问题。

（34）我经常能预见到事态的发展结果。

（35）分析一个人的失败原因是浪费时间。

（36）唯有迷迷糊糊的思想家才求助于隐喻和类推。

（37）有时我很欣赏骗子的独创性，因此希望他能免于受刑。

（38）我经常在对问题只能意会而不能言传时就着手工作。

（39）对于人名、街名、路名和小镇等类似问题我常常会忘记。

（40）我觉得努力工作是成功的基本因素。

（41）我很看重各方面，把我看做一名好的工作人员。

（42）我知道如何控制自身的冲动。

（43）我是一个完全信得过而又有责任心的人。

（44）我不满那些靠不住和无法预料的事。

（45）我喜欢在大家的努力下一起工作，而不愿意单干。

（46）与众人一起的麻烦事，就是这些人把事情往往看得太复杂。

（47）纵使有不少问题缠身，我对其中每一个问题的解决都抱有兴趣。

（48）暂时的胜利及由此带来的欣慰，丝毫不会影响我对已确立目标的追求。

（49）假如我是一位教授，我宁愿去讲授与实践有关的课程，而不愿去教那些理论课程。

（50）我为生活的各种秘密所吸引。

（资料来源于《超级创造力训练》，作者为卡特·H·布利斯）

12.4 自我策划

1. 背景资料

利用市场需求和你自身的特长两方面，结合创新思维的各种方法，设计一种新产品。从市场营销战略、市场营销调研、目标市场及市场定位、产品、价格、销售渠道、促销、顾客满意、企业 CIS 导入、市场竞争等方面进行新产品开发策划。

2. 要求

（1）新产品开发策划是一个完整的系统，各个策划方案又具有相对独立性。

（2）策划方案格式相对规范。

（3）将你的策划方案交给你的老师、同学、朋友、企业领导等，把他们看做项目投资者、上级、消费者、同行等，请他们给你的策划方案提出修改意见。

（4）对策划方案进行修正与完善。

12.5 模拟“仿真训练”

BEST 训练（营销策划者的一天）

12.5.1 BEST 训练规则

（1）将学员分为 5～6 人一组的小组，各小组指定（或推荐）一名学员为负责人来组织营销策划活动，下一次活动时更换人员，力求人人都能得到训练。每个小组为一个相对独立班组，根据训练背景内容的不同，每人扮演不同的角色。

（2）训练内容与范围：各类企业的营销策划者在一天中，可能遇到的各种与背景案例及本章内容相关的问题。

（3）小组活动的总时间定为 4 小时（其中前两个小时为小组开展活动的准备时间，不在训练方案时间表中体现），由小组负责人与成员一起按照 BEST 训练标准流程讨论、制订训练方案时间表。训练方案时间表要求格式化，容许有 10%的调整弹性。

（4）训练标准流程：① 训练规则说明；② 分组及任务分解说明；③ 上任与面对问题（本章中的案例及可能遇到的各种问题）；④ 分析与创意会议；⑤ 策划方案设计；⑥ 策划方案要点讲解与小组讨论点评；⑦ 讲师点评。

（5）考核：① 从各小组中各抽出一人组成考核组；② 考核对象：每个小组、每个人（特别是小组负责人）；③ 考核内容：流程考核（小组是否按照训练流程进行训练），时间考核（小组是否按照训练时间表进行训练），角色考核（每个角色扮演的形式与实质技能考核），团队与效果考核（小组整体表现）；④ 考核形式：考核组集体打分；⑤ 考核标准：形式性考核占 40%（包括流程、时间、角色、需要的书面营销策划方案等），实质性考核占 60%（包括小组及个人的实际表现、内容掌握深度、目标实现度等）。

（6）保持各项记录。

12.5.2 BEST 训练的背景案例及场景

案例 12-16

小明在新员工培训班的专业培训已接近尾声，公司人力部经理要求大家把所学的全部技能整理完善成一套营销策划方案，以此证明培训的效果与策划能力的形成。小明计划为公司的新产品—“多功能节能灯”（或其他）做一份营销策划方案，将学过的市场营销策划分析、市场营销战略策划、市场细分、目标市场及市场定位策划、产品、价格、销售渠道、促销等组合策划系统地衔接起来，形成一套完整的策划方案。

12.5.3 BEST 训练运行

按照训练的标准流程运行，各个项目内容必需的时间由各小组具体设定。

（1）训练规则说明（建议时间 10～15 分钟）。

主要包括让学员明白为何要训练、训练什么、训练目标是什么、训练规则是什么、如何进行训练、如何进行考核、谁负责、多长时间完成等训练必需的内容。

（2）分组及任务分解说明（建议时间 10～15 分钟）。

按照训练规则进行分组，角色扮演。

（3）上任与面对问题（本章中的背景案例及可能遇到的各种问题）（建议时间 15～20 分钟）。

① 根据背景案例，帮小明设计整套市场营销策划方案的编写提纲。

② 根据编写提纲，请你帮小明编制市场营销分析策划方案。

③ 请你帮小明编制市场营销战略策划方案。

④ 请你帮小明编制营销组合（产品、价格、渠道、促销）策划方案。

⑤ 请帮小明整理一下学习本章的收获。

（4）分析、创意会议与策划方案设计（建议时间 80～100 分钟）。

对以上遇到的问题召集小组会议，逐项进行分析、创意，制定策划方案，指定相应成员书写完善。

① 会议主题：

② 会议形式：

③ 时间控制：

④ 策划、创意：

⑤ 策划方案：

（5）策划方案要点讲解与小组讨论点评（建议时间 20～30 分钟）。

主要内容包括本次训练过程描述、目标任务的实现度、策划方案要点讲解、小组成员讨论点评与小组活动总结、不足之处在哪里、如何改进等。

（6）讲师点评：讲师按照练习、小结（指出正误）、再练习、再小结……直到掌握的程序，对练习进行总结讲评。

（7）对各个小组考核评价（建议时间 20～30 分钟）。

考核组对各个小组上交的材料，结合考核组对其实际记录及表现进行评价。各个小组需上交给考核组的材料主要有：训练议程安排；分组分工及角色扮演名单；所面临的问题清单；每个问题的解决方案；会议记录；各角色与小组训练活动总结报告等。考核组对每个小组及每个人的实际表现、内容掌握深度、目标实现度等进行记录。